新潮文庫

トットひとり

黒柳徹子著

新潮社版

10810

私が好きだった人たち、
私を理解してくれた人たち、
そして、
私と同じ匂いを持った人たちに——

トットひとり＊目　次

トットひとり

私の遅れてきた青春について

二〇一三年の夏、八月二十八日に、山田《やまだ》修爾《しゅうじ》さんが六十七歳で亡《な》くなった。元ＴＢＳのディレクター、プロデューサーで、「ザ・ベストテン」を作った人だ。修爾さんは、九月に、私たち「ザ・ベストテン」の仲間と、一緒に食事をする約束をしていた。

私の誕生日は、八月九日なのだけど、長崎に原爆が落ちた日なので、賑《にぎ》やかに過ごしたことはない。普段どおり仕事をするか、静かにして祈る日にしているから、私の誕生日を知る人も少ない。

だけど修爾さんは、毎年必ず、何人かで現れ、お花を下さっていた。その年の八月八日の夜遅くには、修爾さんからメールがあった。あとでわかったけど、本当け、日付が変わって九日になってから送りたかったのだが、病院に入っていたから、そうもいかなくて、ぎりぎりの遅い時間に、絵文字も入ったメールをくれたのだ。

「あと数時間ですが、お誕生日おめでとうございます。お元気のことと思います。本来なら花束抱えて駆け付ける所ですが先週末から又々入院してしまいました。相変わらずの『肺』です。今回の入院は長引きそうです。でも何とか食事会には間に合わせますのでお待ちください。頑張って退院目指します」

修爾さんは、厄介な間質性肺炎というのに罹《かか》っていた。このメールで入院を知った私は、お見舞いに行こうかしらと、食事会のメンバーで、「ザ・ベストテン」最後のAD（アシスタントディレクター）として修爾さんの下で走り回り、今ではTBSで偉くなっている阿部龍二郎さんに聞くと、

「短時間なら大丈夫ですよ」

と言うことで、（そうか、つまり、まだ完全じゃないのね）と思って、遠慮することにした。

お見舞いの代りに、九月に幕を開ける、修爾さんがプロデューサーの「SEMPO」という舞台を「見に行きますからね」とメールを打つと、「当日、劇場の玄関でお待ちしています」という、修爾さんらしい返信をくれた。それから、わずか十日ほど後の、不意打ちのような訃報《ふほう》だった。まさか亡くなるとは、修爾さん自身も想像しないで病院に入ったのではなかっただろうか。悲しかった。

お葬式に、久米宏さんを誘うと、「わかりました。僕の車でお迎えに行きますから、

一緒に行きましょう。お家《うち》は引っ越してないですよね？」と、私の家まで来てくれた。青山斎場へ着くと、記者の人が大勢いて、囲み取材を受けた。

二人でカメラの前に並んだ時、先に久米さんに喋《しゃべ》ってもらおうと思って、私は彼を突っついた。その様子を見ていた、「ザ・ベストテン」の元ADで、今は放送作家になってる野村正浩さんに、「『ほら、あなたの番よ』みたいに、久米さんを突っつくのが昔と同じで、おかしくて、不謹慎だけど、笑っちゃいました」と、後で言われた。

久米さんは、取材に答えて、

「山田くんは、ＴＢＳに入社して、元々アナウンサーだったんですよ。僕の後輩だったんですけど、これが下手でね。銀行の経理の人みたいに真面目《まじめ》で、ある意味でつまんない、下手なアナウンサーでした」

なんて長々と言ってるから、私が「そんなに、いつまでも、下手だって言うの、およしなさい」と横から口を出したので、また、「昔みたいだ」と、みんなに笑われた。

修爾さんの祭壇は、ＴＢＳのスタッフが力を尽くして、誰が見ても「ああ、『ザ・ベストテン』のオーケストラ・ボックスだ」とわかる、大きな白い輪っかを拵《こしら》え、その中に飾られた。

私は感心しながら、遺影の前で読経《どきょう》するお坊さまは、どうやってあの白い輪の中に入るのかな、と思って見ていると、葬儀屋のおねえさんが輪っかについた扉を手で開け閉めして、お坊さまを出入りさせていた。

「あら、あれは電動じゃないのね」

私が何気なく口に出したら、阿部さんが、泣き笑いみたいな表情になって、

「黒柳さん、いくら何でも、そこまでは無理です」

と言った。

阿部さんは、「本当は、ミラーゲート（歌手の方が出てくる扉）も、黒い得点ボード（歌の得点を発表するボード。空港で飛行機の発着時間を知らせる機械のように、バラッバラッバラッと数字が回転する）も置きたかったんですけど、あまり『ベストテン』色が強くなるのも……」と呟《つぶや》いていた。

祭壇に飾られた遺影の修爾さんは、いつものように端正な顔をしていた。遺影の前で、私と吉川晃司さんが弔辞を読んだ。私は、

「修爾さんほど清廉《せいれん》潔白な人と会ったことはありません、テレビの仕事をした六十年間の中でも、最も大切な宝物です」

と本心を述べた。亡くなってからわかったことも、たくさんあった。潔癖で、反骨精神旺盛《おうせい》で、本当に男らしい人だった。そして、仕事の上で、私を心底、信用してく

れた。稀有《けう》な出会いだったと、つくづく思う。

吉川さんは、山田さんが最後にプロデュースし、私が観《み》に行くと約束をした舞台、たくさんのユダヤ人を救い、日本のシンドラーと呼ばれた外交官杉原千畝《ちうね》の芝居「SEMPO」で、主役を演じることになっていた（お葬式は、舞台の初日直前だった）。

吉川さんは、「山田さん、僕はどうしたらいいか、わかりません」と語りかけていた。

前夜のお通夜《つや》には、サザンオールスターズの桑田佳祐さんや、TUBEの前田亘輝《のぶてる》さんなど、いろんな歌手の方が来ていた。桑田さんは「勝手にシンドバッド」で、「ザ・ベストテン」が始まった年にデビューして以来、番組の常連だった。最初は〈スポットライト〉のコーナーに出た。

その時はライブハウスからの中継だったのだけど、まだライブハウスというもの自体が、あまり知られていなかったので、説明しなくちゃと思った私が、

「そこはどんなところですか、歌声喫茶みたいなところですか？」

と訊《き》いたら、桑田さんは「古いですね、黒柳さん！」と言った。スポットライトのすぐ後から、何週もベストテン入りし、それからは出す曲すべてで、登場して頂いた。

前田さんは、お通夜の席で、私のところに近づいてきて、

「黒柳さんと山田さんがいなければ、今の僕はないです」

と言った。私は、びっくりした。かつて前田さんが、もう歌手を辞めようと真剣に思った時、引き止める手紙を出した人が二人いて、それが私と修爾さんだった、と言った。そんなことがあったのだ、と、あらためて驚き、歌手をつづけてて、よかったね、と話しあった。

青山斎場には、いろんな歌手の方や、番組のスタッフが、修爾さんに、お別れを言いに来ていた。

やがて、出棺になった。阿部さんが、「黒柳さん、僕、あれを出しちゃおうかと思いますが、いいですよね？」と言って、霊柩車《れいきゅうしゃ》が動き始める瞬間、絶妙のタイミングで、番組のテーマ曲を流した。私と久米さんの「ザ・ベストテン！」という声も入っていた。いつもの放送は、そこで「皆様、こんばんは」と私たちが言って、曲が終わったけど、その日は最後まで流れた。華やかで、きらきらしていて、懐《なつ》かしくて、いい曲だった。

ちょうど私は、あれを作曲した服部克久さんと並んで立っていたので、

「これ、こんなに長かったのね。初めて聴いたわ」

と言った途端に、胸が詰まった。「ザ・ベストテン」の関係者もみんな、あの曲が流れて、泣いていた。いろんなことを思い出したし、本当に修爾さんが亡くなったん

だな、とはっきりしたから。でも、この音楽を聴いて焼き場に行くのは、修爾さんは満足だろうな、と私は思ってもいた。このテーマ曲の高いテンションのままに、毎週木曜日夜九時から、私たちは一時間の生放送を乗り切っていたのだから。

久米さんに言わせると、

「『ザ・ベストテン』のこのテンション、このテンポで、僕は『ニュースステーション』も、ずっと、やってたんですよ。あれだけの情報量、あれだけの内容、あれだけの喋りを、あんな短い時間に押し込めることができたのは、『ベストテン』をやっていたから」

ということになる。彼は、普段は決してテンションの高い人ではないから、これは本心からの言葉だと思う（もしかすると、心の中では、誰よりもテンションが高いのかもしれないけど）。

修爾さんが、私のところに、「ザ・ベストテン」の企画を持ってきて下さったのは、一九七七年の秋だった。

私は、ニューヨークへの一年間の留学から帰ってきた後、ＴＢＳで、一九七三年から始まった「火曜歌謡ビッグマッチ」というのの司会をやって、その番組で、まだ紅顔の美青年ディレクターだった修爾さんと知り合ってはいた（「まだ一番下《した》っ端《ぱ》で、

ＡＤ兼業だったんです。『黒柳さん、本番です』って楽屋まで呼びに行く係でした」と後年、彼に言われた）。

「ビッグマッチ」が二年くらいで終わってからちょっとして、修爾さんが現れて、また歌番組の司会をやってくれませんか、と言ったのだ。

「今までにないほどの情報を入れて、毎週一時間の生放送で、出演者も多く、しかもゴールデン枠のエンターテインメント番組。これを成立させられる司会者は黒柳さんしか思いつきません」

と言って下さった。詳しい説明を聞くと、どうも、従来の歌番組とは作り方がまるで違う、ずいぶん冒険的な、新しい匂《にお》いのする番組だった。

私は考えて、「わかりました」と答えてから、こう続けた。

「ただし、条件があります。私は、歌謡界の事情もよく知らないで言うんですが、絶対にウソをやらないで下さい。ランキング方式（出演者を前もって決めておくのではなく、毎週の順位で決めるやり方）でやるというのなら、決して、順位の操作をしないで下さい。一位じゃない人を、私に『今週の一位はこの方です！』って、言わせないで下さい。それを約束して頂けます？」

修爾さんは、私のお願いに対して、間髪いれず、何の迷いもためらいもない口調で、

「約束します」と答えてくれた。そして、本当に、その約束をずっと守ってくれたのだった。音楽業界で、しがらみも、誘惑も、懇願も、さまざまにあることは想像できたけど、修爾さんは揺らぐことがなかった。番組が続いた十二年間毎週、一位から百位まで、決まった四つのデータをコンピュータに入れて集計した紙を、修爾さんは、私にきちんと見せて下さった。そして、愚痴とか裏話とかを、私にすることもなかった。

そのため、第一回の放送では、人気絶頂だった山口百恵さんが登場されていない。彼女の「赤い絆《きずな》」は十一位、「秋桜《コスモス》」は十二位だったから。

しかも、第一回の四位は中島みゆきさんの「わかれうた」で、中島さんは当時、テレビで歌うことをしなかったので、登場なさらない。四位を発表した時、ミラーゲートだけが映り、久米さんが、視聴者に向かって、お辞儀をして、「中島さんには出て頂けませんでした」と謝った。当然、修爾さんの上役は、「出たくないって人がいるなら、謝ったりしないで、そこへ百恵ちゃんを入れたらいいじゃないか、百恵ちゃんのいない歌番組なんて！」と言ったけど、修爾さんは「いや、黒柳さんと約束したから、そんなことはできません」と即座に突っぱねてくれた。これは、サラリーマンとして、相当なことだった。でも、修爾さんは私の耳に入れないようにもして下さっていたので、すべては後で知った。

そんなことがいろいろあって、始まる前からもめたみたいだけど、出演されない方がいらっしゃる時は、謝る方式でいくことも決まった。けれど、それが結果的に、みんなを驚かせることになった。「出ない」と言う人がいることをはっきりさせて謝るし、百恵ちゃんのファンはファンで頑張って、翌週の第二回で「赤い絆」は八位に上がり、六回目の放送では、新曲の「乙女座宮」が七位、「赤い絆」が九位で、二曲歌って頂くことになった。

この「正直にやる」という姿勢が、瞬《また》く間に受け入れられた。これが本当の、掛値もごまかしもなしの、視聴者が聴きたい曲のベストテンだ、というので信用されたのだ。視聴率は、すぐに二〇%を超え、最高は四一・九%、平均は三五%から四〇%の間で、ずっと推移して、番組は十二年間続くことになった。一台のテレビで同時に、何人かは見ているだろうから、日本人の半分以上が、毎週木曜日に「ザ・ベストテン」を見て下さる事になったのだ。

番組を始める前の相談の話に戻ると、私は、歌謡界にも、歌手の方にも、あまり詳しくないので、一人で司会するのは大変だから、コンビ役を探そう、となった。

ちょうど、その直前、私は、TBSラジオの永六輔さんの「土曜ワイド」という番組に出演していた。

「土曜ワイド」に、私は時々ゲストに呼ばれていたのだけれど、番組の中で、やたらとおかしいレポーターがいて、「団地の奥さまー、今、『土曜ワイド』を聞いていたら、ベランダから手を振って下さーい……ああ、今日は聴取率は××パーセントです！」とか、隅田川の船に乗り込んで、船員の方の部屋へ入って、「あ、女の人が裸になってるポスターが張ってありますね」とか言って、挙句には、

「じゃ、喫水線を調べてみましょう」

と、マイクを持ったまま、ドボンって川へ飛び込んで、「なんだ、喫水線、そんなに深くないですね」。

いろんな場所で、いろんな、おかしな事を叫び、どんどん言っていく。うわー、このレポーター、感覚がよくて、器用で、回転の速い、口の達者な、面白い人だわね、と永さんとは話していたが、ずっと外にいるレポーターなので、スタジオにいる私は、彼の顔を一度も見たことがなかった。声の感じと喋っている内容から、この久米さんというレポーターは、丸々と太った、今で言うと伊集院光さんみたいな外見の、いかにもコメディアンみたいな人だろうな、と適当に思っていた。

するとある日、永さんがガラスの向こうの副調整室を指さした。

「ああ、あいつが久米だよ」

そこには、スマートで、ハンサムな青年が何か探し物をしていて、わたしは、現場中継のおかしさとのギャップに、驚いた。この瞬間が、本当に、運命的だったな、と、あとあと考えた。普段、スタジオには来ないのに、その日に限って現れたのは、ラジオカーに載せてあるはずのお弁当がなくて、久米さんが取りに来たのだった。いつもは、レポートが終わると、車で局が用意したお弁当を食べて、解散していたらしい。ところが、その日に限って、どうしてか、車に積んでいなかったので、スタジオまでお弁当を取りに来て、私は彼をチラリと見ることができたのだった。

縁というのが、何とも不思議なものだなあと思うのは、こんな時だ。お弁当ひとつの偶然がなければ、「ザ・ベストテン」が始まる打ち合わせの時、私が修爾さんに、

「こないだ、久米さんって人を見たけど、あの人、いいと思う」

と、久米さんの名前を言うことはなかったのだから。

久米さんは背が高いので、そこも、私とコンビを組むのには、ちょうど良かった。私の考えだけど、喋るタイプの女性司会者は、同じくらいの背丈の男性と組むと、視聴者には、男性をいじめているように見えるのじゃないか。大きい男性と組むと、見

た目の威圧感があるから、いくら女性が喋っても男性をいじめているようには見えない。だから、それまでも私は、芥川也寸志《あくたがわやすし》さんとか、できれば一八〇センチくらいはある、背の高い方と組むようにしていた。久米さんは、一八〇センチ以上あるし、その上、私に負けないくらい、たくさん、すばやく喋るから、なおのこと良かった。

久米さんは、TBSで修爾さんの二年先輩にあたり、一緒に仕事をしたこともあったので、話はスムーズに進んだ。もっとも、久米さんとしては、このすぐ前に、「トップスターショー」という歌番組を二谷英明さんと組んでやってて、つくづく、自分は歌番組に向いていないなと思っていたのだそうだ。決まり切った内容を喋らされるのが、どうしても、性に合わなかったという。だけど、今度は一緒にやるのが私だし、新機軸の番組だしで、「自由にやれそうだな、面白くなりそうだな」と感じたと、これはあとで聞いた。

確かに、「ザ・ベストテン」は自由な番組だった。まだ始まって間もなくの頃、私が冒頭で、いたずら心をおこして、

「こんばんは、小島一慶さん（当時久米さんのライバルだったアナウンサー。久米さんと同学年）」

と言うと、久米さんは、

「なんですか、里見京子さん」

と、すばやく切り返した（里見さんは私とＮＨＫの放送劇団の同期で、ＮＨＫラジオ「ヤン坊ニン坊トン坊」でヤン坊の声を演じた。私はトン坊。ニン坊の横山道代〈現・通乃〉さんを含め、私達はＮＨＫの三人娘と呼ばれていた。でもそれは昭和二十九年、一九五四年頃のことで、若い久米さんが知っているのには驚いた）。

彼の、この手の反射神経の良さが「ザ・ベストテン」を面白くしたと思う。自由が過ぎて、久米さんは、大好きな百恵ちゃんのお尻《しり》を触ったとか、触らないとか、そんな行動を取ったりもしていた。

私と久米さんのあいだには、番組が始まる事前の取り決めも、ほとんどなかった。私が言ったのは、「どんな若い歌手がいらしても、敬語を使おうと思います」ということだけだった。取り決めもなく、歌手の方々へのインタビューも、台本はあったけど、私たちは自由にやった。その日の状況によって、かわいい衣装だなと思ったら、正直に、「かわいいわねえ」と言うし、いい歌だと感じたら、「よかったです」と伝える。久米さんも私も、自分の気持ちを正直に、口にするだけだった。

「司会が二人ともツッコミで大丈夫かな」なんて心配もされながら、あれだけ上手《うま》くいったのは、二人の持って生まれた体質とか、価値観が、ものすごく似ていたからだと思う。

ある女性タレントが、自分の結婚式に現職の総理大臣が出席してくれて、すごく光栄だった、とテレビで言ったことがあった。私はそれを聞いて、「フーン、でも、せっかくの結婚式に、そういうの、うれしいのかな」と、内心、思っていたのだけど、自分の結婚式の経験がないので黙っていた。その時、久米さんがまったく同じ意見を言ったので、びっくりしたことがあった。

そういう価値観もぴったりしていたし、もっと全般的に、いろんなところが似ていたように思う。


司会の二人が決まり、「ザ・ベストテン」は動き始めた。「ザ・ベストテン」は、芸能事務所やレコード会社に頼る、従来の歌番組の作り方とあまりにも違ったから、修爾さんが企画してから、実際にスタートできるまで、少し時間がかかった。反対していた制作局長が代わって、新しい局長が「若いやつの意見で行こう」となって、ようやく予定より三ヶ月遅れて（だから秋スタートではなく、七八年一月のスタート）、ようやく始まった。

修爾さんは、ありったけの情熱を傾けて、番組を作った。そして、その頃、歌の世界は大変動の時期が来ていて、活気があった。番組が始まって、しばらくしてから気づいたのだけど、「ザ・ベストテン」は、三年前に終わった「火曜歌謡ビッグマッチ」と出演する歌手が、ほとんど重なっていなかった。

「ザ・ベストテン」ではツイスト、ゴダイゴ、サザンオールスターズをはじめ、多種多様なバンドが出てきた。あまり出演されなかったけど、中島みゆきさんのような、ニューミュージックの方たちが出てきた（松山千春さんは、コンサート会場からの中継で登場して下さった時、「なぜテレビで歌うか」という説明を八分間して、とうとう、後にスタジオで歌う予定の百恵ちゃんの時間がなくなってしまった）。ピンク・レディーが出てきて、近藤真彦さんや田原俊彦さん、松田聖子さんや中森明菜さんなど、多くの新しいアイドル歌手が出てきた。

それはいいことなのだけど、番組作りは大変だった。毎週生放送で、ランキング形式を守りながら、十位から一位までの、十人（スポットライトのコーナーがあるから十一人だ）の歌手に登場して頂く、というのは、生半可なことではなかった。例えば、今週六位だった歌手に、「また来週もお願いします」と言っても、果たして本当に十位以内に入るかどうかわからないので、スケジュールを、どう押さえていいか、わからない。修爾さんの苦労は山ほどあった。

翌週のランキングが決定するのは火曜日で、それから出演の交渉をして、出演者に取材をして、構成を決め、台本の準備稿を作り、演出を決めて、土曜か日曜には美術のセットを発注し、ロケハンをし、中継の手配をし、カメラ割りをして、決定稿を作っていく。その間に、木曜には今週の生放送があるのだから、修爾さんはいつも休むことなく、一週で二週分の番組作りをしていたことになる。

忙しい歌手のみなさんに、できるだけ出演してもらうために、どんなところへでも追っかけて、生中継もした。音楽番組の生中継は、「ザ・ベストテン」が最初だった。

松田聖子さんが「青い珊瑚礁《さんごしょう》」で初のベストテン入りをした時、九時何分かに、札幌からの飛行機で羽田空港へ着くことになった。時間的に、スタジオどころか、空港の外にも出られない。もう、滑走路で歌ってもらうしかない、となった。

こうなると、飛行機好きの修爾さんは燃えてきて（そもそも飛行機が好きだから、「得点ボードを空港にあるやつみたいにしよう！」と思いついたのだ）、いま人気急上昇中の、話題の新人アイドルの聖子さんを、いかに番組で盛り上げようか、あの手この手を考え始めた。

ただ単に、空港の滑走路で歌う、というのでは面白くない。視聴者には、「ああ、滑走路を借りたのだな」としか思われないだろう。せっかく、札幌から飛行機に乗って、どうにか生放送にぎりぎり間に合うのだから、その状況を活《い》かしたい。そこで修爾さんは、聖子さんがタラップから、他の乗客のみなさんと一緒に降りてきて、そこでマイクを渡され、着陸したばかりの飛行機と、ぞろぞろバスにのりこむ乗客の列をバックに、「青い珊瑚礁」を歌う、という演出プランを考えた。これなら、時間をロスしなくてもすむ。

航空会社や空港や役所とも調整をすませ、準備は万端だった。無事、飛行機も定刻に出発し、天気も良く、問題なくフライトは続いている、という報告があって、私たちも安心していた。

ところが、もう本番が始まろうとする時、連絡があって、飛行機が風に乗ったのか、五分早く到着する、という。

それでは、聖子さんが歌う時には、お客さんが全員降りちゃって、滑走路が、がらんとしてしまう。そんな画《え》では面白くないと、修爾さんは血相を変えて、

「飛行機を遅らせて下さい。いや、到着時間を遅くしてくれというんじゃないんです。定刻通りにして下さい。定刻なら、何も問題ないでしょう？ ゆっくり飛んで下さい！」

と頼んだら、航空会社の人は、一瞬絶句した後、

「……飛行機がスピードを落としたら、どうなると思いますか?」

と答えた。

結局、到着してからの飛行機に滑走路をゆっくり走らせるか何かして、タラップを出すタイミングを、どうにか、合わせてもらうことができた。いい時代だった。飛行機からお客さんがタラップをぞろぞろ降りてくる前で、聖子さんは歌った。

移動中の聖子さんに、新横浜駅で「赤いスイートピー」を歌って頂いたこともある。中山美穂さんが、やはり新幹線での移動中に、名古屋駅で「JINGI・愛してもらいます」を歌った時は、停車時間内で終わらなくて、マイクを持ったまま、新幹線に乗り込んでドアが閉まり、そのまま歌いながら、発車したこともあった。スタジオで、久米さんが、「マイク、持って行っちゃいましたね……あとで回収すればいいか」と言った。

郷ひろみさんは、新幹線ではなく、田舎の在来線で、駅のホームで歌った後、電車に乗り込んで、そのまま出発するはずだった。ところが、郷さんが時間通りに歌い終わり、電車に乗って、「じゃあね」と、手をいくら振っても、電車が出発しない。郷さんも、スタジオの私たちも、困ったけど、どうやら駅長さんが、中継を熱心に見過ぎていて、発車ベルを押さなかったらしい。

でも、本当に困ったのはそれからで、郷さんが乗っていることがテレビでわかってしまって、しかも電車が遅れたから、次の駅から大勢の人が乗り込んできたのだ！　郷さんでは、こんなこともあった。「ザ・ベストテン」と同じ建物の中で、郷さんが時代劇の撮影をしていて、その収録が少し延びてしまった。「マイレディー」という曲で、一位だったから、登場するまで時間の余裕はあるなと思っていたが、全然、こちらのスタジオに入ったという情報が、司会の私たちに来ない。もう二位の方が歌っている。

ようやく、郷さんが、こちらのスタジオへ走りこんできた、というので、ADさんがホッとして、「郷さん、入りました！」と伝えてきた。それを、みんなは「ミラーゲートに入りました」と思い込んでしまったのだ。久米さんが、待ってましたと、「今週の第一位、郷ひろみ『マイレディー』、何千何百何十何点！」と声を張り上げた。ところがゲートが開いたらシーンとしてて、誰もいなかった。いつも冷静沈着で、ユーモアと軽妙さを決して失わない久米さんが、さすがに大慌《おおあわ》てで、ミラーゲートの中にまで見に行ってから、私のところへブラブラ戻ってきて、困った顔で、「いません」と言った。

実はまだ、郷さんは、向こうのスタジオで浅野内匠頭《たくみのかみ》をやってて、長袴《ながばかま》姿から、歌の衣装に着替えている最中だったのだ。この時は、とにかくCMに入り、エンディングも済ませてから、歌って頂いた。歌っているところへ、終了のクレジットのテロップが流れたから、本当に、ぎりぎり。それでも、歌い終わった郷さんも参加しての「ハイポーズ！」で、写真は撮ることができた。

そういう生放送につきもののトラブルは、しょっちゅうだった。だから、スタジオで、ストップウオッチで秒単位の時間を計り、「早く次に行って下さい」「もう少し、話していて下さい」と管理するタイムキーパーの役割は、とても大きくなる。「ザ・ベストテン」のタイムキーパーとして、ミドリちゃんという頼もしい女性が、上の副調整室にいた。

たいていの場合は、時間がどんどん足りなくなってくる。でも、

「ミドリちゃんは私たちには絶対隠しているけど、ほんの少しの時間の余裕はあるはずだよね」

と、私も久米さんも、こっそり言い合っていた。

番組が始まった頃は、丁度、ロッキード事件が連日のニュースだったので、歌の番組なのに、随分、ロッキードの話題を、久米さんと二人で喋っていた。ある回で、ロッキード裁判の判決が出たかして、それについて二人であれこれ喋っているうちに、

けっこう時間がかかったなと、自分でも感じた。無論、ＡＤから「巻いて！」（急いで次に！）のサインが出る。それを見て、私と久米さんはサインの指示通り、巻きに巻いて、進行したけど、それでも何回も「巻いて！」のサインが出されるので、ヘンだなと思った。でも、ミドリちゃんには余裕があるはずと思ってた。

歌手の方が歌っている時に、一応、

「ミドリちゃん、どうしてる？」

と、ＡＤに訊いたら、

「ミドリちゃん、泣いてます」

これには慌てて、

「久米さん、大変！　ミドリちゃんが泣いているって！」冷静沈着なミドリちゃんが泣く、というのは、もう、アウト寸前、という事だ。

番組のオーケストラの指揮者、長洲忠彦さんは名人で、時間調整のために、視聴者に気づかれない程度に、テンポを上げて、歌を早く終わらせる技を持っていたから、きっとその日も、指揮棒を振る手を（かなり？）早めて下さったに違いない。

「ザ・ベストテン」が大変だったのは、一位が最後に来る事だった。どんなに巻くことになっても、一位を入れなくてはいけない。生放送だからトラブルはつきもので、時間の調整は大変だったけど、でも、出たとこ勝負の面白さが常にあった。エンターテインメントで、同時に、ノンフィクションみたいな、変わった良さがあったように思う。

吉幾三さんが「俺《お》ら東京さ行ぐだ」で初登場した時、最初の歌詞が出なくなった。オーケストラはどんどん先へ進む。「あ、歌詞が出ていないんだ」と気づいて、私が長洲先生に、「すいません、もう一回、やらして下さい」と大声でお願いして、吉さんに「大丈夫ですか?」と訊くと、彼が「もう、大丈夫です」と言って、頭からもう一度、今度は見事に歌い直した。これは全部、放送中の、画面に映っての出来事だった。

南野陽子さんが、「秋からも、そばにいて」の歌詞を忘れた時も、ADがズボンの後ろポケットに入れてる厚い台本には歌詞が載っているから、それを引き抜いて、彼女のところまで、画面に映らないように這《は》いつくばって行こうとしたら、途中で、ADやみんなに止められた。結局、私は、その部分の歌詞を大声で読んだのだった。その時、南野さんが涙を流した。それは、歌詞を忘れたからではなく、私の行動を見ていて、「司会の方があそこまでするなんて思っていなくて、感動しました」ということだったと後で聞いた。

シブがき隊が歌っている時には、モックン（本木雅弘さん）のマイクコードが照明の機械に絡《から》まって、引きずられたことがあった。その時も、カメラに映らないように気をつけながら、私は床を這って近寄って、コードをほどいたのだけど、生憎《あいにく》、すべてカメラに映されていた。この時も、見ていた歌手の方が泣いてくれた。

とにかく、一時間の生放送を、みんな一丸となって、切り抜けなければいけないし、一番近くにいるのは司会者だし、映っても大丈夫なので、いつも、あらゆる所を見張ってなくては、いけなかった。

でも、司会者が、どうやっても助けられないこともあった。歌手の方がつい笑い出してしまう場合で、これは中継だったけど、小泉今日子さんがお姫様の衣装で、「ヤマトナデシコ七変化」を歌い始めようとした瞬間、すごい勢いで、コント赤信号の渡辺正行さんが侍姿でダアーッと滑り込んできた。あまりのタイミングの良さとおかしさに、小泉さんは笑って歌えなくなった。また、小泉さんは、かわいい秋の公園のセットで、連れてきた仔犬《こいぬ》が緊張したのか、粗相をしてしまって、やはり笑って歌えなくなったこともあった。

荻野目《おぎのめ》洋子さんの「六本木純情派」の時は、その演出の意図がわからない、と、あとあと笑い話になったけど、ボロボロの着物を着た、白塗りの暗黒舞踏の人たちが、ミニスカートで歌う荻野目さんの周りを、貧乏ゆすりみたいにぶらぶらクネクネ踊り歩くのだ。荻野目さんは、まず吃驚《びっくり》して、それから噴き出しそうな、我慢できなくて泣き出しそうな顔で歌っていた。

ああいう演出やセットは、四人のディレクターが、切磋《せっさ》琢磨《たくま》するように、週替わりで担当していたのだけど、修爾さんの演出は、どこかロマンティックで、優しさがあって、私は好きだった。

松任谷由実さんの「守ってあげたい」の時は、おおぜいの小さな子供たちを出して、抜群の効果をあげた。松田聖子さんの「小麦色のマーメイド」と田原俊彦さんの「NINJIN娘」が続けて歌われる回で、修爾さんが考えたのが、イギリスの庭園にあるような大きな迷路だった。聖子さんとトシちゃんが別々の入口から入って、真ん中で出会うようにして、マイクをバトンタッチするという演出。ところが、聖子さんは歌い終わり、トシちゃんに繋《つな》ぐわけだけど、凝り性の修爾さんが作った迷路だからか、二人は本当に迷って、なかなか会えず、聖子さんは飛び跳ねて、トシちゃんを必死に探して、やっとマイクを渡した。これには、みんなで大笑いになった。

トシちゃんが「原宿キッス」を歌いながらテニスのボールを打ち返していく、という演出もあった。見事に一球もミスせず、最後にネットを飛び越えて、待っていた聖子さんがタオルをかけてあげる、という修爾さんらしいロマンティックな演出だった。確か、この回あたりから、「トシちゃんと聖子ちゃんを並べて座らせないで下さい」というような、熱狂的なファンの投書が増えたのだった。しばらくの間、番組の最後の写真撮影の時など、私は二人を並ばせないように気を配るようになった。

私が一番忘れられないのは、杉村尚美さんの「サンセット・メモリー」で、羅生門みたいな大きな山門のセットを作って、そこから数珠《じゅず》を持った巨体のお坊さんが出てきて、雷が鳴り、稲妻が光る、という黒澤明監督の映画みたいな演出。あまりにも傑作で、大笑いした私は、修爾さんに、「どうやって思いついたの？」と訊《たず》ねると、

「えーと、あの歌を聴いて僕が思ったのは、女性の恋愛における情念の強さというのは、宗教を超える、と。それは、例えば、お坊さんのお念仏をも凌駕《りょうが》するということを表現しようと、真剣に思いまして」

と照れながら、言っていた。本気でそう思っていたのだと思う。歌と関係なく、とにかく、みんな、あとあとまで笑った。

こんなふうに、毎週毎週、各地から中継をして、スタジオでは凝ったセットを組むのだから、当然だけど、予算はずいぶんかかったらしい。視聴率は平均で三五％くらいを長く続けていたから、修爾さんがある時、ＴＢＳの社長さんに、「なんで、僕に

社長賞くれないんですか」と軽口を叩《たた》いたら、
「お前ね、『ベストテン』の視聴率は抜群だけど、年間の赤字一億円だぞ……」
と言われてしまったそうだ。修爾さんは、制作費のことなど私に言わなかったから、これも後年、聞いた話。

修爾さんが（そして私も、きっと久米さんも）誇りにした事だが、八月六日に広島から中継したこともあった。

岩崎宏美さんの「すみれ色の涙」がランクインして、当日、岩崎さんは広島でコンサートがあった。地方からの中継は、いつもはTBSの系列局が協力してくれるのだけど、この日ばかりは、広島の局が難色を示しているという。

八月六日、広島にとっては、原爆が落とされた、忘れることができない、記憶しつづけていかねばならない、特別な日。でも、なぜ報道番組ならよくて、「ザ・ベストテン」の中継はいけないのだろう。原爆や戦争への思いや、平和を願う気持ちは変わらないのに。修爾さんは自ら台本を書いて、広島へ何日も出向き、系列局を説得した。

修爾さんは、
「黒柳さん、木曜日が八月六日になることは、カレンダーを見ても、これから先、当分ないと思います。まして、広島から中継をする機会は、二度とないでしょう。原爆について、『ベストテン』でやりたいと思いますが」

と言った。

「もちろん、いいじゃないですか。暗い話題は聞きたくないって人もいるでしょうけど、伝えなければいけないことは、どうしても、あるのだから。若い人も見ているし、年に一度や二度、そういう回があってもいいと思う」

「ええ、歌番組でやっていいのかという思いもありますが、では、やりましょう」

修爾さんは最初から迷いはなかった。

当日、私は、今の賑やかな広島と、昭和二十年八月六日の悲惨な広島の写真を出して、

「どんなに夢がある人も、優秀な人も、恋人がいる人も、戦争があると、一瞬でこんなことになっちゃうんです」

と喋っているうちに、声が詰まってしまった。横で、久米さんが、

「黒柳さんが泣きながら言ってるから、みなさん、聞いてやって下さい」

と言ってくれた。久米さんは、のちの「ニュースステーション」での発言でもわかるように、原爆について、私と同じような考えを持っているのだから、自分も何か言

いたかっただろうに、そう言ったきり、口を挟むことはなかった。これは、やはり、私への信頼なのだと思う。

久米さんは、別の時にも、「黒柳さんが泣いているから……」と言ったことがある。ラッツ&スターがまだシャネルズといっていた頃、デビュー曲の「ランナウェイ」でランクインした。中継先から質問を受けるコーナーがあって、集まった人たちの一人が（少年だった）、

「どうして、黒人のくせに、フランスの香水の名前をつけてるんですか？」

と訊いた。私は、ほとんど絶句するくらい、ショックを受けた。シャネルズのリーダーの鈴木雅之さんが、きちんと質問に答えていたが、私の耳にはあまり届いていなかった。あの子には、それが差別の言葉になるとはわからないのだろう。周りに、平気で、そういう発言をする大人がいるのだろう。シャネルズが歌い、次のスポットライトのコーナーが終わり、コマーシャルがあけてから、私は、誰に相談したわけでもなく、喋りだした。

「さっき、『黒人のくせに』とおっしゃいましたが、それは、あなたが、そのつもりがなくても、人を傷つけてしまう言葉なんです。皮膚の色や、国籍で、『何々のくせに』と言うのは、やめてほしいと思います。そういう高みから人を見下すような言い

方は、絶対にしないで下さい。涙が出るほど、つらい思いがしました」

私がそう言うと、久米さんは、「黒柳さんが泣いていますから、もうやめて下さいね」と言ってくれた。歌い終えた出演者の方々も、拍手を送って下さった。

放送後は、ものすごい反響になった。とりわけ、在日韓国人・朝鮮人の方々から、「私たちは、どれだけ、『朝鮮人のくせに』って言われてきたかわからない。本当によく言ってくれた。嬉《うれ》しかった」という手紙やメッセージがたくさん来た。

修爾さんは、私がどんな発言をしようが、特に何も言うことはなかった。これも、久米さんとはまた違った、信頼の形だった。「あんなこと言わないで下さい」もなかったし、「よくぞ、言ってくれました」もなかったけど、修爾さんの考えている事は伝わってきた。私たちが作っているのは、ふざけているように見えるかもしれない明るく楽しい娯楽番組だけど、時には、大人の社会的な役割も果たさなくてはならない。特に、視聴率が高ければ、なおさらのことだ。

これは、ずっと後年、ごく最近になってから、初めて聞いたのだけど、修爾さんは、「実は、決めていたことがあります。自分の子供が見て、恥ずかしいと思う番組だけは作りたくなかったんです。『お父さん、こんなヘンなの作ってるんだ』とか『ウソばっかり！』とか、思われる番組作りはしたらいけないと思ってきました。子供に

『これ、見ろよ』と言えるような番組を作りたいと思って、やってきました」と言った。久米さんがお葬式で言ったように、「銀行の経理の人みたいに真面目」なテレビマンだった。

自分の子供に絵本を上手に読んであげたい、という気持ちで、この世界に入った私も、「絶対に、子供たちに恥ずかしい、見せられないような番組には出ない。子供がわかる、わからないはあるかもしれないけど、どんな子供にも見せられる番組だけやっていきたい」と誓っていたので、私は修爾さんの気持ちを聞いて、とても嬉しかったし、「やっぱり、こういう人だったんだ！」と思った。

高視聴率の番組、それも生中継とあって、ロケ先では、いろんな騒ぎが起きた。年に一度、系列局の地元まで行って、「ザ・ベストテン in ××」（××に岡山とか鹿児島とか仙台とか地名が入る）という公開中継も始めて、こちらもたいへんな数の観衆が集まった。

万が一、怪我人《けがにん》が出ると、番組はおしまいになるので、しばしば、私も「押さないで、怪我でもしたら、もうおしまいよーっ」と叫んでいた。放送が終わった後で、何だか私、寮母が学生たちを叱《しか》ってるみたいだわ、と思った。ともかく、十二年間で、ずいぶん、揉《も》みくちゃになったり、ヒヤッとしたこともあったけど、歌手の方々も、ファンも、スタッフも、誰一人として怪我人が出なかったのは幸いだった。本当に、これは、ラッキーだった、と今でも思う。

「ザ・ベストテンin岡山」の時は、放送の翌朝、チェッカーズファンの女子高生たちが、私たち、みんなの乗った空港までのバスを、全速力の自転車で追いかけて来た。車道も歩道もなく走っているし、信号も無視しているみたいだし、見るからに危なっかしいので、フミヤくんに「あなたから、話してもらえる？」と訊いてから、赤信号で止まったところで、窓を開けて、チェッカーズが見たいの？」

「あなたたち、チェッカーズが見たいの？」

「見たいです」

「チェッカーズが、ここで『さよなら』って言ったら、学校へ行く？」

「行きます」

「もう追いかけてこない？」

「ハイ」

と言うので、窓から、フミヤくんを見えるように、押し出した。フミヤくんたちが

「みんな、ありがとう。じゃあね」と手を振って、「学校に行ってねー」と言うと、

「ハーイ」

みんな、素直に聞いてくれた。結局、どんなに人だかりができた中継先でも、私が寮母のように叫ぶ羽目になっても、怪我人が一人も出なかったのは、みんなが「ザ・ベストテン」という番組を愛していて、「これ以上、騒ぎになると、たいへんなことになる」とわかってくれていたのだろう。

そう言えば、修爾さん自身が、巻き込まれたこともあった。

松坂慶子さんが、札幌で「愛の水中花」を歌った後、予想を遥《はる》かに超える数の人が追いかけてきて、どうにも抜け出せなくなった修爾さんは、松坂さんの手を取って、学生寮に逃げ込んだ。とっさに目についた部屋に入ると、歌にもテレビにも関心のなさそうな学生四人が麻雀《マージャン》をしていた。

必死の形相で、

「かくまってください！」

と言う修爾さんに、学生たちはそんなに驚きもせず、すぐに二人を押入れに入れてくれて、そのまま平然と麻雀を続行したという。

あたりがすっかり静かになるまでの四十五分間、押入れの狭い暗闇《くらやみ》の中で、天下の美女と密着し、しかも危険な時のボディーガードという最高の役回りなのに、

「あわよくば……」

と思う余裕もなかったのか、と、修爾さんは東京に帰ってきてから、みんなに冷やかされていた。私も、「そうよ、誰も見ていないんだし、手を握って、『好きです』くらい言えばよかったのに」と、からかった。


私を追いかけて、衛星中継してくれたこともあった。

毎年夏に三週間のお休みを頂いて、海外旅行へ行っていたが、真ん中の二週目は、衛星中継をしますから、どうしても出て下さい、と修爾さんが言うのだ。

私は、自分のお金で、自分の好きなところへ行きたいのだから、それでよければ出ます、と答えると、「今の技術なら、どこからでも衛星中継できますし、それに、技術がどのくらい進んでいるかの実験にもなるので、やって下さい」という事になった。

ある年はニューヨークからで、この時は「ザ・ベストテンin長崎」（この回が初の地方からの公開生中継だった）が急に決まったので、中継ではなく、電話で出演、ということになった。日本が夜の九時だと、ニューヨークは朝七時、普段はまだ全然起きていないような時間に、スタッフから国際電話で起こされて、「久米さんに繋がってますので、話しかけて下さい」と言うので、

「久米さーん、黒柳ですけど、そちら……」

と言いかけると、久米さんは、

「あなたと話してる時間はないんです！　眼鏡橋が」

それだけで、ガチャン！と大きな音がして、呼んでも、待っても、久米さんが出て来なくなった。どうやら、受話器を投げたらしい。初めての地方からの生放送で、二万人くらいお客さんは来るし、雨は降るし、歌手は集まらないしで、現場はひっくり返るような大騒ぎになっていたという。しかも、久米さんは、意外なことに、スタジオや少人数相手のレポートなら平気だけど、そんな大勢のお客さんの前は苦手なのだった。私が帰国してからの修爾さんの説明によると、「久米さん、途方に暮れきっていました。眼鏡橋というのは、五木ひろしさんに歌って頂いた場所なんです」とのことだった。

次の年、「夏休みは、レニングラード（今のサンクトペテルブルク）の美術館に絵を見に行くつもりです」と言ったら、まだ旧ソ連時代のことで、「撮影許可が下りそうにないので、申し訳ないですが変更してほしい」と修爾さんから頼まれた。じゃあ、ルートヴィッヒ二世の白鳥城ことノイシュヴァンシュタイン城を見てみようと、ドイツへ行くことにしたら（オーストリアとの国境に近い白鳥城へはミュンヘンから行く）、久米さんが「僕も見たいな」と言い出した。

ならばと、修爾さんがスタッフも集めて、司会者二人がミュンヘンから日本の歌手の方にインタビューしたり、歌を聴くことにして、本格的に衛星生放送することになった。この回は、中森明菜さんが、定刻通りに姫路駅に入ってきた新幹線の窓際《まどぎわ》の席で、「十戒」を(他の乗客の方の迷惑にならないように)小さな声で歌い、そのまま出発していくところを、近くのビルの屋上から中継した。その生の映像を、姫路から山口県へ、さらに世界の何ヶ所かを経由して、ミュンヘンで見て、またそれを見ている私たちを、視聴者のみなさんが日本で見る、という複雑な衛星生中継ができたのだから、ここまで技術は進歩したのだなあ、と私は感嘆した。修爾さんは、「ザ・ベストテン」で、困難な条件での生中継を可能にするため、さまざまな方策を探し求め、その結果、「技術的に、ここまでできるんだ」という範囲を広げていった。このミュンヘン中継は一九八四年の夏のこと。

翌八五年春、久米さんが、突然、「ザ・ベストテン」を辞めることになった。

それは、半年後から「ニュースステーション」を始めるためだったのだけれど、テレビ朝日との約束で、久米さんは、なぜ辞めるのか、決して理由を言わなかった。理由だけではなかった。辞める、ということさえ、誰にも言わず、私たちは新聞で知ったのだ。

修爾さんもスタッフも私も、びっくりした。その上、いくら問いただしても、「気に入らないことがあるのか」と訊いても、久米さんは「休みたい」と言うくらいで、辞める理由がはっきりしないから、修爾さんはいくぶん憤懣《ふんまんや》遣る方ない様子で、「あいつには青い血が流れているんだ」と言って、天を仰いでいた。

私は、べつに青い血が流れている、なんて思わなかったけど、驚いたのには違いなかった。久米さんは、本当に、誰にも打ち明けていなかった。それまで私と久米さんは、打ち合わせの席でお弁当を食べたくらいはあるけど、一緒に食事をしたこともほとんどなかった（「ザ・ベストテン」が終わってからは、ずいぶん一緒にご飯に行くようになった）。彼の好きなゴルフを、私がやっていれば、また違ったかもしれないけど。

そう言えば、久米さんが、休暇でニュージーランドに行って、のんびりゴルフをして過ごしてきたことがあって、

「ものすごく、良かったですよ。黒柳さん、老後はニュージーランドへ行きません？これからの時代、自宅にスタジオを作って、ラジオくらい簡単にできるようになると

思うから、二人でその日あったことなんかを喋《しゃべ》って番組やれば、食べていかれますよ」

「いいけど、ニュージーランドって、何があるの？」

「いいゴルフ場があるんですよ」

「ほかには？」

「羊がいます」

「えーと、文化はないの？　お芝居とかコンサートとか」

「そういうのはないです」

「それは、私には無理、行かれないわ。ごめんなさい」

なんて会話をしたことがあった。

その久米さんが、辞めるというので、初めて、私の家に来てもらった。朝まで二人きりでいろいろ話をしたけれど、どうして辞めるのか、やはり、はっきりとした理由は言わない。

「何でも、少し休みたくて、温泉のある田舎の旅館で下足番をやりたいって話なんだけど」

と聞いていたので、私は以前の、彼が「もう、歌番組はやりたくない」と思っていた経緯もあって、何となく、ニュースをやりたいんじゃないかなという気がして、「あなたが下足番してたら、お客さんに、『どうしてここにいるんですか』とか、いろいろ聞かれるじゃない？　そんなのに答えてるんだったら、いっそ、アメリカかどこかに行って、勉強したら？」

と言った。それでも、はかばかしい返事がないので、「女性問題でもあるの？」とまで訊いてみた。結局、久米さんは何も言わないままで、番組を辞めた。何年かたってから、「もう、喉《のど》どころか、口のところまで出かかっていたんだけど、やっぱり誰にも言わないって約束していたから、黒柳さんにも言えませんでした。辛《つら》かったです」と、私に告げた。

そうやって八五年十月に始まった「ニュースステーション」は、翌年二月にフィリピンの（コラソン・アキノ大統領が誕生した）政変があり、十一月には三原山が噴火し、報道番組としての勢いが出て、NHK以外でもニュースをやってる！と世間にわかった。久米さんは本音で喋っているし、彼らしさが出てるな、と思えた。

そうしたら、TBSでも、八七年秋から、毎晩の報道番組を作るからと、私にキャスターとしての依頼が来た。入れ替り立ち替り、いろんな人が、私に出るように説得しに現れた。それに出るということは「ザ・ベストテン」は辞めざるをえないけど、社の命令とあって、修爾さんも口説きに来たが、彼の本意ではないのはわかっていた。報道番組のキャスターになるなんて、久米さんと較《くら》べられて、どっちがいいの悪いのと言われるに決まっている。私はそんなことに荷担したくなかったし、そもそも、ニュースは私の専門ではないので、すぐに断った。それでも、何人もの方がいらっしゃるので、仕方なく、

「そんな毎晩のニュースなんて、できません。命賭《が》けでやるような仕事ですが、それをやると、夜の生放送の『ザ・ベストテン』はもちろん、『徹子の部屋』も『世界ふしぎ発見！』も全部辞めることになります。それを全部、補償して下さいますか？　お金のことだけじゃなく、私の充実や何かも含めて全部ですよ。そんなこと、無理でしょう？」

とまで言った。断る事に、悩みはしなかった。

もっとも、久米さんの「ニュースステーション」には、私はゲストで何度も出た。夏に出た時、CMに移る前に、久米さんが、

「この後、化け猫が出ます」

と言った。CM明けに、私が出るから、そう言ったのだけど、その時は、「ああ、今日は、あとで化け猫が出るんだ」と素直に思って、久米さんに、

「いつ、化け猫が出るの？」

なんて訊《き》いたりしていた。この前、会った時にこの話になったら、「あれ、僕、『化け猫』なんて言いました？」とか言っていたけど。ヘンな人！

「ザ・ベストテン」は、久米さんが辞めた時、私も一時は辞めようかと思ったけど、修爾さんたちと話して、続ける事にした。久米さんの後、私のコンビになる司会者は、いろんな人がいらしたけど、やっぱり、久米さんと私が築いてきた八年の厚味がないのだから、前のようには、いかなかった。私の髪型の「タマネギおばさん」の名付け親だったし、私に面と向かってバンバン言えるのも、久米さんならではで、ほかの方だと遠慮してしまうようだった。私と久米さんのやり取りの所で視聴率が上がっているのは、初めからの事だった。

「ザ・ベストテン」は、一九八九年九月に終わった。全盛期を知っていると物足りないけど、視聴率は、まだそんなに悪くはなかった。結局、歌が長くなったせいで、インタビューの時間がなくなったのが、大きい理由だった。最初はみんな、二分半くらいの歌だったのが、「どんなに短くしても五分はかかる」という人が二、三人出てくると、十人入らなくなる。もうインタビューする時間がなくて、どんどん、「では、歌って頂きます」と、送り出すしかなくなってきた。これは久米さんのいた末期から、そういう傾向はあって、彼は「お待たせしました。歌って下さい」というセリフを言う間も惜しんで、「お待たせ下さい」という変な日本語を使った事もあった。「ザ・ベストテン」が始まった時、日本の歌が変わる端境期《はざかいき》だったように、また歌が変わる季節になっていたのだろうと思う。

こんな風に、「ザ・ベストテン」の思い出の文章を書きながら、修爾さんがいてくれたらな、と思う。何も調べずに、何でも、即座に答えてくれただろうから。

「広島の中継は……」

「ああ、一九八一年の八月六日ですよ。岩崎宏美さんの『すみれ色の涙』」

「沢田研二さんのパラシュートは……」

「『TOKIO』をデスバレーで歌って頂いたんですよ。コマーシャルの撮影であちらに行かれてて」

なんて。

部下だった阿部さんは、「木曜日の山田さんは、台風の中にいるみたいでした」と言ってたけど、修爾さんは、そんな状況で仕事をしながら、逐一、記憶していた。心底、「ザ・ベストテン」を愛したし、それに見合うだけの責任感を持っていた。

修爾さんが本を出した時、私は推薦文に、「木曜夜9時は少し遅れてきた青春でした」と書いた。修爾さんたちも同じ気持ちだったろう。私は、小泉今日子さんといま会っても、「うわァ、こんにちは」と抱き合ったり、桑田圭祐さんから「お母さん」とメールが来たりする。みんなに、そんな親近感がずっと残っているのも、出演料を頂くお仕事というより、あの番組に関わり合っているのが嬉しい、という感覚が、みんなに、共通してあったせいだろう。

遅れてきた青春。本当に、それ以外の言葉が、今も見つからない。そんな、かけがえのない時間だった。

霞町《かすみちょう》マンションBの二

「ザ・ベストテン」をやっている真っ最中の頃、いたましくて、取り返しのつかない、悲しい出来事が起きた。向田邦子さんが、旅行先の台湾で飛行機事故に遭ってしまったのだ。暑い盛りだった。一九八一年八月二十二日のこと(「ザ・ベストテン」で、広島から岩崎宏美さんの生中継をした半月後だ)。

あれからもう三十年以上たつけど、今なお、向田さんの作品に魅了され、生き方に憧《あこが》れる若いひとは、あとを絶たない。そして私は、向田さんの訃報《ふほう》をニューヨークで聞いた衝撃を、あざやかに思い出す。時々、たまらなく会いたいと思うこともある。ある時期、私は向田さんと毎日、会っていた。毎日のように、ではなくて、本当に毎日だった。

向田さんのエッセイを読み返すと、彼女が杉並の実家を出て、麻布の霞町で一人暮らしを始めたのは一九六四年。引っ越したのは、ちょうど、東京オリンピックの開会式の日だった。当時の向田さんは、森繁久彌《もりしげひさや》さんの「七人の孫」の脚本家の一人となって、忙しくなり始めていた頃だ。〈終《つい》の棲家《すみか》〉になった南青山に移るまでの六年間、向田さんは霞町に住んでいた。

会っていたと書いたけど、正確に言うと、私が向田さんの部屋へ入り浸っていたのだ。それは霞町マンション、という立派な名前だったけど、はっきり言えば、アパートみたいな建物だった。道路から外階段を上がってすぐ、二階の「Ｂの二」という部屋に、彼女は住んでいた。

顔を合わせても、ろくに話をしない日も多かった。向田さんは机に向かって、読書していることが多かった。当時から遅いことで有名だった原稿を書いていたのかも知れない。私は私で机の横のソファーに寝そべって、自分の台本を広げてセリフを憶《おぼ》えたりしていたのだから、なんで毎日、それなりに忙しい二人が、飽きもせずに会っていたのか、わからない。でも、時分どきになると、向田さんは立ち上がって、頭にきりりとヘアバンドをして、ご飯を作ってくれた。

和食風なお菜《かず》が主で、煮物も多かったし、〔トビウオのデンブ〕〔ナマ長葱《ながねぎ》のアッツア油かけ〕〔サヤインゲンの生姜和え《しょうがあ》〕などなどを作ってくれた。時には、家庭的なものだけでなく、これは料理上手な向田さんならではだけど、前の日にお料理屋さんで食べたばかりのものを再現して、私が味見役になることもあった。「一滴たらせば、インスタント・ラーメンが札幌ススキノの名店の味に！」という触れ込みの自信作「魔法の油」も発明し、私に瓶に入れて分けてくれたりしたのもこの頃だ。とにかく、手早く、おいしく、珍しいものが、次々と食卓に並んだ。

食い食い教の教祖、と呼ばれてた私が、あれもこれもと頂きながら「おいしい」と言うと、向田さんは「そうかしら？」などとは絶対に答えないで、「案外でしょう？」なんて、チラリと自慢げに言うところが、私は好きだった。

お互い、直面している仕事のない時は、ずいぶんお喋《しゃべ》りもした。私が聞き手になることも、よくあった。何をあんなに話していたのだろう？　きっと、他愛のない話ばかりだったから覚えていないのだろうけど、あの頃のことを日記につけておけばなあと思う。

向田さんが台湾の空に消えてから四年経《た》って、ようやく彼女について、ちょっと長い文章を書くことができた。向田さんは面白い人だったのに、なかなか、そんなことを思い出す気持ちになれなかったのだ。そのエッセイは次のようなものだった（表現など、少し変えたところがあります）。

「サハラ砂漠の砂ってね、オークルの白粉《おしろい》みたいなの。細かくてサラサラで、しめってて、重いの。オークルって、小麦色っていうか、ちょっと赤っぽいの。奇麗な色よ」

＊

この夏、アフリカのニジェールの砂漠に立って、私は、向田さんが話してくれた事を思い出していた。本当に、サハラの砂は向田さんが言った通りだった。

「本当に、そうだったわ」と、伝えたくても、もう向田さんは、いない。

向田邦子さんが、突然、私たちの前から姿を消して、この八月二十二日で四年になる。私は、何度、あの日のことを考えても不思議でならない。あの日、私は夏休みで、ニューヨークに発《た》つことになっていた。私にしては、珍らしく早く支度が出来た。そこに、私の乗るはずの飛行機が二時間遅れる、という連絡が入った。カバンも用意できてるし……私は、する事がないので、鏡台の前に座って、なんとなく、ぼんやりしていた。ふいに、全く何の脈絡もなく、向田さんに電話してみよう、と思った。昔は毎日のように遊びに行ったり、電話してたのだけれど、このところ、お互いに忙しくて半年くらい前に逢《あ》ったきりだった。

時計を見ると十一時ちょっと過ぎだったので、もう起きてるだろうと思って受話器を取った。残念なことに向田さんは留守だった。留守番電話から向田さんの声が聞こえた。

「向田でございます。私、ただいま旅行に出かけております。戻りますのは二十五日の夜おそくでございます。お急ぎのかたは泊り先を申し上げますので、そちらに御連絡下さい。台北の国賓大飯店、電話番号は台湾の×××……」

私は、ホテルのことを大飯店というとは知らなかったので、はじめは、(なんで中国料理屋さんに泊るの?)とおかしかったけど、たぶんホテルのことだろうと納得した。親切で几帳面《きちょうめん》な向田さんは、細かく、二十、二十一、二十四日は、この国賓大飯店で、二十二と二十三日は高雄の華王大飯店だと、電話番号も、きちんと入れてあった。私は(わあ、私たちは二人とも旅行なんだわ)と嬉《うれ》しくなって、向田さんのメッセージの後に、留守番電話に大急ぎで、

「台湾に行ってるのね。私はニューヨークに行くのよ。あなたが前に随筆に書いた終戦直後、進駐軍から出廻った懐《なつ》かしい、あのゴムみたいな黒いニチャニチャしたお菓子、あったら買って来てあげるわ。帰って来たら、お互いに旅のこと話しあいましょう?」

そう吹き込んで、電話を切った。

年齢は四つしか違わないのに、おみやげのことを、キイキイ声で子供っぽく言ってる私の声と、落ち着いた向田さんの声は対照的だな、と、その時、ふと思った。（旅に出る）という特別の、あわただしい調子でもなく、「行って来ます！」という弾んだ声でもない、ふだんの向田さんの声だった。むしろ「私だけ遊びに行くので申しわけなし」という遠慮がちの声のようにも聞こえた。

私はあの時、どうして向田さんに電話しようと思ったのかが、いまも不思議でたまらない。電話する友達は、他に何人もいるのに、私は向田さんを想《おも》った。私はテレパシーのある人間でもなんでもないのに、あの時はなぜか、向田さんと話したかった。そして、この十一時十分という時、向田さんたちの乗った飛行機は、台湾の空に散ったのだった。

私は、ニューヨークへ出発した。そして十数時間後、ニューヨークに着いた時に、日本からの電話で、向田さんの事故を知ったのだ。そのとき頼まれて、ニューヨークから、向田さんの思い出を雑誌に書いて送ったけれど、事故のテレビのニュースも新聞も見ていなかった。今日、向田さんのことを書こうと思い立って、初めて四年前の新聞を見た。私が聞いた向田さんの「台湾にいます」という留守番電話の声が、こんなに大きく報じられていたとは、夢にも知らなかった。「向田さん〝声の遺書〟悲し」「留守番電話に声残し」「留守番電話に最後の声」……。

向田さんの留守番電話と私は、最初に取りつけた時から面白い関係だった。

ある日、電話すると「向田です」と出たから「今日は」と言ったのに、向田さんは、返事もしないで、どんどん「御用件を、この電話におっしゃって下さい」と言うので、私は、びっくりして「あーら、こんな機械つけたの?」とか言ってるうちに、何十秒か経って切れてしまった。私は、また、かけ直して「ねえ、機械に話す、っていうのも、なんだか、恥かしいじゃない?」と吹き込んでるうちに、また切れてしまった。仕方ないから、かけ直して、「ほかの人は、こんな短い時間で、用件を言えてるの?みんな、頭いいのねえ」とか言ってるうちに、また切れる。また、電話して、「NHKからだけど、あたしが一方的に喋って、何度もかけてるんで、周りから、チャックは気がおかしくなったみたいな顔で見られてるわ」。結局、私は、こんな風に九通話もかけて、最後に「いいわ、会った時に話すから」と言って、やっと終りにした。

向田さんは家に帰ってから、この私の九通話の話がおかしいといって、このテープを消さないでおいて、随分、長い間、お客さまが見えると、これを聞かせた。よほどおかしかったとみえ、向田さんはこのことを、随筆集『父の詫《わ》び状』に書いている

（チャックというのは、その頃の私の仇名《あだな》で、「おしゃべりの黒柳は口にチャック！」だからつけられた、という風に伝わっているけど、本当はそうじゃなくて、NHKの放送劇団の試験を受けた時に朗読したのが、芥川龍之介の「河童《かっぱ》」で、あの中にチャックという河童が出てくるのだ。私は、その河童が気に入っていたのと、朗読の練習のために、「チャック、チャック、チャック！」と口に出しながら、NHKの廊下を歩いていたので、同期生からチャックと呼ばれ始め、それが定着したのだった）。

それから、また違う日は、私が電話すると「向田です」という声の調子が留守番電話だと思ったから、次に「御用件を……」というテープの声が出るだろうと待っていると、ヘンな間があいた。そして次に「向田です」と、また言うから、私は用心して「あなた、テープじゃないんですか？」と訊《き》くと、「あら、いやだ、ナマよ」っていうようなこともあった。

私の母は今でも、「よく毎日毎日、話すことがあると思うくらい、あなた向田さんと長い間、いつも電話で話してたわね」と言う。何を話したか、今は、もう忘れてしまったけれど、本当に私たちは、よく話した。向田さんの家で、よその人の面白い留守番電話のメッセージを聞かせてもらった事も、よくあった。初めの頃、みんな馴《な》れていないから「あのお……」と言ったきり絶句する人とか、ずっと黙っていた末にい、と思っていた留守番電話が、こんなに悲劇的に新聞へ大きい活字で載っていると「また、いずれ……」とだけ言って、切る人もいた。私たちには楽しい思い出しかなは、今日まで、思ってもいなかった。そして、向田さんの、いろんな写真。それから飛行機の残骸《ざんがい》の写真。空中爆発がどんなものか、その写真は、私の想像を越えるものだった。見なければよかった。新しい涙が、あとからあとから流れた。

台湾まで向田さんの遺体を引きとりにいらした向田さんの弟さんの保雄さんが、その時のことを、『姉貴の尻尾《しっぽ》』という本に書いていらっしゃる。向田さんと二つ違いの、この弟さんは、百十人の乗客が全員絶望という大混乱の中で、偶然、アジア航空のKさんという方に会う。慰めの言葉のあとKさんは、こう、おっしゃったという。

「『あの状態では、機体が二つに割れた瞬間に、お亡《な》くなりになってます。ツバを飲み込む間もありませんね』

とおっしゃった。どんな言葉よりも、一番の慰めだった。

『姉ちゃん、よかったね』

思わず言いそうになった。その瞬間、どんな苦痛に耐えたのか、それを考えることがいちばん怖かった。苦痛も恐怖もなかったとすれば、それは故人のために喜んでやらなければならないことなのだ。」

「禍福は、あざなえる縄の如《ごと》し」

　この言葉を私に教えてくれたのは向田さんだった。もう二十年近く前、私は向田さんの書いたラジオ番組に、よく出ていた。その頃から、すでに向田さんは台本が遅いことで知られていて、本番に間に合わなくて、いつも、スタジオのガラス張りの向こうに来て書いていた。でも、そのおかげで、よく話をする機会があった。ある時、「禍福は、あざなえる縄の如し」という言葉が、私のセリフの中にあった。だいたいのところは、わかっていたけど、私は、向田さんの所に聞きにいった。向田さんは、その頃から、すでに黒っぽい洋服で、歳上《としうえ》だから当り前ではあるけど、大人っぽいお姉さんみたいな喋りかたをした。

「人生は、いいことがあると、必ず、そのすぐ後に、よくないことがあって、つまり、幸福の縄と不幸の縄と二本で、撚《よ》ってあるようなものだ、という事なんじゃない？」

　楽天的な私は、「そうかなあ、幸福の縄ばっかりで、撚ってあるってことないの？」とか言って、深く、その事について考えてみようとはしなかった。

　この向田さんの言葉を「はっ！」と思い出したのは、向田さんが直木賞を受賞した時のお祝いのパーティだった。いつも、人に迷惑をかけたり大騒ぎされたりする事が大嫌いな向田さんが、まわりのみんなに説得されてやる事になった、本当に初めての大パーティだった。東京プリンスの大広間は、たちまち一杯になった。考えてみれば、向田さんのように広範囲に仕事をしている人は、そう、いない。華やかな女優さん達や俳優さん、放送作家仲間と山口瞳さんのような文壇人、そして、大勢のテレビ・ラジオの関係者、雑誌や出版の関係者、ジャーナリスト、広告関係の人達……向田さんの人気が、どのくらい凄《すご》いかが、誰にも、はっきりとわかる賑《にぎ》やかな楽しい集りだった。

ふだんは、絶対に、私に仕事のことで、ものを頼んだ事のない向田さんが、私のマネージャーを通して、そのパーティの司会をしてほしい、と連絡があった。「忙がしいのは、わかってるけど、どうしても、やって頂きたいのよ。わがままいって悪いけど、これだけは、やってほしいの」

私は嬉しかった。向田さんのお役にたてる事も嬉しいし、向田さんの晴れの舞台に、一緒にいられる事も幸せだった。

当日の向田さんは、少し透けるシフォンの、グレーと黒のぼかしと、黒のパンタロンのイヴニングで、よく似合っていた。

向田さんの髪は、いつも本当に、手入れが、よく行き届いていた。真中から分けた黒い髪を、耳の下で、きれいに切り揃《そろ》えていた。「どんなに忙がしくても、これだけはね！」と、きちんと美容院に行ってる髪だった。でも、いつも人と話をする時や、書いている時、無造作に、かきあげるので、人によると、そんなに手入れをしているとは思っていなかったかもしれない。そして、この髪形は、小さな向田さんの顔と、そして知的な額と、時々キリリと、つり上る美しい目に、よく似合っていた。

森繁久彌さんが、雑誌の編集をしていた向田さんを放送界に引っぱりこみ、「七人の孫」や「だいこんの花」などの名作を一緒に創《つく》って来た、ということで、いちばん最初に、挨拶《あいさつ》をした。

「向田さんとは、一番古い仲でして。二人の間に事件も……（エヘン・エヘンと咳《せき》ばらいをして）……ありましたので、いちばん最初の挨拶というのも適当かなと。三十年のつきあいになります。あの頃、この人は、処女であったように思います。つまびらかでは、ありませんが。で、暇を見つけては、『一晩でいいんだけど』と言い寄りまして。ああ、下品な言い方でした。直木賞の方に、こういう言い方するなんて、ダメに決まってますんですけど。向田さんは軽く、うけ流して『まあ、そのうちにね』……」

会場は、もう大爆笑だった。向田さんも口に手をあてて、上目使いに、森繁さんを見ながら大笑いをした。でも、とても色っぽい大笑いだった。森光子さんから渡された小さいピンク色の花束が、渋い色の洋服にあっていた。そして、次々に、いろんな方達が、おめでとうを言った。

乾盃《かんぱい》の前に、「向田さんから、とにかく、ひと言」と私が促すと、向田さんは、マイクの前に立った。いつもの、あの気持がいい、少し早口の、それでいて、やさしくて、丁寧な口調で、こう言った。

「私は長いこと、男運の悪い女だと思い続けてきました。この年で定まる夫も子供もいません。でも、今日、こうやって沢山の方に、お祝いをして頂きまして、男運が、そう悪いほうじゃない、という事が、やっとわかりました。私は欲がなくて、ぼんやりしておりまして、節目節目で、思いがけない方に、めぐり逢って、その方が、私の中に眠っている、ある種のものを引き出して下さったり、肩を叩《たた》いて下さらなかったら、いま頃は、ぼんやり猫を抱いて、売れ残っていたと思います。ほかに、とりえはありませんけど、人運だけは、よかったと本当に感じています。今日は十月十三日ですが、この日は、私の中に感慨がございます。五年前のいま頃、私は手術（乳ガン）で酸素テントの中におりました。目をあけると、妹と澤地久枝さんがビニール越しに私を見ていたので、『大丈夫』といったつもりが、麻酔でロレツが廻りませんでした。そして、明るく人生を過すことが出来るのか、人さまを笑わすものが書けるのか、どれだけ生きられるかも自信がありませんでした。頼りのない気持でした。でも、沢山の方のあと押しで、賞も頂き、五年ぶりに、いま『大丈夫！』と御報告できるように思えます。そんなわけで、お祝いして頂くことは、私にとって、感慨無量です。ありがとうございました」

ステージの横から、向田さんを見ていて、笑ったり、胸を打たれたりしながら、このスピーチを聞いていた私はこの時、あの向田さんの「あざなえる縄」の話を思い出していたのだった。

パーティが終る時、もう一度マイクの前に立った向田さんは、ゆっくり、こう言った。

「今日は一生に一度の光栄だと思っています」

この日から一年も経たないうちに、向田さんは、家族や友達やファンや猫を残して、消えてしまった。

『姉貴の尻尾』が出版されて、丁度、三回忌でもあったので、弟さんの保雄さんに「徹子の部屋」に来て頂いた。仲の良かった弟さんから、私たちの知らない向田さんのことを話して頂こう、と思ったからだった。

「お寂しいでしょう」という私の質問に、保雄さんは、こう、おっしゃった。

「なにかのとき、ふっと思い出します。この間、この『徹子の部屋』に、いろんな、しゃぼん玉を作るご兄弟がお出になりましたね。ああいうのを見ますと、姉貴も、キャーとか、ワァーとか言うだろうなあと。あんな時、ふわっと思い出して悲しいです。『あんた見てる？　見てなかったらビデオ、見に来ない？』って電話くれる姉貴でしたから……」

なんとも向田さんがいない悲しみが、よくわかる話だった。そして、向田さんに似ている弟さんの感受性が、私を悲しませた。私は涙が出るので、あわてて話題を変えた。

でも反面、向田さんみたいに、次々と、おかしい話題を作る名人もいなかった。その時、保雄さんから伺った話だと、乳ガンの手術の後、雑誌か何かに「向田邦子はホームドラマの横綱である」と出ていたら、向田さんは「私は横綱には絶対になれないわ。だって、ワンカップ大関だもの！」と言った。保雄さんが「そういう事を言うのは、やめたほうがいいよ」と、たしなめたら、「あんただから、言うのよ」と平然としてたとか、そんな話は山程ある。

私が聞いたのでも、夜遅くタクシーに乗って、家に帰った時、アパートのドアの前で鍵《かぎ》をゴソゴソやってると、そこで「オイ！」とか、やられるオソレがある。つまり、鍵を開ける時が、いちばん無防備になる、と注意されたので、鍵とお金をそれぞれ手に持ち、アパートに着いたので、払って、タクシーを降りた。すると運転手さんが「ねえ、本気にしていいのかね？」と言う。「どうぞどうぞ」と答えながら、少しくらいのチップあげたくらいで恐縮しちゃう、と思ったら、また「奥さん、本気にして、いいんだね」と言う。なんだと思ったら、お金のつもりで、アパートの鍵を渡しちゃってた。その上、どういうわけか、その運転手さんが、向田さんのことを、犬の毛を刈るトリマーが商売だと勝手に決めてたらしい、ということから、ますます話は面白くなる。

向田さんが直木賞を受賞した作品の中に「かわうそ」という短篇小説があるけど、「私って本当に、いい加減なの。『受賞作は？』と訊かれて、『いたち』なんて、言っちゃうんですもの」

原稿を、〆切に遅れて急いで書くので、印刷された時、よくミスプリ（ミスプリント）があることも有名だった。いつか池内淳子さんが、真剣な顔でディレクターに「私、どんな顔したらいいんですか？」と訊いている。向田さんは（どうして訊くんだろう、私は、池内さん狼狽《ろうばい》する、と書いただけなのに）と思って、印刷台本をよく見たら、（池内さん猿股《さるまた》する）になっていた。

「ロウバイとサルマタって急いで書くと似ちゃうのかしらね」

と笑っていた。そんなわけで、みんなに「あんたが遺言を書いても、ミスプリが多くて、絶対、読めないよ」って言われていたので、せめて印刷になっていれば大丈夫かと思って、『父の詫び状』という本を書いた、と冗談めかして言っていた。

でも、みんなから、悪筆だの下手だの乱暴だのと言われるのが気にはなっていたらしく、誰にも秘密で、向田さんは、お習字を習っていた。弟さんが、ある日訪ねたら、机の下に急いで何かを隠したけど、その時、足で蹴《け》っ飛ばして隠したので、弟さんの方まで飛んで来た。見ると、お習字の紙で、一から十までの数字だった。一から十が、すべてのお習字の基本になると言われるが、まさに、それだった。弟さんが見たとわかるや、「五十の手習い！」と恥かしそうにしていたという。字は上手になりたい、でも、その過程を人には見られたくない。でも、足で蹴っ飛ばしたりするから、見つかってしまう。見つかると恥かしそうにする。でも恐らく、この手の体験を、上手に小説とか作品の中に入れてしまっていたのだろう。弟さんは、向田さんのことを「ブリッ子」ですと笑ってらしたけど、本当に、そういうところがあったかもしれない。

振り返ってみると、向田さんは昭和三十四年頃からラジオを書き始め、ラジオは一万本を軽く越し、テレビドラマも千本は書いた、と言っていた。森繁久彌さんのラジオ「重役読本」だけでも、二千八百本になり、週に十一本もの違った番組を持っていたこともあった。そんなわけで急いで書かないわけには、いかなかった。いつかも、家で書いていては間に合わないので、印刷所まで行って、隅のほうで立って書いていたら、「すいません」と印刷所の人が言う。「もうちょっと、待って下さい！」「……すいません」「あと少しですから」「いや、あの」。なにごとかと思ったら、印刷所の人達の徹夜の仕出しのお弁当の上で書いていたとわかった。しかも、そのお弁当はリヤカーの上にのっていた。「道理でグラグラするし、だんだん原稿用紙が暖かくなると思ったのよ」と向田さんは、涼しい顔で私に報告した。

私を向田さんの霞町のアパートに初めて連れてって下さったのは、女優の加藤治子さんだった。治子さんは向田さんの、ほとんどの作品に出ている。それ以来、当時、世田谷に住んでいた私は、どういうわけか、ほとんど毎日のように、向田さんの所に寄り、ごはんを作ってもらい、猫と遊び、向田さんが原稿を書いてる間は、本を読んだり、私も何か書いたりしていた。お料理も随分、習った。日本食が中心だったけど、手早く出来て、美しく、おいしいものが上手だった。たまに、上等のデンブを作るとかいって、飛び魚を買って来て、茹《ゆ》でてから丁寧に皮をはぎ、骨をとって、やっと身だけにすると、みりんとかお酒を入れて、炒《い》っている。ずいぶん時間をかけて、おいしい匂《にお》いもして来て、楽しみにしていると、突然、「あーあ！」と大声を出すので見てみると、骨や皮を捨てるつもりで、出来上ったデンブのほうをゴミ箱に捨てちゃった！というような、そそっかしいところもあった。

でも、仕事の脚本は、チャランポランなのよ、と見せて、実は、女学生の頃、バレーボールや百メートルの選手として全力を尽したように、一本一本、命をこめて書いていたのを、私は知っている。セリフがひと言かふた言の役者さんのセリフを書きながら、「この人の親兄弟が見てると思うとねえ……」ということまで考える、本当に人間が、よくわかっている人だった。テレビの原稿料が、「最初のうちはスタジオのセットの植木の値段と同じだった」と、とにかく笑わせながら、脚本家という仕事を認めさせるところまで持っていった。そして小説を書き始めたところだった。向田さんと実践女子専門学校の同級生であり、向田さんに小説を書くことをすすめ、連載し、それが直木賞になった「小説新潮」編集長の川野黎子《れいこ》さんは、いまだに向田さんの死のショックから立ち上れないでいる。向田さんは、そういう人だった。

亡くなる半年前に、一緒に中国料理を食べた。向田さんの御推薦の店だった。座るなり、向田さんは私に「肥《ふと》らなくていいわね」と言い、自分のことを「私、氷嚢《ひょうのう》みたいでしょ」と笑いながら言った。顔が小さく、下にいくほど、ふくらんでいるという意味の、実に愉快な表現だった。私は、向田さんのテレビドラマに出た事は一度もない。向田さんは、私が、おばあさんになるのを待っている、と言った。私みたいな、おばあさんが書きたいから、「楽しみにしてるのよ」と言った。「早くおばあさんになってよ」、とも時々、言っていた。そのたびに私は「うん、早くなる！」と答えていた。でも、もう、おばあさんになるのを楽しみにしてくれる人は、いなくなった。オシッコするリスの物まねが子供の頃から上手だという話だったけど、これだけは一度も見せてくれなかった。

こんな風にして、私たちは、これから何年も何年も、向田さんのことを、なつかしく悲しく、思い出しながら、生きていくのだろうか。

＊

おしまいの所で、私は「何年も何年も、向田さんのことを、なつかしく悲しく、思い出しながら、生きていくのだろうか」と書いているけど、その通りになった。

向田さんがいなくなって二十五年たった時、妹さんの向田和子さんと対談した。これは、「小説新潮」に載ったきりで、どの本にも入っていないから、ここに載せておきたい。

＊

黒柳　私は本当に毎日、霞町で暮らしてた向田さんの部屋へ通っていたんです。思い出しても、そんなに広いお部屋じゃなくてね、私が寝転んで台本を覚えてるすぐそばで、向田さんがシナリオを書いてて、お腹《なか》がへったら御飯つくって貰《もら》って、たわいのないお喋りして。いまでも、あれは何だったのかしらと思います。私が向田さんのことを好きだった、それに霞町という場所がテレビ局の近くにあって便利だった（笑）——ということはあるんだけど、向田さんもよく私を毎日受け入れて下さったなあ、と不思議な気もするんです。あの日々は本当に何だったのかしら、妹さんの和子さんにも今日は伺ってみようと思って。

向田　私はあの頃一度だけ、姉の部屋で黒柳さんとお会いしてるんです。何かミュージカルにお出になる話でいらしたことございません？

黒柳　「屋根の上のヴァイオリン弾き」のことじゃなかったかしら。あの初演（一九六七年）に、私、出ましたから。

向田　あ、そうそう。あれに出るのか出ないのか、みたいな話をされてたんですよ、私が行った時に。

黒柳　あら、本当に？　相談してたのね、きっと。

向田　私に関係なく、二人でバアーッと喋ってました（笑）。姉も早口でしょう？　仕事の話でもあるし、私はとても話に入れないから途中で帰っちゃったの（笑）。そのことがあったせいか、黒柳さんの出られた「屋根の上のヴァイオリン弾き」を姉と観《み》に行ったことを覚えてます。

　姉とはラジオドラマがきっかけでしたっけ？

黒柳　そう、ＴＢＳラジオの連続ドラマでした。タイトルは忘れちゃったなあ、犬が出てくるやつなんですけどね。その頃から向田さんはホンが遅くて（笑）、次の回のがもう間に合わないから、私たちが収録しているスタジオのガラスの向こうで書いていらした。その時、向田さんってきれいだなと思って、初対面から仲良くなったの。髪の毛をきちんとなさってたから、「すごい髪の毛きれい」って私が言ったら、忘れられないんだけど、向田さんが「どんな時でも頭だけはね、ほかはともかく」って言ったの（笑）。

向田　わかります。つまり、お化粧をあまりしない人だったの。

黒柳　そうね。洗いっぱなしというわけじゃないけど、きれいだったから。

向田　濃い目の口紅をチョンとつけて、それだけ。

黒柳　着ているものも趣味のいい、もう〈いかにも向田さんが着そう〉ってお洋服で、雰囲気があってね。それは最後まで終始変わらなかったわね。

「頭だけはね」と同じ頃、つまり最初か二度目に会った時に、「『禍福はあざなえる縄の如し』って知ってる？」って私に訊いてきたのも覚えてる。向田さんが書いたセリフにあって、私が訊いたのかな？　とにかく私が「知らない」って答えたら、「幸せと災いはね、かわりばんこに来るの。幸せの縄と不幸の縄とが縒《よ》ってできているのが人生なのよ」って。それが向田さんが最初に教えて下さったことだったから、とっても強く記憶に残ったのね。だから、向田さんが乳癌《にゅうがん》になったり、直木賞を取ったり、そしてあの事故が起きたりして、「本当に『禍福はあざなえる……』だわ。向田さんが言った通りだったんだなあ」って思う。でも私、今でも思い出して笑っちゃうんだけど、最初にその言葉を教えてもらった時に、「でも、幸せの縄二本で編んである人生はないの？」って訊いたのよ。そしたら向田さん、言下に「ないの」（笑）。

向田　「幸せの縄二本」って訊くのも黒柳さんらしいし、「ないの」って即答するのも姉らしいわ（笑）。

黒柳　お姉さまの部屋で、私が和子さんとお会いしたのは一回だけ？

向田　ええ、私も毎日のように姉の部屋へ遊びに行ってたんですけどね。霞町から十五分くらい歩いて、六本木の交差点のあたりで遊んだり、ボウリング場に行ったり、仕上げに「香妃園」でビール飲んで中華を食べたり。

黒柳　私が行ってたのと、時間帯が違うんだ。だから一回しか会わなかったのね。私は、夜は世田谷の実家に戻ってましたから、向田さんの部屋に行くのは明るい時間だけ。その頃、私は六本木のNET（現・テレビ朝日）、赤坂のTBS、渋谷のNHKで仕事が多かったんですけど、向田さんの部屋がちょうど真ん中だったのよ（笑）。当時は民放ドラマが全盛で、私も駆り出されて、週に六本なんて出てたんですね。待ち時間が長いし、家はちょっと帰るには遠いし、行くところもなくて、つい居心地のいい向田さんの部屋に行ってた。小さなアパートでね、道路からパーッと走りこめちゃうみたいなところで便利だった（笑）。

向田　名前は「霞町マンション」って大仰なんだけど、木造モルタル三階建ての二階でね。

黒柳　そうそう。パタパタパタッて階段駆け登ってね。玄関入ってすぐ右の方に机があって、そこで向田さんが執筆してた。机の脇《わき》にソファがあって、私はそこに長くなって、黙々とドラマの台詞《せりふ》を覚えたりしてました。ソファの向いは本棚があって、上に猫が乗っかって。

向田　猫、いました。伽里伽《カリカ》。実家から連れて出たシャム猫ですよ。

黒柳　猫なんだけど、私、「名犬ごっこ」とか言って、紙のボール投げて、じゃらしてた。向田さんの仕事が一段落すると、向田さんも面白い話が好きだから、お喋りしては笑って。本当に笑って過ごしていたけど、何を話していたか全然覚えてないのね。だからきっと、何の中身もないことを喋りあってたと思うの（笑）。向田さんが何を作ってくれて食べていたのかも、あまり覚えてない。

向田　要するに、大したものを作ってないのよ（笑）。

黒柳　茄子《なす》の煮びたしとか、古漬を刻んでかくやにしたものとか、私好きだった。

向田　姉はそんな手の込んだものは作りませんものね。チャチャチャッと作れる、お惣菜《そうざい》みたいなものだけ。

黒柳　作るの、早かったわね。あ、インスタント・ラーメンの美味《おい》しい食べ方も習った。熱した油にニンニクとショウガを擂《す》ったのを入れて、匂いをつける。漉《こ》して、その油を冷蔵庫にとっておいて、インスタント・ラーメンを食べる時にスプーン二杯入れたら、がらりと美味しくなるって。あとサヤインゲンも茹でて、おろしたショウガで和えると美味しい、というのも習ったわ。私があまり好きじゃないせいか、おみおつけ食べた記憶はないの。向田さんも好きじゃなかったのかしら、おみおつけはあまり作らなかったんじゃない？

向田　そうかもしれない。実家に帰ったら、大抵ワカメとジャガイモのおみおつけをリクエストしてたけど、部屋でわざわざ作るほどではなかったかも。

黒柳　ご飯はいつもあってね、ありものをおかずにしてたって感じ。さあ今日はあらためて何か作ろう、例えばカレーを作ろう、だとかはないの。だからご大層にならないから、私も気楽だったのね。女子寄宿舎にいるみたいだった。

でも、いま思い出したけど、トビウオの身でデンブ作ってた。一時期、デンブに凝ってなかった？　美味しかった。

向田　デンブ、凝ってた（笑）。急に凝ったものを作りたくなる時はあるみたい。

黒柳　ああいうのは、お母さまの味なんですか？

向田　父が呑《の》んべえでしょう？　晩酌が好きだから、ちょっとしたものでいいから一皿でも多いと喜んだんです。しかも、青ジソ刻んでまぜるとか、普通よりは少し目先が変わった品が好き。それとせっかちだから、早く出さないと機嫌が悪くなる（笑）。母はのんびり屋だし、几帳面な料理しかできないから、だいたい姉が冷蔵庫のありものでチャチャチャチャッと作ってた。

黒柳　お酒を飲むお父さまのお好みの料理だったのね。私はご飯で頂いて、美味しかった。ああいうこまごましたものって、私のうちは誰もお酒を飲まないから出てこないし。

向田　さっきも言ったように、私、毎晩のようにオゴってもらってたんです。それが、姉が死んでからわかったんですが、あの頃はまだあまり仕事がなくて、お金がなかったんですって。

黒柳　……本当に⁉　イヤだ、私、毎日あの部屋でご馳走《ちそう》になってた。

向田　引越しやなんかで、お金がかかったってことはあるでしょうね。私もずいぶんいい歳だったのに、全然お金の心配とか、姉に対してそういう気遣いがないまま、毎晩遊びに行ってはご馳走になってた。父に「お前はどっちのうちの子だい」って嫌味言われたくらい。

黒柳　まだ、あまり忙しくなかったから、私が行っても大丈夫だったのかしら。そういえば、そんなに電話もかかってきてなかったわ。打ち合わせに誰か来てるってこともなかった。いつも机に向かって原稿を書いてたり、本を読んでたり。

向田　まだ暇だったのよ。ラジオの仕事がメインで、そんなに忙しくなっていない頃だと思う。

黒柳　そうかも。向田さんもすごく忙しかったら、「ごめんなさいね、いま忙しいのよ」なんて言ったと思う。そんなこと仰《おっしゃ》らなかったもの。いくら私がにぶくても、そんなことが二度三度あれば、行かなくなると思うし。
向田　うちの人間は、姉がいくら稼いでいるかなんて知らなかったの。姉は「一本書くと結構いい値段するから、大丈夫、大丈夫」って、そう言っていたのよ。だから、「あ、そうなんだ、そういう世界なんだ」と思い込んでた。それが死んでから、姉もだらしないから、古い領収書とかが山と出てきて、一本いくらとか書いてるじゃないですか。母がそれを見て、「邦子は私を心配させないためか知らないけど、『大丈夫』って言ってたのに、こんなに安かったんだねえ」と呟《つぶや》いていたのを覚えてます。
黒柳　お金がなかった向田さんに毎日ご飯を食べさせてもらってたかと思うと、悪いわ。でも、貧乏たらしいところがないから、そんなこと感じさせなかったのね。それに私、一人暮らしの人ってお金を持ってるイメージがあったのかな。私はまだNHKの専属で、ようやく民放にも出始めたって時期だから、全然お金がない頃だった。別名〈日本薄謝協会《NHK》〉のNHKですからね。もう三十歳くらいなのに、母からお小遣をもらってるような人間でした。でもね、向田さん、南青山に引っ越す前に、「中川一政さんの字はいいでしょう?」って買ったりしてたから、霞町にいた頃に仕事は忙しくなって、お金はできたんじゃないかしら。

向田　霞町時代の後半になって、やっと「シナリオでやっていける」と思うようになったみたいです。でも南青山のマンションに移る時（一九七〇年暮れ）でも、まだ一か八かだったのよ。「女も場所によって仕事は来るの」みたいな言い方をしていました。それに、「貯《たくわ》えがゼロになるのもいいものよ、また力が湧《わ》くもの」って。

黒柳　それも相当なものだわね。

ああ、でもお金のことを考えずに、ご馳走になってたのは悪いわ、気になっちゃう（笑）。そう、母に言われて、うちの頂き物を向田さんの部屋に持っていくなんてことはありました。それでこの間、母が覚えていたんだけど、「あなた、向田さんと本当に仲が良かったわね」って言うの。「どうして?」「だって、昼間向田さんと会ってたんでしょ。夜、家に帰ってからも、電話でずっと向田さんと話してるんだもの。休みの日もね。よっぽど向田さんと話すことがあるんだって思ってたわ」。でもね、さっきも言ったけど、とりたてて内容のある話をするわけじゃないの。

向田　そうでしょうね、姉も個人的な話をするタイプじゃないし。

黒柳　お互いに、ボーイフレンドがどうのとか、ややこしい話は一切出なかった。世の中の森羅万象の面白い話とか、他愛のない噂話《うわさばなし》とか、そういったことばかりだったと思う。原稿書いたり、台詞覚えたりしているときは二人とも、ずっと黙っていて、それがお互い、気にならなかったし。私、ドラマの掛け持ちしてたから、向田さんの部屋を一度出て、またあとで戻って来る、なんてこともしょっちゅうだったの（笑）。「悪いけど、終わったらまた来るわ」「そう」みたいな感じ。向田さんが毛ほども嫌がる素振りを見せなかったから、なんだか自分のうちみたいに通ってた。でも、お互いの込み入ったことには絶対に踏みこまなかった。あの頃、お父さまがお亡くなりになってたんですって？

向田　そう（一九六九年二月、向田敏雄氏没）。

黒柳　私、全然知らなかったの。

向田　あの時は、父はまだ現役だったから、姉の仕事関係には一切言わずにやりました。姉の関係が入ると、そっちの方が派手になるでしょう？　だから、父の関係だけで葬式を出したんです。姉は芸能関係のかたには一言も言わなかったんじゃないかしら。

黒柳　向田さんが一人暮しを始めたのは……。

向田　きっかけは、父親とけんかしたんです。でも、きっかけがあるのを待ってたんだと思うな。姉が三十五歳になる年でした。
黒柳　向田さんが三十五歳？　じゃあ、独立してすぐの頃だと思うな、私がラジオ番組で会って部屋に通い始めたのは。
向田　だから、きっと寂しいのもあったのよ。念願の一人暮しを始めたけど、つまんなかったんだわ。シナリオライターって居職《いじょく》だから、黒柳さんのような気の置けないお友達がちょうど欲しかったんですよ。
黒柳　あの霞町マンションの部屋でひとつだけ疑問だったのは、帽子をかぶった向田さんの素敵な写真があったの。どうしてこんな写真を持ってるのかしら、と思ったのね。つまり、私たち芸能人の場合、マスコミに沢山の写真を撮られるんだけど、よっぽど熱心に「写真出来上がったら下さいね」って頼まないとくれないのね。新聞や雑誌には私の写真は載っても、私の手元には全くないの。今でもそう。「あの時の写真貸して下さい」なんて言われても、本当にないんです。それなのに、向田さん、明らかに素人《しろうと》写真じゃない、こんなにいい写真があっていいな、どうしたのかなってチラリと思ったのよ。
向田　そうね、芸能人でもないのに。
黒柳　そうしたら最近になって、和子さんが『向田邦子の恋文』をお書きになった。

あの本で、カメラマンの恋人がいらしたことを私、初めて知って、それで疑問が氷解したのよ。だから私たち、本当に男の人の話をしなかったのね。

霞町の時はもう……。

向田　もう、彼が死んじゃったあと。姉も、すごく迷っていた時期だと思うの。シナリオライターとしても、すごく忙しくもないし、全く仕事がないわけでもないし、まだ中途半端《はんぱ》で。だから一人暮しも始めてみたりもして。

黒柳　わかった。私が毎日訪問しても気にしないでいたというのは、向田さんの人生でも少し空白みたいな期間だったんだ。恋人もいなくなって、もし心の傷があったとして、傍にいるのは、台本覚えている時はおとなしくしてるし、たまには面白い話もするし、少し年下の私みたいなのが、ちょうど良かったのかもしれないわね。

でも昔から、「向田さんって翳《かげ》があるわ」と私は思ってたの。暗いというんじゃないし、虚無的って言うと言い過ぎかもしれないけど、何か達観したようなところがあるように見えてた。面白い話が好きで、笑ってばかりみたいな二人だったのに、ふと、そう感じる時はあったの。私よりお姉さんだから当たり前かもしれないけど、向田さんは、どうしてあんなに大人っぽかったのかなって考えたこともあった。だから、さっき『向田邦子の恋文』を読んで、「ああ、そうだったのか」と腑《ふ》に落ちたんです。

言ったみたいに、自分のことがあったから、男の人のことは絶対に言わなかったし、私に「どうなってるの、誰かいるの」とか一度も訊かなかったんだなって。

向田　相手が喋ることは一応聞くけれど、根掘り葉掘りとか、探るみたいなことはない人でしたね。きょうだい相手でもそうでした。

黒柳　だから、ある女優さんが向田さんに別れ話をあれこれ相談というか、愚痴をこぼしたのね。それを言ってた。「あの人、ここに来て泣くのよ、毎晩。弱っちゃった」って。あれは自分が乗り越えてきたことを思えば、ということもあったんだろうなあ。向田さんは一生懸命やっていたのに、相手の男の人は自殺して――それに較《くら》べれば、生きて別れるくらい、という気持ちはあったかも知れない。和子さんは、あの自殺はなんだったと思います？　体が悪くなって、向田さんに迷惑かけたくなかったの？

向田　精神的に弱かったんでしょうね。

黒柳　でも、向田さんは一生懸命尽くしていたわけでしょう。

向田　ええ。よく、あんなことできたなと思っちゃうくらい。私ね、何が自分の美点って、何よりもぼんやりしていることだと思っていたの。姉にとって、私が何も言わないこと、何も見えそうにないことが救いだったと思うわ。邦子のすぐ下の姉は子供の頃から鋭かったのね。だから今にして思えば、邦子さんは彼女を避けてたの。私はにぶかったから、邦子さんも油断してたと思うのよ（笑）。だから、いろんなところに連れて行ってもらった。

黒柳　じゃ、例の男の人のところにも行った？

向田　会ったことはあるんです。家には行かなかったけど、買い物なんかには私も付き合いました。姉は「あんた、ぼうっとしてるから」なんて言っていましたけどね、彼と何回か会ってるのは私だってわかってるのよ（笑）。

黒柳　でも、「あの人、だれ？」とかは……。

向田　訊かない。

黒柳　「好きなの？」とかも。

向田　一切訊かない。フーン、とか思ってるだけだった。彼が私にすごくやさしくしてくれたのは覚えてる。

さっき黒柳さんが姉は大人だったって仰ったけど、身内が言うのもおかしいけれど、確かにそんなところはあったと思います。うちの母は割と苦労知らずで育って、そのまま父みたいな男に嫁いだから、いろいろ大変だったらしいのね。何かのことで姉に愚痴を言ったら、「お母さん、人間ってオギャーと生まれた時から、不幸はついて回るものなんだって。だから、そんな不幸があっても当り前なのよ」なんて母に意見したっていうの。

黒柳　私に言った「あざなえる縄」と同じね。

向田　そうなの。「生まれた時に不幸を背負わない人はいないのよ。背負ったものをどうするかよ」と言われて、母は「邦子は勉強は嫌いだけど、どうも普通の人とは違うと思った」って。

黒柳　知らなかった、勉強嫌いだったんだ（笑）。……じゃ、恋人が亡くなった時、向田さんはどうだったの？　辛《つら》そうだった？　どうやって乗り越えたのかしら。

向田　辛そうって感じはなかったの。

黒柳　へーえ。すごいわね。

向田　死んでしまったことについては勿論《もちろん》いろいろあったと思うけど、「でも悔やんでも何になるのよ」って姉は考えたんじゃないかしら。むしろ、「私にはやることがある」みたいな感じで、仕事に取り組んでいったように思います。私はそういうふうに覚えているんですよ。

黒柳　その頃、向田さんって何歳？

向田　三十四かしら。

黒柳　じゃあ、霞町に移る直前のことだったのね。

向田　でも霞町マンションで、姉は、男の人の話でもなく、黒柳さんと何を話してたのかしらね。
黒柳　ねえ。ほとんど何も覚えてないって、われながらひどいわね。一番笑ったのは、確か『父の詫び状』にも書かれているけど、向田さんが原稿を書き上げた後、タクシーに乗って、気分が良かったからお釣りをチップであげたんだって。「いいわよ、取っといて」「奥さん、ホントにいいのかね」「いいわよ」「本気にするぜ」。お釣りくらいで何を言ってるのかなと思ってたら、マンションの鍵を渡してた（笑）。
向田　せっかちだから、タクシー降りる時にはもう鍵を手に持ってるのよ（笑）。
黒柳　あと、原稿が遅いから、印刷所に詰めて書いていたら、机がガタガタするんですって。そんなこと構わずに書いてたんだけど、机がどんどん暖かくなってくる。それでも必死で書いていたら、「すみません」「何です」「その机……」「もう間に合わないんですっ、〆切なんだからちょっと貸しといてください」「すみません、それおれたちの夜食なんです」（笑）。「私、お弁当の上で書いてたの」って。
向田　実話だと思う（笑）。それくらいおっちょこちょいだったし、原稿はどこでも書けたみたい。車に乗って、膝《ひざ》の上に原稿用紙を広げて書いてたのを見たことあります。

黒柳　原稿は最後まで遅かったみたいね。

向田　私も「お姉ちゃん、早く書けばいいじゃない」って言ったら、あの人、すごいこと言うのよ。「あまり早く渡すと、役者さんが考えすぎちゃうの。ドラマなんて、そんなに考えないで、パッと作るのがいいのよ」だって。

黒柳　そういう丸く収めるようなことをいうのがまた天才的なのよ。久世光彦さんが「希代の嘘《うそ》つき」って呼んだけど。

向田　たしかに、その面は天才だったかも（笑）。

黒柳　ただ、前にエッセイにも書いたんだけれど、「私が書くようなものに、徹子さんみたいな人は出てこないのよね。でも、外国映画のおばあさんみたいに、あなたにしかできない面白いおばあさん役ってあるから、早くおばあさんになってね。私、書くから」って言われたのは鮮明に覚えてる。

向田　へええ、霞町にいた若い頃からそう思ってたんですね。

黒柳　それで私は「うん、早くおばあさんになる」なんか言ったんだけど、その後「時間ですよ」だとか「寺内貫太郎一家」を見て、「確かに私の出る役ないな」と思いました。だから結局、最初の出会いになったラジオドラマがあっただけで、向田さんのドラマには出ないままで終わっちゃった。おばあさんになっても楽しみがなくなった。でも亡くなったあと、久世光彦さんが演出した「向田邦子新春ドラマスペシャル」で二十年くらい、ナレーションをさせて頂いたけど。

黒柳　向田さん、この八月でもう二十五年？

向田　そうなんです。

黒柳　私、あの日、ニューヨークに行くことになってたんです。すっかり支度を済ませて、出かけるだけの状態だったのに、「飛行機の整備の都合で二時間遅れます」って連絡が入った。あら、何もすることないし、どうしようと思って、なぜだか、ふと向田さんに電話しようと思い立ったの。そうしたら留守番電話で、「お急ぎの方は台湾の何番、もっとお急ぎの方は何番です」とかって入ってた。「向田さん、台湾に行ってるの？　私アメリカに行ってくるの。お土産にルバーブ（向田さん、ルバーブが好きだったから）買ってきてあげるわね。帰ってきたら、お互いの旅の話しましょうね、じゃあね」って吹き込んで、私はニューヨークにたったんです。

後で計算したら、本当に偶然なんだけど、向田さんに電話しようと思った時間がちょうどあの事故の時間だったの。私はテレパシーも何もないし、信じてもない人間なんです。似たような経験もないし。ただ、もしかすると向田さんが「あっ」と思った時に、何かそういった「あっ」というエネルギーが散らばって、いろんな人に向かって行ったのかなって、一瞬考えました。普段なら私はにぶくて気づかないのに、ちょうどぼんやりしてたから、何かを受けとめて、向田さんに電話しようと思ったのじゃないかなあって。だって誰に電話してもよかったのに、どうしてあの瞬間、向田さんに電話しようと思ったか説明がつかないんです。

でもあの時、本当はシルクロードに行く予定だったんでしょう？　だから留守番電話で台湾って聞いて、吃驚《びっくり》したのも覚えてる。

向田　そうなの。それが政変か何かで行けなくなって。なら、やめてしまえばよかったんだけど、せっかく休む時間取っちゃってたし。

黒柳　うん、思い出してみれば暗い声じゃなかったですか？　あの留守番電話の声も、暗い声じゃなかったですか？

向田　どこか暗い声だったように、私には聞こえたんですよ。旅の仲間も全然知らない方たちとだったし、あの時は、スイッチが何か違っちゃってたのね。姉は動物的勘が鋭い人だと思ってたけど、そうじゃなかったのよ。国内でも海外でも、旅先から電話なんかかけてきたことなかった。そしたら台湾に着いた次の日かな、朝八時前に電話があって。
黒柳　不思議ね。
向田　それが、中華料理が安くておいしかったって電話で。普段、南青山から電話かけてきても、パッパッと喋《しゃべ》らないと怒る人なのよ。それなのに、妙にゆっくり喋るのね。「今度はみんなで台湾行こうね」なんて言うから、「いつもご馳走になってるから、私がご招待するわ」と言って切ろうとしたら、「お母さんは？」って。うちの母に替わって、母も姉に仕込まれてるから、早く切ろうとするけど、なかなか切れないの。やっと電話を切ったあと、母が「今までにない邦子だねえ」みたいなことを言ったんです。それで後になって、あの時に「どうしたの、お姉ちゃん、気が進まないなら帰っておいでよ」と何で言わなかったかなあって、私いまでも……。
黒柳　悔やんでる？
向田　あの時、ひと言「どうしたの？」って言えば、また別のスイッチが入ったかもしれないのにって、その悔いだけは何年たっても消えないんですね。だけど、姉はまだ編集者時代の若い頃、何かの拍子で大きな事故に遭わずに済んでるんですよ。「ちょっとしたことで乗らなかったの」という電話を覚えています。それ以来、あの人は動物的勘がいいから、事故になんか遭いっこないわと思い込んじゃってた、私。だから思い込みはよくないって本当に懲《こ》りたわね。少しでも普段の調子じゃない人がいたら、「あなた、最近ヘンね、どうしたの」とか、言ってみたほうがいいんですね。

黒柳　坂本九ちゃんも、やっぱり飛行機事故に遭った日、「行きたくないな」って言ったんですって。そういうことってあるのね。

でも、お父さまも早く亡《な》くされて、そして邦子さん、その後に邦子さんの弟さんも亡くなって、お母さまは、ずいぶん辛い思いをなさいましたね。

向田　うちの母は、こういう時に邦子がいたら、とか絶対言わないの。もう、いなくなった人のことを言っても仕方がないと思うのか、言われた私たちが辛いだけと思うのか、愚痴を全く言わないんですよ。いなくなって寂しい、すら言わない。

黒柳　明治のかたでしょう？

向田　ええ。

黒柳　私の母も明治生まれで、父が死んだ時、私は「徹子の部屋」の本番があったの。そうしたら、「いいわよ、お葬式に来なくても。もう死んじゃったんだから。仕事して！」って。明治の人って、そういう肝の据わったところがあるんじゃないかしら……私、お母さまがどうなさってたか、ずっと伺いたかったの。

向田　母は、ひとつだけ憤慨してた。葬式や何かでも泣かないでいたら、「お母さんは涙もこぼさないで」みたいなことを言われたことがあったんです。そしたら「悲しくて泣けるくらい、幸せなことはないのよ」って言っていました。それも何年かたってからのことですけどね、「泣けない辛さはあるんだよ」って。それだけで、あとは私が何をしようが、姉と較べたりは一切しない。あなたはあなただから、ということでしょう。邦子が生きていてくれたらとか、そんなことを絶対に言わない母に、私、感謝してるんです。

黒柳　較べたりはなさらないでしょうけど、邦子さんがいなくて寂しい、ということすら仰らないというのは、お母さまは言わないように決めたのね。強い意志で。

向田　そう思うの。自分で決めたから言わないのね。もういいの、って決めたんだと思う。

黒柳　亡くなって二十五年もたっているのに、みんなが、若い人たちまでが、「向田さんはどんな人だったのだろう？」って思うのは、すごいことよね。

向田　不思議ね。庶民性なのかしらね。ちょっと手を伸ばせば届く、みたいなところがあるじゃない？　最初は経理の仕事して、それから映画雑誌の編集者になって、ゴーストライターみたいなことをやって、ラジオの台本書きを始めて。そういう意味じゃ、人と出会う運が良かったんですね。節目節目に、「クロちゃん（邦子さんの愛称）、やってみない？」って言ってくれる人がいたんですよ。

黒柳　でも、山本夏彦さんは、向田さんの文章について、最初から名人だと仰ったでしょ？

向田　久世光彦さんに言わせると、最初は下手だったって（笑）。

黒柳　久世さんは最初の頃、向田さんのホンをずいぶん直したんですってね。「だってさ、時代物やろうよって頼んだら、すごくいい捕物帳を書いてくれたんだよ。夜な夜な奇怪な事件が起きて、面白い男女が出てきて、江戸の情緒も雰囲気もあってさ、いいなあと思いながら読んでたら、最後まで下手人が出てこなかったんだよ」って（笑）。

向田　姉もボツになったって言ってた。

黒柳　久世さんが慌《あわ》てて電話して、「下手人は誰なんです！」って訊《き》いたら、向田さんも「そうなのよ、どうしよう」（笑）。

向田　でもそんな抜けたところと、一方で、「だいこんの花」のパートⅢを始める時は、それまでのシリーズは共同脚本だったのを、テレビ局に乗り込んで「一人で書かせて下さい」って言ったというから、そういうすごい面もあったのねえと思うけど。

黒柳　久世さんと会う時は、よく遅刻してたんですってね。

向田　久世さんに訊いたことあるの。「久世さんと会う時は遅刻するんですか？　私、待たされたことないですよ」「えっ、何だよ。おれなんかいつもだよ。よく見てたら、近くに来てから、駆け出してやがんの」(笑)。

黒柳　でもこの二十五年、向田さんが全く忘れられないできたというのは、久世さんのおかげも大きいわね。

向田　一番大きいと思います。何年も「向田邦子新春シリーズ」があったし、夏にやってくれた時期もあったし、あのおかげで姉が忘れられずにきたと思ってます。本当にありがとうございましたって、久世さんには申し上げたいの。

黒柳　やはり、久世さんは向田さんを好きだったと思う。そうじゃなきゃ、あんなに長い間やらないわ。向田さんの描く昭和や山の手の生活と、久世さんの美意識がピタッと合ったのね。向田さんのドラマには、「あの頃のお正月は、今よりもっと寒かったような気がします」みたいなナレーションがあるでしょう。そのまま久世さんの世界ですものね。

向田　運のいい出会いだったんですね。

黒柳　……ねえ、久世さん、向田さんのことを好きだったんじゃないかしら？　私、結構好きだったと思うわ。
向田　幼なじみ的にね。姉にしたら、すごく気になる弟分みたいな感じ。久世さんは物識《ものし》りだから、話が面白いしね。仕事以外のことを一番話した相手は久世さんかもしれない。
黒柳　久世さんが亡くなったのはあまりに急で、本当に驚いたけど、もう向田さんに逢《あ》ったかな。何か話してるのかな？
向田　もっと若くて、いい女の人のところに行ってるわよ（笑）。
黒柳　そうか（笑）。

＊

久世さんの名前が出てくるのも、懐《なつ》かしい。

この対談の数ヶ月前に急死した久世さんは、「七人の孫」「時間ですよ」「寺内貫太郎一家」など、向田さんの作品をいくつも演出し、大ヒットさせた。向田さんを、一番理解してたのは久世さんだったと、私は思っている。

向田さんが亡くなって十年たって、久世さんは『触れもせで――向田邦子との二十年』という本を書いた。そんなに厚い本じゃないけど、向田さんのことを書くには、十年という歳月が必要だったのだ。

歳月のおかげで、あの本は、悲しいばかりじゃなく、笑える向田さんと再会できる本だった。例えば、「寺内貫太郎一家」の題名が決まった時の話。これは直接、久世さんから聞いたことがある。〆切を過ぎても、タイトルも主人公の名前も、なかなか決まらなくて、向田さんも久世さんも追いつめられていた。ようやく向田さんから電話があって、

「メモして！　タイトルも名前も、いっぺんに出来たわよ。寺内正毅《まさたけ》（大正時代の陸軍大将で総理大臣）の寺内に、鈴木貫太郎（こちらは海軍大将で、終戦時の総理大臣）の貫太郎で、寺内貫太郎！　タイトルは、『寺内貫太郎一家』。商売が石屋さんという話にピッタリだと思わない？　私、今朝から青山墓地に来て、考えてたのよ！」

と自慢げに言ったという。

久世さんは、私に向かって、

「あれはね、青山墓地になんか行ってないと思うよ。今朝からって、あの人が、そんな早起きするもんか。きっと、電話をマンションの窓の所に持って行って、車の音なんか入るようにして、いかにも青山墓地にいるように思わせようとしてたんだよ」

と嬉《うれ》しそうに言った。

「寺内貫太郎一家」には、おかしい話がほかにもあって、久世さんは、主役を本職の俳優でない人でやりたい、と思っていた。それは、向田さんも同じだった。久世さんはさんざん探して、作曲家の小林亜星さんに白羽の矢を立てた。その頃はまだ、作曲家としては有名だったけど、亜星さんの顔は誰も知らなかった時代だった。ある夜、久世さんは、亜星さんがある店に来るという情報をキャッチして、レストランだかバーだかのカウンターに座る亜星さんを、向田さんにそっと見せた。亜星さんの格好は、ロングヘアーにアロハシャツを着て、緑色のサングラスをして、腕には金の鎖をジャラジャラつけて、指輪も一つの手に四個くらいはめていた(亜星さん、違っていたらごめんなさい！ 久世さんが、私に、こう言ったんです)。亜星さんを一目見るなり、向田さんは「やだわ」と言って、横を向いた。

貫太郎は体も心も大きい人、という点では久世さんと向田さんは意見が一致してたけど、どうやら向田さんは、初代の若乃花、その頃の二子山親方のような、堂々としたニ枚目を想定していたらしかった。久世さんは頑張り抜いて、とうとう亜星さんで押し切った。そしてロン毛も、ジャラジャラも、指輪も取って、坊主頭《ぼうず》で、紺の半纏《はんてん》と腹巻姿に水天宮の迷子札をつけた亜星さんは、向田さんも含めて、みんなが吃驚するほど、寺内貫太郎そのものだった。

妹さんの和子さんとの対談でも話してたように、向田さんが亡くなってから、久世さんは毎年お正月に、向田さん原作で二時間ドラマを作り始めた。時には、夏の終戦の頃にもやった。そして、その中に登場する向田さんの声、家族でいちばん若い女学生だった向田さんが現在から振り返る声を、つまりナレーションを、私に、と言って下さった。

それは私が向田さんとほぼ同年代なので、昭和のあの時代を肌で知っているという事と、何より久世さんが私と向田さんをある点、ダブらせている事があった。そんなに歳《とし》が違わないのに（私が二つ上）、久世さんは時々、私を「お姉さま」と呼んだ。このドラマは二十年近く続いたので、一年に一度か二度、ちょっと年とった七夕さまみたい、なんて言い合いながら、私たちは愉《たの》しく、時には胸を詰まらせながら、向田さんの作品のナレーションを録音した。

久世さんは、私のナレーションについて、ある所で、こんな風に書いて下さっている。

「アナ・ブースから聞こえてくる声を目をつぶって聞いていると、向田さんが喋っているのではないかと、ふと思う。声質が似ているというのではない。声に、なんとも懐かしい、落ち着いた時代の匂《にお》いがするのである。暗かった、暗かったとみんなは口を揃《そろ》えて言うけれど、あの時代だってそれほど捨てたものじゃなかったという、不思議な明るさがその声にはある。人生、そんなに悪いことばかりでもないという、健気《けなげ》な呑気《のんき》さがあり。仲が良かったせいか、向田さんとこの人は、そんなところがよく似ている。泣き虫のオプティミストなのである」

『触れもせで』というのが、久世さんが向田さんを描いた本のタイトルだけど、久世さんは結局、どんな風にかはともかく、向田さんに触れている。久世さんがどんなに否定しようと、かなりのところ、久世さんは向田さんに触れたのだと、私は思っている。「ねえ、そうでしょう?」と、久世さんに訊こうとしても、向田さんに訊こうとしても、もう二人ともいなくなってしまった。

久世さんのお葬式に参列して、護国寺を出ると、早春の空が抜けるように青かった。まだ誰も起きていない早朝、キッチンで倒れたという一人ぼっちの死。久世さんと作った向田さんのドラマのエンドシーンに、「あの頃の東京の空は、今よりも、ずっと青かった」というナレーションがあったのを、私は思い出した。久世さんは、昭和の青空が好きだった。いまでは失われてしまった、久世さんはあの昭和の色や、匂いや、感触や音までもを残そうとした。昭和に恋着した、格好のいい、面白い人が、あんなに早くいなくなるなんて。

「あら、どうしたの？　もう来ちゃったの？」という向田さんの声が聞こえるような気がする。

「ねえ、一回どう?」

向田さんや久世さんのことを思い出したら、自然と、私の連想は森繁久彌さんへと繋《つな》がっていく。

大先輩の森繁さんと対等に口がきけたのは、テレビのおかげだった。この点、私はラッキーだった。あんなに長く、輝かしい芸歴をお持ちの森繁さんなのだから、本来なら、私なんて下っぱの下っぱで、ろくに会話もできないはずだった。でも、テレビという、それまで誰もやったことのない仕事に、同時にスタートラインについたので、私たちは同級生みたいになった。毎日、新しい事が起こり、力を合わせて乗りこえなければ、番組が成り立たなかった。私はまだ二十歳そこそこの年齢だったけど、NHKがテレビのために養成した〈テレビ女優第一号〉という事になっていたので、舞台や映画の世界で生きてきた大人の人たちよりは、テレビにくわしいところもあった。もう六十年も前のことになる。

みんなが手さぐりだった。どうやれば正解なのか、誰もはっきりとは知らなかった。すべて生放送で、本当に真剣勝負のような本番ばかりだった。ありったけの集中力で私達は、ぶつかった。私達は、手をとりあって、よくわからない〈テレビ〉という暗《くら》闇《やみ》の中を進んでいった。だから、その頃一緒だった人は、みんな、同級生というか、同志のようなものだ。そんな訳で、私は「先生」とか呼ばず、深く考えもせずに「森繁さん」とお呼びして、そのまま通しきってしまった。

　森繁さんに初めて会った時、私は二十か二十一歳くらいだった。森繁さんは四十一、二歳くらい。でも、今の同じ年齢の人より、ずっとずっと大人っぽかった。なにせ、あの頃の森繁さんは、ＮＨＫのスタジオ入りするのにゾロゾロきれいな女優さんをまわりにはべらせながらやって来るという感じだった。だから第一印象は、近所の、ちょっとエッチな小父《おじ》さん、という風に、私は見ていた。一九五三年、テレビが始まった時だった。いちばん最初は、まだテレビが八六六台しかなくて、一台を五人で見ても全国で四、五千人くらいしか見ている人がいなかった。しかも、さっき触れたように、ドラマでもバラエティでも、すべてがナマ。当時、映画俳優は五社協定というのがあって、契約上、テレビに出られないので、ドラマは舞台の俳優さんが多かった。森繁さんは、テレビのバラエティみたいなのにも出ていた。三木のり平さん、有島一郎さん、フランキー堺さん、渥美清さんなんかも、よく一緒になった。みんな、私より歳上《としうえ》だけど、同級生であり、同志だった。

そんな中で、森繁さんはダントツに、セリフを憶《おぼ》えなかった。セリフ憶えはみんな大変だから、色々と工夫をして、手に持っているもの（新聞や雑誌とか、扇子や団扇《うちわ》とか）に書いたり、セットの電信柱や小道具のお位牌《いはい》やお鍋《なべ》の白菜に書いたりしていた。セリフを書いた白菜を、うっかり食べちゃうと、そこに書いたひとが困るので、気をつかった。油性のマジックペンがまだなくて、豆腐にセリフを書いたひとは、文字がにじんで、見えなくなった。電信柱や家の柱は、みんながセリフを書くので、文字でいっぱいだった。それを、演技しながら、いかにさりげなく見るか、いろんな努力をしていた。のり平さんだって、火鉢の灰の中にセリフの紙をしのばせて、自分のセリフをいう時は、さりげなく火箸《ひばし》で灰をどかして、いかにも炭の様子を見るか、思いにふけっているかのようにして、カンニングペーパーを読むくらいの努力はしてたけれど、森繁さんは、全く違っていた。

私が一緒に出たドラマの時、凄《すご》い！と思ったのは、森繁さんが入ってくるお座敷に、大きいツイタテがあったのだけど、そこに全部のセリフを、お弟子さんに書かせたことだった。当時は、画像が白黒だし、まだ走査線という横の線も画面にハッキリ見えている頃で（母に「あなた、今日はどうしてキツネのお面をかぶって出ていたの？」と言われたことがあるくらい、あまり、まともには映らなかった時代）、まあ、ツイタテのセリフも視聴者には見えなかったかもしれない。

いよいよ本番になった。すると、どういう訳か、セリフが書いてあるツイタテだと知らないカメラさんか誰かが、それを邪魔だから、と片づけてしまっていた。で、森繁さんが、和服でその部屋に入ってきた。どうするんだろう、と見ていたら、ゆっくりと、まわりを見まわして、落ち着いた低い声でひと言、「ツイタテ！」と言った。私は噴き出しそうになった。お弟子さんは、大騒ぎでスタジオをかけずりまわって、とうとうツイタテを探して来た。私が感心したのは、その間、ひとこともセリフをいわず、無言で立っていたことだった。もっとも、何も憶えてなかったのかも知れないけど、落ち着いた、重々しい顔つきで立っていた。

そのうち、ツイタテが到着して、部屋の中へ、ツイタテが生きもののように、ズルズルと入って来た。見ている人は全く訳がわかんなかっただろうけど、ひょっとして、意味があると思ったかも知れない。そうしたら森繁さんは、水を得た魚のように、ツイタテのセリフを読み始めた。この時、ＮＨＫの養成は受けていたとはいえ、まだ若くて未経験で、芝居について何も知らなかった私は、「セリフがなんて、うまいんだろう!」と感心した。

またある時、森繁さんは、将棋の阪田三吉役で、ぶらぶら小さい坂を降りながら、女房の事をひとりごとで呟《つぶや》くという重要な場面。普通、紙いっぱいセリフを書いたカンニングペーパー、いわゆるカンペーを見るのは、自力で一応どうにかするものだ。発明家の柳家金語楼さんは、お弟子さんに巻き紙のようなものを開いて持たせ、セリフを言っていくとどんどん巻き込んでいく独自のカンペーを考案した。とにかくみんな一応、自分の所だけでやるようにしていた。森繁さんは違っていた。阪田三吉が坂を降りて来ると、坂の横には、セリフを書いた大きな紙を持った何人ものNHKのスタッフがまるで壁のように並んで、しかも坂だから、紙を持った人たちも台の上に乗って、カンペーも坂にあわせて段々にしたから、もう大さわぎだった。

私は見ながら、(これくらい、ちゃんと憶えればいいのに。こんな大事なシーンを、見ながらやるなんて!)と思っていた。ところが、本番が終わったら、「森繁さんのセリフで泣きました。心を打たれました」という感想が何通もNHKに送られて来た。私は考え込んでしまった。森繁さんは、全部カンニングでも、阪田三吉の心を演じる事が出来るのだ。泣かすことさえ出来るのだ。私は、ますます森繁さんのセリフの、とりこになった。

でも、ひどい時もあった。これも私が出てたのだけど、楠木正成《まさしげ》・正行《まさつら》親子、桜井の駅の別れ、というシーンで、森繁さんの楠木正成の前に、息子の正行が座っていた。そういう時のいでたちの森繁さんは、また格好がよかった。かっぷくがいい、というのか、とにかく堂々として威厳がある。顔もきれいで、お札にしてもいいくらい立派だから、正成に限らず、歳をとってからの、高橋是清《これきよ》とか、吉田茂とか、実在の偉い人をやったら、実に申し分なかった。

でも、正成の時も、いつものようにセリフは全く憶えていないから、すべて大きな紙に書いて、目の前の息子のうしろから見せていた。けど、その時は、どういう訳か、書いてあるのに読み違えたのか、森繁さんが違う事を言った。そばにいたフロアディレクターが、声でセリフをつけた。なんとか森繁さんが、そのセリフを言ったら、若い息子役の俳優も混乱してきて、わからなくなったので、息子のセリフもディレクターがつけた。それをどう思ったのか、森繁さんが言っちゃったんで、息子は、どうしていいかわからなくなり、オドオドしているうちに、とうとう森繁さんは、親と子の両方のセリフを次々に言う事になり、話と現場は混乱し、森繁さんの名調子も段々ヘンになってしまい、もう何がなんだか、わからなくなった。そういう切羽つまった時のために、ＮＨＫのスタジオの床には「終」と書かれたフリップがいっぱい落ちていて、カメラの前にそれを一枚出して、そのドラマはそこで終わった。やがて画面は「そのまましばらくお待ちください」という字に切り替わり、次の番組の時間まで、そのままになるのだった。

ちょっと話が逸《そ》れるけど、私は、セリフ憶えはいいほうだった。小沢昭一さんは、あまりよくないほう。「若い季節」というドラマで、オフィスのシーンの、二人だけの場面があって、本番中、小沢さんがセリフを忘れたみたいで、何も言わないので、仕方なく、私が小沢さんのセリフも一緒に、「あなたが言いたいのはコレコレって事でしょう？　でも私はこう思うのよ」と言っても、小沢さんはその先も黙っている。ナマ放送中だから、私はまた、小沢さんのセリフを、「きっと、あなたはコレコレって反論するに決まってるけど、私はね」と言って、自分のセリフを言う。小沢さんはまだ黙っている。私は「ああ、あなたはコレコレだって言うつもりね。でもね」と繋いでいって、ようやくその場面が終わった。「あれは助かったよ！」と、小沢さんは何年も感謝してくれた。以来、小沢さんは、テレビドラマはやめてしまった。のちに一人芝居の「唐来参和《とうらいさんな》」で、厖大《ぼうだい》なセリフをいう小沢さんを見て、「出来るんだ！」と感動した。

私が失敗したのは、どうしてもセリフの中の「人権擁護委員法」という言葉がスラスラ出てこないので、マユズミで手のひらに書いていたら、本番で、汗をかいたり、手に物を持ったりしたので、手のひらがまっ黒けになって読めなくなった事があった。でも、「ジンケンヨウゴイインホウ」とセリフはスッと言えたので、つつがなく終わったと安心してたら、マユズミだらけの手でつい顔をこすってしまい、鼻の下が急に黒くなったまま、本番が終了してしまった。

この手の話で、「あれはすごかった、うまくいった」と私たちの間で英雄的に語り継がれたのは左卜全《ぼくぜん》さんのケース。やはりセリフ憶えのよくない左さんは、路傍のお地蔵さんのよだれかけにセリフを書いていた。誰か意地の悪い人がいて、本番直前に、何体ものお地蔵さんを全部、後ろ向きにしてしまった。いざ本番となって、入ってきた左卜全さんは、お地蔵さんをチラッと見るや、慌《あわ》てず騒がず、すぐ近寄ると、「また、村の童《わらべ》がイタズラしおって！」と、さも、いまいましそうに舌打ちしながら、地蔵さんを次々と、素早く、正面に向き直した。そして、平然と、よだれかけを見ながら、セリフをすらすらと言い始めた。あまりの見事さに、現場にいた人たちは驚嘆し、本番中なのを忘れて、思わず拍手しそうになった。

この左卜全さんが、森繁さんを絶句させたことがある。森繁さんが刑事役で、左さんが被害者というか、死体になって、お棺に入っていた。森繁さんはお棺の前で、推理する場面を演じていたのだが、何回目かにふと見ると、お棺の中に死体がない。それが映ってしまった。左さんがもう終わったと思って、お棺から出て、化粧室へ行ってしまったのだ。もちろん、お棺から死体が消えるという事件ではない。さすがの森繁さんも身もだえするような感じで繋いでいる間、みんなで必死に左さんを探したのだけど、そんな遠くまで行った筈《はず》もないのに、すぐには戻って来ない。森繁さんが、犯人は誰だ、みたいな名推理をしても、どんなにうまいアドリブを言っても、沈黙で時間を稼いでも、いよいよどうにもならなくなって、「終」のフリップが出ることになった。

誰に言われたわけでもないが、私は、森繁さんのセリフのうまさに舌をまいていた。こんなに自然にセリフを言える人が、ほかにいるだろうか。他人が書いたセリフを、まるで、自分が好き勝手に思いつくまま喋《しゃべ》っているように、自由自在に、リアルに言えるなんて。感情の表現にしても、息つぎにしても、それだけで笑わせたり泣かせたりできる、間《ま》の取り方にしても、とても自然で、上手だった。私は、出来る限り森繁さんのようにセリフが言えるようにと研究した。もし誰かに、あなたのセリフの先生は誰ですかと聞かれたら、「森繁久彌さんです」と即答すると思う。直接、何かを訊《き》くことはなかったけど、毎日のように、何十年と、見つめてきたんだから。NHKのラジオの「日曜名作座」も聞いていた。今、私が舞台で長セリフを言っても、お客さんが退屈しないで、聞いて下さっているのも、森繁さんのセリフ術を学んだおかげだ。でも、このことをお伝えしないまま、森繁さんは亡《な》くなってしまった。

毎日のように、真剣勝負のような、綱渡りのような本番を撮り、時には「終」のフリップを出しているうちに、テレビはカラーになって、一九六〇年、日本で最初のカラー放送でのバラエティ番組、「パノラマ劇場」というのがNHKで始まった。森繁さんとの共演だ。私はそれまで、いつも森繁さんから少し離れるようにしていた。なんか、気をつけないといけない危険な小父さん、という噂《うわさ》もあったし、私も若くて、警戒心だらけだった。

ある日、細い小道から私と森繁さんと二人で出て行くというシーンがあって、並んで、出のキュー（合図）を待っていた。

その時、森繁さんが少し気取った声で、しかも、のんきな声で、いきなり言った。

「ねえ、一回どう？」

一瞬、本当にバカな私は、何を一回だろう？　と考えた。そのうちに出になって、その話は、そのままになった。

この森繁さんの「ねえ、一回どう?」が、それから生涯続くとはまさか思わなかった。顔を合わせると、時候の挨拶《あいさつ》のように口にするのだから。

「ねえ、一回どう?」

「今度ね、また今度」

「可愛《かわい》くないねえ!」

いつも、こうだった。

森繁さんの何回目かの「徹子の部屋」出演の時、私は思わず聞いてみた。

「よく『ねえ、一回どう?』っておっしゃるんだけど、初めての時、カマトトじゃないけど、私は、何が一回なのかわかりませんでした」

森繁さんは、お得意の、とぼけた顔をして答えた。

「キスの事じゃありませんよ」

(やっぱり!)私は納得した。でも、会うたびに「ねえ、一回どう?」と言われると、なんか、嬉《うれ》しかった。つまり、森繁さんとは何もないんですよ!という証明にもなるし、という気持ちがあった。

さっきも触れたように、森繁さんのセリフの巧《うま》さへの尊敬はずっと持っていたから、一九六〇年代に何度か「森繁劇団」の公演に誘われた時も、座長の森繁さん始め、三木のり平さんや山茶花究《さざんかきゅう》さんなど芸達者な人が揃《そろ》っていることもあって、喜んで参加した。

びっくりしたのは、名古屋や大阪での公演の時、みんな同じ旅館に泊まるけど、座長の森繁さんを寝かしつけるために、毎晩、名のある女優さんたちが総出で（私は、そんなことしなかったけど）布団《ふとん》を取り囲んで、洋服を脱がして、寝間着を着せて、「さあさあ、先生」なんて、ご機嫌をとって、甘やかして、寝かしつけていた。私だけ、つっ立って、みんなに「早く行かない？」なんて言ったら、森繁さんに「君、可愛くないね」と言われた。森繁さんは、あれで癖になって、女性がいないと、寝られなくなったんじゃないだろうか、と私は疑っている。

いったい森繁さんは、どのくらいの女性と、おつきあいなさったのだろうか、と考えた事がある。ある日、少しだけ、謎《なぞ》がとけた。向田邦子さんが亡くなって二十年目の時、御家族が、もう向田のことは御放念下さい、という会を東京會舘《かいかん》でお開きになった。私も伺った。挨拶に立ったのは、森繁さんだけという、すっきりした会だった。森繁さんは、こう言った。

「向田君と私があやしい、などと言う人がよくいますが、これは誓って言います。私と向田君とは何もありませんでした」

雑誌社に勤めていた向田さんを、才能を見込んで放送の世界にさそったのは、森繁さんだった。だから、そういう噂もあったのかも知れない。その後、向田さんの妹さんの和子さんがお出しになった『向田邦子の恋文』を読んで、向田さんは、あの頃、本当に愛していた男性がいたから、森繁さんと、なんかあった、なんてことはないと信じたけど、その東京會舘の時は、まだわからない時だった。

挨拶が終わった森繁さんに、「ねえ、本当に向田さんと何もなかったの？」と私が訊くと、すごくまじめな顔つきをして、「ありませんよ。でも、あの人とはありますよ」と、少し離れていた有名な女優さんを、こっそり指さした。そして、「あの人も」「あれも」「そっちの人も」と、まわりの女優さんたちを見ながら、私にささやいた。まんざら、嘘《うそ》でもなさそうだった。

私は、

「やだな。私に『ねえ、一回どう？』と言うの忘れて、『あの人も』なんて私のこと指さしたら、本当に、いやですからね」

と念を押した。この時、森繁さんは八十八歳くらいだったけど、まだまだ女性に関心を持っている風だった。一生、女の人を好きだったし、それを隠そうともしなかった。それも中学生がテレビゲームを欲しくて、朝から晩までずっと考えているように、森繁さんも、朝から晩まで、女の人のことを夢想していたような気がする。それがまた、森繁さんの演技に、不思議な男らしさや、色気を加えていったのかもしれなかった。そして、どんなに遊んだか知らないけど、女の人に恨まれたことはなかったように、私には見える。それは、森繁さんの徳か、または催眠術のせいではなかったかと思う。

「徹子の部屋」の第一回のゲストは森繁さんだった。どんなスタイルで番組を進めるかと言えば、一切、台本はなく、その時、そこに出て下さったゲストのおっしゃった事から私が質問をしたり、お話を聞くといった事しか決まっていなかった。いまはメンミツな下調べがあるけど、その頃は、あまりなかった。

広く窓のあいたリビングルーム、ピンポンと音がして森繁さんが顔をのぞかせた。番組開始は一九七六年のことなので、森繁さんの髪の毛は真黒で、壮年！という若々しさだった。私は、いらっしゃいませと立ってお出迎えすると、森繁さんが「あなた、お手伝いさん？」と言うので「いいえ、私、黒柳徹子でございます」と答えた。すると、私の声をろくに聞かずに「お母さん？」と、いつもの最高の面白い間《ま》で言った。私は、「いいえ、本人でございます」と応じた。その日、私は、アメリカ製の、タキシードがすべてプリントされている長袖《ながそで》のTシャツを着ていた。それをお見せして、「第一回ですので、タキシードでお迎えを」と言うと、私から三十センチくらいのところに立ってた森繁さんは、「ほう、タキシード！」と珍しそうに言って、襟のあたりに手をのばした。そして次の瞬間、私の胸をすーっと撫《な》でた。これは有名になったシーンで、何回も録画で見たけど、見るたびに、森繁さんは、ああいう事にかけて、さすがベテラン、という手際《てぎわ》だった。でも森繁さんは、元来が品のいいかたなので、それが下品には見えず、とにかく笑いになっていた。私だって無防備にしてた訳じゃなく、手を胸のあたりに置いているのに、カメラには、はっきりと森繁さんの手つきが映るようになっちゃってた。それも、ちゃんと意識してたに違いない。

　そして森繁さんは機嫌よく私に、「どうぞ、お座り下さい」と、手でソファーを指した。私の部屋という設定になっているのに。でも、それからは森繁さんが用意して来て下さった、新鮮なウイットのある話を、次々としてくれた。例えば、「あなたの笑顔は、いいですね。笑顔は大事です。お笑いになると、顔の筋肉は七つ動いて、すぐ戻る。でも、ヒステリーをお起こしになるとか、しかめっ面《つら》をなさると、百六十四もの筋肉が瞬間に緊張して、もとに戻らない。それがシワになる。毒素も吐くそうです。笑顔でいらして下さい」なんて。スタジオのみんなは大笑いした。この日の森繁さんは、まるで私達に「徹子の部屋」という番組は、こんな風におやりなさい、楽しく、気張らず、背のびをしないで、と道をつけて下さったような気がする。だけど、上質でなければ、いけませんよ、という風にも、導いて頂いた。私たちは、こうして四十年続けて来た。

第一回の御縁で、森繁さんは「徹子の部屋」をとても大好きでいて下さって、十四回も出て下さった。終わりのほうでは、耳が遠くなり、補聴器を入れてもなかなか難しく、長いソファーに二人で並んで座ったりもした。耳は少し聞こえなくなったけど、森繁さんはおしゃれなままだった。

いつかスタジオにいらした時、すごくステキな黒いオーバーだったので、「これカシミア?」と伺ったら、「いいえ、あなた、もっと上等です。ビキューナというものです」とちょっと自慢そうだった。結局、最後の「徹子の部屋」になってしまった八十八歳の時は、まっ白の厚手なカシミアの背広に、ビキニの女の人が横に寝てる紺のネクタイという出《い》で立ちで、よくお似合いだった。

森繁さんは、それまでの「徹子の部屋」で、色んな発言をされた。ある日は、突然、「ねえ、黒柳さん、私は最近、あなたに惚《ほ》れてるよ。NHKの頃はね、あなたはまだガキだったからね。あなたのいまの仕事を見ているうちに魅せられて、かみさんには悪いけど惚れてるんじゃないかと思っています」

と言ってみたり、またある時には、森繁さんにコーヒーを持ってきた若い女の人が「コーヒーにミルク入れますか?」と訊《たず》ねた時、森繁さんは即座に「あんた入って!」と言った。すごい反射神経。

ずっと昔に、森繁劇団の旅公演で名古屋へ行った時、沢山の赤福もちの差し入れがあったから、私が森繁さんの楽屋に一箱持って行って、

「これ、召し上がって下さい」

と言うと、森繁さんがすかさず、

「あなたごと、ですか?」

と言ったのを思い出した。そんな反射神経は、何十年たっても、まったく衰えていなかった。

向田和子さんとの対談でも触れたように、森繁さんの当り役になったミュージカル「屋根の上のヴァイオリン弾き」でも、初演はご一緒した。主人公のテヴィエは、まるで森繁さんのために書かれた脚本のように面白い人間で、家族を愛し、多少は妻に嘘をつき、でも家長としての真の意味の責任を見せるユダヤ人の父親。森繁さんのテ

ヴィエは、満場の観客を笑わせて泣かせて、味わいも濃くて、実に素晴らしい出来ばえだった。

私はその時、国立劇場小劇場だったかのお芝居とかけ持ちだったので、国立用のきれいなメーキャップをして、その上にガイコツのお面をかぶり、童司君という力強い青年に肩車されて足を押さえてもらって、頭から床までのグレイの衣装で、お墓から蘇《よみがえ》る巨大な肉屋の女房、という役をやる事になっていた。童司君は、裸足《はだし》だった。私は大声で、テヴィエの名前を呼びながら墓場から大股《おおまた》で登場して、歌い、そして彼の首を絞める、という有名な夢の場面だった。初日、私が童司君の首にまたがって、ドキドキしながら舞台の袖にいたら、ユダヤ人のお父さんの格好をした森繁さんが寄って来て、「ねえねえ、黒柳君！」と言うから、大事な話だと思ったら、

「いいね、オシッコもらすんじゃないよ。童司君が気の毒だから。君は緊張するとオシッコもらすもんね」

私はフンガイして、上のほうから答えた。

「森繁さん、こんな時に、中学生みたいなこと、言わないで下さい！」

後で考えると、リラックスさせて下さっていたのだ。そして森繁さんは続けて、

「首を絞める時、童司君が押さえてるんだから、安心して、僕の首まで思いっきり手

をのばして、力いっぱい、本気で絞めていいよ」と言った。

それは曲芸のようなものだった。歌いながら、大女の巨体が半分くらい折れ曲がるのだから。でも、私は、森繁さんがいいとおっしゃってくれたので、やってみた。童司君も私の激しい動きに耐えてくれた。おかげさまで、私は、ブロードウェイの人達から「ブロードウェイよりいい」とほめて頂いた。

この芝居を、森繁さんは九百回続けた後、やめる、と発表した。まだ七十歳代の前半だった。腑《ふ》に落ちなかった私が、ある時、「どうして?」と訊いたら、実に森繁さんらしい面白い答えが返ってきた。

「僕の家は、世田谷です。歩いて帝劇まで行くと、三時間かかります。お芝居も一回の公演が三時間ですよ。二回公演の日もある。二回公演の時は、考えてもごらんなさい、世田谷から歌ったり踊ったりしながら帝劇まで来て、また、歌ったり踊ったりしながら世田谷まで帰るのと同じなんだよ。どれだけ大変かって、わかるでしょう!」

成程!と私は、残念だけど、納得した。

私と森繁さんの間には、長い約束があった。NHKのテレビ放送二十五周年記念番組というのに二人で出た時からの、「あと二十五年経《た》って、つまりテレビが始まって五十年という時もＮＨＫに呼んで頂きましょうよ。でも現役じゃないとダメだから頑張りましょう」という約束。

その二十五周年の番組の時、ＮＨＫホールで、二人のさらに二十五年後を、扮装《ふんそう》してやったのだった。設定は、森繁さんは九十歳くらい、私は七十歳くらい。森繁さんは、映画「恍惚《こうこつ》の人」で評判をとった後で、すぐに認知症老人のまねをして、それが上手だった。

九十歳の自分を演じる森繁さんは、ＮＨＫのアナウンサーが「テレビの初期は、どんな風でしたか？」と訊いているのに、「ああ〜〜、僕のうなぎ、うなぎのお弁当はまだ？」といって、しびんを包んだ風呂敷《ふろしき》を、ひざの上にのせていた。私は洋装で、結構しゃんとしていて、「森繁さん、テレビの初期の頃、ライトが熱かったでしょ？髪の毛の少ない落語家さんが出ると、一席終わるともう全部の髪が焼き切れて、ツルツルになったり。ほら、アナウンサーさんが聞いていらっしゃいますよ」とうながしても、「僕のうなぎ弁当はどこ、ＮＨＫのうなぎはまだ」とか、風呂敷を広げて「……おしっこ……」とか言っていた森繁さんが、突然私に、「あなた、自分だけ、いい役をやりすぎていませんか？」と文句を言って、満員のＮＨＫホールのお客さまを笑わせた。ご自分で決めた設定なのに、私が老《ふ》けたメイクをしてるとはいえ、相変わらず早口で、シャンシャンしているのが気に入らない様子なのが面白かった。

その後、二人で会うたびに「テレビ五十年」のコントの練習をしては、楽しんだ。

森繁さんはたいがい、「うなぎ、うなぎ」だった。結局、本当に二〇〇三年に五十年が来て、私はNHKで十六時間の生放送の司会をする事になったけど、あんなに楽しみにしていた森繁さんは、その直前、沖縄で心筋梗塞《こうそく》になって倒れてしまい、でも芯《しん》がご丈夫なのか、すぐ「病院でビーフシチューを平らげた」という記事が出るくらいには回復したけど、スタジオに来る事はおろか、まだ中継でも出る事は出来ない状態だった。私は残念だったし、心から悲しかった。「お約束ね」と私がいい、森繁さんも「うん約束！」と、あんなに言い続けて来たのに、実現出来なかったなんて。あとで、付き人の伸子《しんこ》ちゃんに聞いたら、物凄く悲しがっていた、という事だった。

近藤真彦さんの結婚式の時だった。マッチは、お母さまが亡くなっていたので、マッチに頼まれて、私と森光子さんが親がわりとして花嫁と花婿《はなむこ》の隣に並んで座った。私のすぐ目の下の、一番前のテーブルに森繁さんの席があって、私に、「僕もそこに座っちゃいけないの？」なんて言ってくるから、私は断固として、「ダメです。私たちはお母さんで、本当のお父さんはいらっしゃるんですから」と断った。そのうち少し大声で、「俺にも何かしゃべらせろ」とか言ってたけど、うまく誰かが隣へ座って、気をまぎらわせてくれていた。そのうち笑福亭鶴瓶《つるべ》さんが座った。そしたら、なんか二人で話しながら、私のほうをチラチラ、チラチラ見ている。やがて鶴瓶さんが立ち上がったので、呼び止めて訊ねた。

「ねえ、何話してたの？」

鶴瓶さんは言いにくそうに答えた。森繁さんが、「もし黒柳君と寝たかったら、僕が間に入って、話つけてあげるから、どう？」みたいな事を、ずっと話してたとわかった。この間、鶴瓶さんとテレビ局で会って、その話を思い出して二人で笑ってしまった。森繁さんは、いくつになっても（その頃で八十歳は過ぎていた）、どんな時でも、女の人の話が好きだった！

沖縄で倒れる数ヶ月前から森繁さんは、久世光彦さんと組んで、「大遺言書」というのを「週刊新潮」に連載し始めた。久世さんと森繁さんとは、向田さんが脚本を書いた「七人の孫」以来の関係で、その時、森繁さん五十歳、久世さん二十八歳だったという。

週刊新潮の連載よりは前の事だけど、久世さんがいまの若い奥さまを、ごく少人数の友人たちに紹介する、という席で、森繁さんは何度も私に、

「あの久世の娘は、父親似かね、母親似かね」

と訊くので、何度も「娘じゃありません！　若い奥さん！」と説明したのに、久世さんたち二人が前にいらしたら、

「お父さん似ですか？」

と繰り返し、訊いていた。いよいよ「恍惚の人」の演技が堂に入ってるので、久世さんも言われるまま、「やだな、森繁さん！」と照れたように笑っていた。

さて、連載といっても、書くのは久世さん。しゃべるのは森繁さん。でも、ずいぶん長い連載になり、森繁さんも九十歳を超え、久世さんがいくら尋ねても、面倒くさがって、ちゃんと話をしてくれなくなった。

「そのくせ、本が出来ると、みんなに『僕が書きました』なんか言って、サインしてはプレゼントしてるんだよ。いいんだけどさ」

と久世さんは、森繁さんより大人っぽい顔で笑っていた。結局、私と森繁さんが対談して、対談は対談で週刊新潮に載せるけど、あまった話を久世さんの名筆で、「大遺言書」の何回分かにする、というのが決まった。今から思えば、久世さんが亡くなる前の年のことだ。

真夏だった。東京會舘で、私と久世さんが待っていると、「遅れる！　暑いから！」

という連絡。冷房が効いた車で来るんでしょうに、なんか、おかしい、と久世さんと笑ってしまった。で、やっと到着した森繁さんは、「ねえねえ、フォアグラ喰おうよ！」といきなり言った。私は、ここで食べちゃったら、もう、しゃべらないに違いないと思ったので、「ダメよ、森繁さん！　三十分くらい、ちゃんと、お話ししたら、食べさせてあげます」と言った。

ずっと前から、不思議なんだけど、森繁さんは、私が命令をするみたいに言うと、絶対、怒ったり反抗したりしないで、「じゃ、わかった！」と言う。その時も、大人しく話をしはじめた。もっとも、三十分もしないうちに、また「フォアグラ！」と言い出したから、私は「もう少しね」と言って、とにかく、かなりしゃべって頂いてから、フォアグラの小さいのを食べさせてあげた。なぜ小さいのかというと、話の量はまだ足りなくて、そこで終わる訳にいかないから、「今度は、サーロインステーキね。ちゃんと、お話ししたらね」と、また席にもどって、なだめたり、すかしたり、まるでライオンの調教師のようになって、とにかく対談は、ある量に達した。

森繁さんが、「医者がね、フォアグラもステーキも、沢山食べるといけない、って言うんだよ。ひがみかね」と、ぶつくさ言うので、「ひがみって何です？」と訊いたら、「医者も、きっと喰いたいんだよ」なんて答えたから、「そんな子どもみたいな事いっちゃいけません！」と、お母さんみたいに、叱《しか》った。対談のしまいには、私は、調教師というより、夏目漱石の『坊っちゃん』のばあやみたいになっていた。

その夜、すべてが終わって、外へ出たら大きな黒い車が停まっていた。ドアが開いていたので覗《のぞ》くと、なぜか森繁さんが一人で座っていた。私が車の屋根に手をかけて、「何してるの？」と言ったら、いきなり、私の手をひっぱって車にひきずりこんだ。私は、足は、ちょっと、おぼつかないのに、手の力は外国人のようだわ、と思った。私は、よろけて車のシートに座り、「なーに？」と訊いた。森繁さんは私の手を握ったまま、「ねえ、一回どう？」と言った。いちばん最初、「パノラマ劇場」のセットでそう言われてから、気がつくと、もう四十年以上も、たっていた。「今度ね」と私が言うと、「君は、『今度ね、今度ね』とずっと言い続けてて。シワクチャになってからじゃ、いやですよ」と言った。「私だっていやですよ」そう言うと、私は素早く森繁さんのそばから離れた。これが森繁さんとの最後の会話になった。

いま思い出すと、寂しそうな横顔だった。あの時、森繁さんは九十歳。十年以上前に奥さまを亡くし、数年前にはご長男にも先立たれていた。

その前、湯河原へリハビリに森繁さんが行ったと聞いて、お見舞いの手紙を出したら、返事が来た。

「手紙ありがとう。老人は泣きました」

老人だなんて、自分で言ったのは初めてのことだった。森繁さんは、奥さまを亡くしてから、ずっと寂しかったと思う。私たちが「ママ」と呼んでいた奥さまが亡くなったと聞いて、朝早く世田谷のご自宅へ急いで行ったら、森繁さんが半泣きで、「ママが死んじゃったよ、ママが死んじゃったよ。見てやって。生きてるみたいだから」と、横たえられたママを見せて下さった。ママは、私とは、あゆみの箱とか一緒にやった仲間だった。

森繁さんはそんな様子でいたのに、そこへ三木のり平さんの奥さんが来てタバコを吸い始めたら、私に、「この人、草笛光子さん」なんて言ってくるから、「こんな時、笑わせようとしないでいいの」と慰めた。ちなみに、のり平さんの奥さんは、草笛さんとまるで似ていない。なぜか森繁さんは、何かひと言言って、笑わせたいのだ。どうしても、どんな時でも、笑わせたいのだ。

ママは、そんな森繁さんのために、雑誌や新聞などで、「徹子の部屋」第一回の「笑顔の筋肉」の話のような面白い記事を見つけると、切り抜いては森繁さんに渡していた、と後で聞いた。ママは、森繁さんの興味や、好みや、森繁さんがアレンジして、みんなに面白く話せる事柄などを、よく分っていた。結局、森繁さんにとって、ママよりも頼りになる女性はいなかった。

森繁さん八十八歳の時、「徹子の部屋」の二十五周年で、折角一回目に道を開いて下さった方だから、と出演をお願いした。喜んで来て下さった。でも残念ながら、耳が相当に聞こえないのと、耳のせいもあるだろうけど、集中しなければいけない話は、もう、したくない風だった。でも、私は、その前に文化勲章をおもらいになっていたし、色々、おめでたい事もありました、と番組を始めた。「徹子の部屋」としては、二十五年目なのと森繁さんの米寿とで、オメデタイ話でスタートを切りたかった。

ところが森繁さんは、「どこにお墓つくるの」と、言いかけてやめたり、「死んだ友達が多くて、三木のり平や、みんなが、おいでおいで、と言うんだよ」とか、どんどん憂鬱《ゆううつ》な話になっていった。そして、また、「お墓、アリマスカ?」とか、くり返した。半分ふざけてるんだけど、昔のようにはいかなかった。モニターの画面で、自分のあごひげが白いのに驚いた、と言って、「あなたも白いですか?」と私に訊いたりした。

そして時間は経っていく。

昔からの森繁さん出演の「徹子の部屋」の楽しいテープも沢山編集して、お見せもした。でもあきらかに、深く考える話は面倒だ、適当に話して時間がたつだろう、という雰囲気だった。森繁さんの、こんな感じで出ている番組は、いくつも見ていた。私は、年をとるというのは、きっとこういう事なのだろうと察した。面倒くさいことを考えないで、ラクにしよう、となるのだろう。でも、私は、森繁さんに、そうあってほしくなかった。こんなのやだ！　そこで私は、今まで一度もした事のないことを勝手に考えた。

「徹子の部屋」はナマと同じで、編集をしないで、放送をするのが決まりで、カットもしないし、どんなことになっても時間が来るまでカメラを回し続ける。でも、長いこと森繁さんを見てきて、本当に森繁さんの性格を理解しているつもりの私は、覚悟を決めた。森繁さんは、今だって、ちゃんと出来るんだから！　もし問題が起きて「徹子の部屋」を降ろされたら、その時は、その時だ。私は、森繁さんに言った。勿《もち》論《ろん》、そこはカットするつもりで。

「森繁さん、ちゃんとやって頂かないと困るんです。森繁久彌という俳優が、どんなに魅力的で、ステキなかたか、という事を知って頂きたいのに、これじゃ放送出来ません。森繁さん、お願いします」

森繁さんのカミナリも覚悟した。局の、おえらがたが走ってくるのも想像できた。

でも私は、八十八歳になっても、凛《りん》とした森繁さんでいてほしかった。白い上等のカシミアのジャケットに似合う話をしてほしかった。長いつきあいの同級生だから言えるけど、番組のためというより、森繁さんのためだった。あんなにステキだったじゃありませんか、まだ出来るのに、逃げるなんて！　私は悲しかった。

突然、森繁さんは居ずまいを正すと、しっかりした声で、「いま思い出したんだけど、萩原朔太郎《はぎわらさくたろう》の詩を少しやっていいですか」と言うなり、朔太郎の「利根川《とねがわ》のほとり」という詩を、朗々と、滔々《とうとう》と、よどみなく、笑顔を少しまじえながら、感情を込めて、暗唱してみせた。

利根川のほとり

きのふまた身を投げんと思ひて
利根川のほとりをさまよひしが
水の流れはやくして
わがなげきせきとむるすべもなければ

おめおめと生きながらへて
今日もまた河原に来《きた》り石投げてあそびくらしつ。
きのふけふ
ある甲斐《かひ》もなきわが身をばかくばかりいとしと思ふうれしさ
たれかは殺すとするものぞ
抱きしめて抱きしめてこそ泣くべかりけれ。

圧巻だった。私は涙が出た。胸がつまった。森繁さんも白いハンカチを出して涙をふいた。あの朗読上手な森繁さんが、本当に感情をこめ、神経を集中させて、心から詩をよむと、こんなに素晴らしいのだ。続いて、「大木惇夫《あつお》の詩」と言ってから、久世さんも大好きだった「戦友別盃《べつぱい》の歌」（言ふなかれ、君よ、別れを／世の常を、また生き死にを……）という詩を、やはり朗々とやって下さった。森繁さんの顔は輝いてきて若々しくなった。スタジオ中、感動が溢《あふ》れて静まり返った。この森繁さんの長年愛した詩の朗読は、森繁久彌「愛誦《あいしよう》詩集」というCDでも出ている。
続けて私は、森繁さんの「葉っぱのフレディ」という絵本の朗読がどんなにいいかを話した。アメリカの哲学者で心理学者でもある作者が、人間の死を子どもにもわかるように葉っぱであらわした絵本。素晴らしい絵本。森繁さんは「二年前、長男の泉が死にまして。五十八歳で。でも、葉っぱのフレディの絵本を見つけたので、つらかったけど朗読して、やってよかった。もう一度、生きてみよう、命のある限り生きてみようと思った」というような話をして下さった。

私は詩を詠《よ》んでいる森繁さんの顔を横から見ていたら、太い血管が、おでこに浮き出しているのに気づいた。この年齢になると、集中するのがどんなに大変か、手に取るようにわかった。それは、ほとんど命を削るような作業なのだ。お体の負担になって申し訳なかったけど、森繁さんは素晴らしかった。この森繁さんの朗読が、どんなによかったか、番組には「感動した」「泣きました」「素晴らしかった」という感想が山のように来た。実は、それまでにも、他の仕事で二度くらい、こんな風に、ちゃんとやって下さい、と森繁さんに言ったことがあった。いま思っても、ありがたいのは、ただの一度も「君、生意気だね」とか「うるさい」とか、おっしゃる事がなかったことだ。一度も、文句をいわず、急に態度をあらためて、ちゃんとやって下さった。私は、お礼をきちんと言わなかったような気がして、いま思うと、涙が出る。私のお願いを、何も言わずに聞いて、ちゃんとやって下さった事への感謝の気持ちが、行き場がなくなって、どうしようもない気持ちになる。なんて森繁さんというかたは偉大なんだろう。

その八十八歳の放送の時、どんな人生でしたか、と最後に伺ったら、ちょっと考えてから、

「いつおよびがあるかわからないけど、僕は、ゆっくり横臥《おうが》して、いびきをかいて、あっちへ行きたいと思います」

と、おっしゃった。その時、私はあまり深く考えなかったけど、それから十年近く長生きなさった森繁さんを思うと、心底からの気持ちだったような気もする。

そして、あの詩の朗読のただならぬ上手《うま》さはなんだろうか、と考えた時、ふと気づいたのは、いつも面白い話で笑わせるのが好きな森繁さんだけど、戦前の数年間を満洲で過ごしたＮＨＫのアナウンサー時代、そして新京（今の長春）で経験したソ連軍の侵攻、終戦、負けて一年以上たってからの困難を極めた引き揚げ。きっと、これらの経験の中で、私たちには言ってもわからない地獄を、森繁さんは見たんじゃないだろうか。絶対に、誰にも話さない経験があったんじゃないだろうか。戦争については、何度頼んでも、語ってくれることはなかった。

森繁さんは、芸能界に登場してからは、ずうっと明るく、みんなを楽しませるイメ

ージで来た。それで行こう、と決めてらっしゃったのだろう。私は一度も、怒鳴ったり怒ったりする森繁さんを見たことがない。でも、あの朗読の上手さの陰には、単に磨き上げたテクニックとかじゃない、森繁さんだけしか知らない人生があったと思う。絶対に、本心は明かさず、どんなに親しい人も、最後まで森繁さんの奥の奥までは、わからなかったのではないか。本当に不思議な人なのだ。

この後、「徹子の部屋」三十周年という時、お願いしたら、こんなメッセージを下さった。森繁さん、九十三歳。

〈「徹子の部屋」が始まって、早や、三十年の月日が流れました。

恐ろしいようなスピードです。

あの「あなたに第一回に是非出演して戴《いただ》きたい」と、いうお話しから、そんなに長く続くとは、つゆしらずお引き受け致しましたが……。何とも慌《あわ》ただしい月日ですね。

そういえばあれこれ当時のことを思い出しますが、そんな中で一番淋《さび》しいことは「友」たちをたくさん失ったことです。

あの頃の友と飲み歩いたことなど夢のようなことです。

ああ、チャック！

あなたとの子どもが生まれなかったのが、いかにも淋しい……。

もっとも何かないと子どもは出来ませんがね……。

思い出は懐《なつ》かしい……。〉

この頃は、健康状態もわからなかったので、もしかしたら代筆？と思って読み始めたけど、こんなこと森繁さん以外に書けるはずがない。何歳になっても、枯れたとか、お説教めいたことは一切ない、森繁さんだった（チャックというのは、デビューの頃の私の仇名《あだな》）。

二〇〇九年に亡くなった時は、九十六歳で大往生だと、みなさん口々に言ったけど、私は、そう思わなかった。森繁さんには九十歳からの夢があった。それは、「佐渡島他吉の生涯」とか、「孤愁の岸」とか、「屋根の上のヴァイオリン弾き」とか、当り役の衣装はすべて持っているので、それらをバスに積んで、誰かが出てる劇場前に停めると、どれかを着て舞台へ出て行っちゃう。そして、「さしたる用はなけれども、これで失礼つかまつる」と言って、そこでやってる芝居を止めてしまう。「でも、すぐ引っ込むんだよ。そのうち、方々でやるから、みんな馴《な》れちゃうんだけど、いくら恋のお芝居やってたって、僕が出て行ったら、止めるしかないね。これ、やりたいねェ」と、本気の顔で私におっしゃっていた。最後まで、頼まれなくても舞台に出て、みんなを楽しませたい、という気持ちに溢れていた。

森繁さん、お世話になりました。「一回どう？」とおっしゃりながら、やっぱり可愛がって下さり、育てて下さったんですね。「一回どう？」と、半世紀もかけて、一つのジョークを言い続けてくれたのは、結局、森繁さんの粋《いき》でした。これから、もっとも大切にしてらしたＮＨＫのラジオ「日曜名作座」のＣＤを聴いてみます。だって五十年も、おやりになったんですものね。

森繁さんが亡くなった、と聞いて、私がまず思ったことは、この言葉が一番ふさわしい方だ！　ということだった。

「人生、これ劇場。芝居は終わった！」

私の母さん、私の兄ちゃん

日本でテレビが初めて放送されたのは、一九五三年二月一日だった。前にも書いたように、テレビの受像機は日本全国でまだ八六六台しかなかった。NHKの初任給は九〇〇〇円くらいだった。これは、私と結婚したいというNHKの青年が現れて、「でも僕の給料、安いんだけど」と教えてくれたので、わかったのだった。私は、テレビ女優第一号としてNHKに入って、テレビやラジオに出ると時給が五十六円もらえた。当時、ラーメンが一杯三十五円か四十円くらいだっただろうか。家の電話で、NHK放送劇団の同期生と「私は五十六円、あなたは?」と話していたら、通りがかった父に、「トット助! 電話でお金の話なんて、はしたない!」と叱《しか》られた。お給料だけでは足りなくて、毎日、出かける時には、母から百円のお小遣いを、(大学出た娘が申し訳ないなあ……)と思いながら、貰《もら》っていた。そしてテレビは、まだアメリカ製しかなくて、なんと一台二十五万円くらいもしたのだから、ほとんどの家にテレビがなくても当然だった。あの頃は、貴重品だった。テレビと言わずに、いちいち、きちんとテレビジョンと言っていた。

約束してたのに、森繁さんは、残念ながら「テレビ五十周年」の番組に一緒に出られなかった。私だけが十六時間の生放送に出ることになったけど、その時、

（あらら、金婚式だわ）

と思った。テレビが始まる直前にNHKへ入った私は、テレビを知らずに仕事を始めた。だから、二十五周年の番組に出た時、いろんな取材を受けて、「顔を見ないで結婚して、銀婚式を迎えたような気分です」と答えてたが、もう金婚式になったのだ。本当に結婚はしなかったけど、五十年つれそった夫婦の歳月の重み、みたいなものは、呑気者《のんきもの》の私にも、ぼんやりとでも、わかるような気がした。それが二〇〇三年のことだったから、今では、もう結婚六十年を超えたことになる。

自分の子供に、絵本を上手に読んであげるお母さんになろう、と思って入ったNHKだった。新聞でNHKがテレビ女優を募集していたので、「NHKなら絵本の読み方を教えてくれるだろう」と入ったのが、私がテレビの世界へ足を踏み入れるきっかけだった。毎日のようにテレビに出ているうちに、新しい家族もできた。実際の母でも兄でもないのに、「母さん」「兄ちゃん」と呼ぶ人ができた。私は、沢村貞子さんと

渥美清さんのお二人を、四十年間、そう呼んできた。

「若い季節」という、一九六一年から何年も続いたＮＨＫのドラマで、私は、沢村貞子さんと出会った。そのドラマには、榎本健一《エノケン》さん、森光子さん、三木のり平さん、有島一郎さん、ハナ肇さんや植木等さんたちクレイジーキャッツの皆さん、渥美清さん、坂本九さん、小沢昭一さん、岡田真澄さん、淡路恵子さん、古今亭志ん朝さん等々、たくさんのスターが出ていた。落語を聞きに行った時、たまたま高座へ出てきた志ん朝さんに、（こんなにハンサムな落語家さんがいるなんて！）と驚いた私が、演出の岡崎栄さんに勧めたのが、志ん朝さんがテレビに出る、きっかけだった。岡崎さんは、すぐに落語会に出かけ、やはり、志ん朝さんの二枚目ぶりにびっくりして、「若い季節」への出演依頼をしたのだ。銀座にあるという設定の「プランタン化粧品会社」を舞台にしたコメディで、主題歌はザ・ピーナッツ、作者はのちに「おはなはん」の脚本で知られた小野田勇さん。岡崎さんは、後年、日中合作のドラマ「大地の子」を手がけた人。

番組は日曜夜八時、今の大河ドラマの枠だった。当時はもちろん生放送なので、リハーサルが終わると、夜の放送開始まで休憩がある。私たちは、大勢で、ＮＨＫの近くにできたばかりの四川《しせん》料理の店によく出かけた。みんな、まだ若くて、お金がなくて、お腹《なか》が空《す》いていて、海老《えび》チリなんかを頼むと、私はすばやく数えて、「一人三匹よ!」と叫んだ。「肉団子は一個半!」とか。渥美さんが、含み笑いをしながら、「お嬢さん、いつか、おれが稼いで、数えずに食べられるようにしてやるよ」と言ってくれた。渥美さんは、ずっと、私がいくつになっても、お嬢さんと呼んでくれた。

沢村さんは、いま考えると、まだ五十代だったけど、「私たち年寄りは、新陳代謝が悪くなってるからね」と、消化のいいお菜《かず》で、手製のお弁当を作ってきていた。私は、つくねとか焼魚とか煮物なんかが入ったお弁当があまりにおいしそうで、みんなと食べに行かずに、沢村さんのお弁当を分けてもらうことも、たまにあった。

何がきっかけだったか、沢村さんのことを、「母さん」と呼ぶようになり、代々木西原にあったお家《うち》にも、たびたび伺った。母さんのご主人は大橋恭彦《やすひこ》さんといって、「映画芸術」という雑誌を作っていた評論家だ。私は、背が高くてハンサムな大橋さんのことを自然と、「父さん」と呼んだ。人によっては気難しい父さんも、私を、いやがらなかった。お正月に一緒に温泉に連れてって頂いたり、しょっちゅうお家によばれて、母さんのお料理の腕前に感心したりしていた。お家の玄関の表札には、デンと大きく「大橋」とあって、脇《わき》にごく目立たぬように「沢村」と書かれていた。私は当然、ご夫婦だと思っていたけど、まだその頃は戸籍上の夫婦でなかったと後で知った。

「映画芸術」は、いつだって赤字だったから、母さんの女優業の稼ぎで、二人の生活を支えるだけでなく、雑誌の人たちのお給料も、父さんの前の家族のためのお金も出していた。生活費も、母さんが、「二人で働いたものは、一つ壺《つぼ》に投げ入れましょうよ」と言ったのだ。母さんが仕事を掛け持ちして稼ぐために、マネージャーの山崎洋子さんはあちこち駆け回って、靴を月に二足、履きつぶした。何しろ、ご自分の結婚式の当日も、母さんの仕事の売り込みに出かけて、相手を呆《あき》れさせたり感心させたりしたという。

明治の男である父さんは、家のことを一人では何もできない。だから母さんは、撮影所やテレビ局から、できるだけ早く帰って、父さんの世話もしないといけなかった。

ある日、あるドラマの撮影中、死んだ人の役で、和室に横たわっていた母さんの顔の上に、セットの天井の蛍光灯が取れて、落ちてきた。とっさのことで避けようがなかった。幸い、傷にはならなかったけど、スタジオの中は騒然となりみんなが駆け寄ってきて、「大丈夫ですか?」「病院へ行きましょう」などと口々に言った。母さんは叫んだ。

「そんなことより、早く氷！　氷を下さい！　すぐ冷やさないと、顔が腫《は》れて、今日撮れなくなる！」

母さんの頭の中にあったのは、父さんが待っているから、今日も時間通りに終わらなくちゃいけないし、撮れなくなってまた別の日に撮り直すのも大変だ。とにかく、今日の分は今日撮って終わりにしなければ、ということだった。氷が運ばれてきて、母さんは濡《ぬ》らした手ぬぐいにそれを包んで、しばらく、ぶつかった頬を冷やした。なんと顔はそれでおさまって、撮影は再開され、母さんは無事、父さんの待つ家に帰れた。そして、その夜も、父さん好みの晩御飯を作ったのだ。

母さんは、父さんにおいしいものを食べさせてあげたいという一心で、お料理が最近作ったものと重ならないように、また、季節のものを忘れないようにするために献立日記をつけ始め、それはやがて『わたしの献立日記』として出版されて、ベストセラーになった。

母さんから、「あたしは、父さんがいるから、仕事三〇%、家のこと七〇%でやってるのよ。それでいいの」と打ち明けられたこともある。現場では、厳しいくらいの、ちょっと、こわいかな、と思われるような、プロの女優そのものなのに！　でも、よく考えたら、母さんが時間に遅れないのも、セリフを完全に憶《おぼ》えているのも、NGを絶対出さないのも、早く家に帰らなくてはならなかったからだ。「だって、女優は、もしかしたらやめるかもしれないけど、父さんの妻であることはやめないって決めてたから、そっちの方が大事だからね」と言っていた。

「これは映画史に残る作品ですよ」

という映画の出演依頼も、北海道ロケがあると聞くと、

「私、映画史を見られるわけじゃないから」

と言って、すぐに断った。

母さんは浅草生まれだから、威勢がよくて、私より早口だった。その母さんが、父さんといる時は、ゆっくり喋《しゃべ》っていた。私は、そんな様子が、おかしくて、かわいくて、こんな短文を書いたことがある。

「上手に生きるための、チエのかたまりが沢村さん。私は『母さん』と呼んで尊敬している。

下町育ちで、威勢のいい早口。リクツに合わないことは大嫌い。だから、誰かがセリフを憶えて来ないと怒るかわり、母さんは百でも二百でも、あの喋る早さでヤリフを憶えて、しかも立板に水でNGも出さない。

その母さんがゆっくり喋るとき。それは旦那《だんな》さまといるとき。評論家の旦那さまが、

『このテレビは面白い』といって見ている。旦那さまが『池のまわりに松葉ぼたんがあるといいね』といえば、『そうですね』といえば、『そうですね』といって次の日、苗を植える。マージャンをしていて、旦那さまが負けてきて『つまらん、わしゃ寝る』というと、母さんも『そうですか』といって寝てしまう。母さんは女らしいのです」

二人は、今でいう、ダブル不倫だった。終戦直後、京都の新聞記者だった父さんは、すべてを捨てて、母さんと暮し始めた。父さんは、あだ名の「殿さま」そのままに振舞い、堂々たるもので、一度も母さんに感謝の言葉を口にすることはなかった。「母さんが出てるから」と私がテレビをつけても、「つまらないから、ほかのにしなさい」と言った。何しろ、母さんの上手な手料理に、おいしい、とさえ言わないのだから、徹底している。私が「どうして、おいしいって言わないの?」と訊《き》くと、父さんは不思議そうな顔をして、「おいしくなかったら、食べないよ」と答えた。お金のことも、いい雑誌を出すのだから、と、父さんは「ありがとう」も言わなかった。

でも、母さんは、「ありがとう、とか、すまないね、とか、父さん（他の人には「殿」とか「旦那」「大橋」だったが、私には「父さん」と言った）に言われたら、やって来られなかった。父さんが卑屈にならないで振舞ってくれたから、よかったのよ。それでいいの。私は、自分がしたくて、父さんの仕事を援助してきたんだもの」と、言っていた。そして、「父さんには、二人が出会う前のことを、何より大切にしていたのだ。そして、「父さんには、二人が出会う前のことを、決して聞かないの」とも言った。母さんが悔やんでいるのは、仕事をたくさん引き受けなくてはいけなかったために、父さんとの子供を持てなかったことだけだった。

長い歳月がたって、母さんは八十歳になり、「私みたいな女優が、『やっこらせ』って立ち上がるようになっちゃ、おしまい。耳も遠くなったしね。花も実もある女優さんはどうぞお続け下さい。私は花も実もないのでこのへんで」と言って女優を引退し、父さんの希望で、海の見える葉山のマンションへ引っ越した。金婚式の記念に、終戦の年の出会いから今日までの本を作ろうという話が出版社と纏《まと》まって、二人で一章ずつ交互に書いていくことにした。ところが父さんが、一回目を書き上げたところで、急逝してしまった。金婚式目前の、一九九四年七月十七日のことだった。

母さんの長い女優生活の中で、父さんが、仕事場まで一緒に来たのは、あとにも先にも、その二年前に、母さんが「徹子の部屋」に出て下さった時だけだった。母さんは、女優を引退した後も、「徹子の部屋」には来て下さっていた。あの日、母さんは、

「どういう風の吹きまわしかしらね、仕事場に来るなんて！　父さん、初めてよ」と嬉《うれ》しそうだった。父さんはスタジオで、ちょっと照れたように、「ちっとも葉山に来てくれないから、逢《あ》いに来たよ」と私に言った。まるで、お別れを言いに来て下さったみたいに、これが父さんに逢った最後になってしまった。

父さんが死んだと聞いて、すぐ葉山へ行った。母さんは、一まわりも二まわりも小さくなって、泣きっぱなしだった。

「私に、さよならも言わずに、いっちゃったのよ」

私は、母さんを強い人だと思っていた。弟の加東大介さんが亡《な》くなった時は、「優等生が死んじゃったよ」と泣いてはいたけど、どこか、しゃんとしていた。でも、父さんの時は、まるで、つっかえ棒がなくなってしまったように、私の手をとって、ただ「父さん、死んじゃった」と、くり返した。私は、その晩、母さんの所に泊った。母さんのベッドの隣りのベッドに並んで寝た。それは父さんのベッドだった。横になってから、色んな話をした。父さんと二人で書きかけた本の話にもなった。

母さんは、「もう、何も書けない」と言った。私が「母さんが死んだら、父さんに会える？」と訊くと、母さんは、「そりゃ、会えるよ」と、心から信じている顔で肯《うなず》いた。「なら、次に父さんに会った時、『あの一回目の続きは？』って訊かれたら、何て言うの？　無駄にしちゃうの？　書くこと、いっぱいあるじゃない。父さんと話していつもりなら」と私は勧めた。だって、父さんと母さんのように、よく話し合う夫婦も少ないのではないか、と思うほど、何についても二人は、よく話していた。新聞は、スポーツ紙も含めて六紙もとって、二人で隅々まで読んで話しあった。テレビを見ても、政治でも、歌謡曲でも競馬でも、何でも話し合って来た。「父さんとは価値観が一緒だったからね。だから、うまくいって来たんだね」と母さんは言った。

朝、目が覚めると、母さんは、もう起きていて、こっちに背中をむけて、小さな鏡の前で身づくろいをしていた。浴衣《ゆかた》の寝巻き姿で、真白な髪の毛を梳《と》かしていた。誰も見ていないのに、母さんのしぐさは、女らしく、なまめかしかった。首を少し曲げて、どこか女学生のような頼りなげな恰好《かっこう》にも見えた。私は黙って、ベッドから母さんを見ていた。きっと父さんも、こんな風に、五十年もの間、母さんが、ひっそりと先に起きて身づくろいをするのを見ていたのだろう、と考えた。そして、これから先、母さんは、父さんの空になったベッドと暮すのだとも。

でも、朝御飯の時、母さんは、「私、なんだか、あなたと話してたら、元気が出たわ。父さんとの本も書こうと思うわ」と言った。そして一年後、『老いの道づれ　二人で歩いた五十年』という本を書き上げた。

この本の執筆中、母さんは、自分の二百字詰めの原稿用紙がなくなったので、父さんの遺《のこ》した四百字の原稿用紙を書斎の戸棚から取り出した。すると、間に挟むようにしてあった、父さんの字で書かれた原稿を見つけたのだ。それは、別れの言葉、と題されていた。あきらかに、発表するつもりのものではなく、自分が死んだ後に、母さんにだけ読んでもらいたい、「殿さま」からのラブレター同然の原稿だった。もしかしたら、母さんは見ないままでいたかもしれない。それでもいい、という、どこか照れ屋でもあった父さんらしい、やりかただった。そして、物書きだった父さんの、最高の文章だと私は思う。そこには、

「わたしに、こんな楽しい老後があるとは思っていなかった。あなたにめぐり遭えたということ、そして二人で寄り添って生きてきたこと、いろいろな苦労があったけれど、わたしは幸せだった。あなたも幸せだった、とおもう。この先、どんなにいたわり合って生きても十年がせいぜいだとおもう。『どちらが先になるかはわからないけれど、先立った者が待っていて、来世も一緒に暮らしましょ、来世もこうしておしゃべりをして、おいしいものを食べて、楽しく暮らしましょ』

貞子《ていこ》は、最近この言葉をよく口にするようになった。暗記しているセリフを正確におもい出すように、ひとことの狂いもなかった」

「正直いって、ある晩なんのきっかけもなく、『来世も一緒に暮らしましょうよ、ね』と話しかけられて私は絶句してしまった。そして年甲斐《としがい》もなく泣き出しそうになるのを、じっとこらえた。

今日のこのおだやかなひとときの延長線は、彼女の言うように、間もなく断ち切られてしまう。（中略）二人のうちの一人が、生きる張り合いを失い、泣きながら

『永い間、お世話になりました。ありがとう。さようなら』

を言わなければならない。その日は二人がどうもがいても、叫んでも避けられはしない。

そして、その葬送の日のたった一つの心の寄りどころは（来世）という想像もつかない虚空《こくう》の一点で、今日と同じ笑顔で、今日と同じやさしい眼で、今日と同じ見なれた着物を着て待っていてくれる人がいることを、信じるほかはないのだ」

「誰に読んでもらおうという気はない。自分だけが、いい子であろうという気も、もちろんない。生来、愚鈍な上に学もない、貧しくて小心な落ちこぼれ人間でしかなかった私が、戦後、無一文のどん底から、なんとか生きのびてこられたのは、唯《ただ》ひとり、貞子という心やさしく、聡明《そうめい》な女性にめぐり遭えたからである。

その意味で、これは、一人のハンパ人間が、思いもかけぬ幸運に恵まれた（ある果報者の軌跡）といえるかも知れない。……ありがとう」

と、書かれてあった。（ありがとう、なんか言われなくていい）と言い続けてきた母さんが、この予想だにしなかったプレゼントには泣いて喜んだ。

『老いの道づれ』が出版された直後、「徹子の部屋」が二十一年目に入るという記念の日に、母さんをゲストとしてお呼びした。八十七歳になった母さんは一段と美しかった。雪のように真っ白な髪に、ほんのりとグレーがかった白地に黒の小さな模様を散らした着物に、黒い羽織で、ふちなしの眼鏡をかけていた。父さんとの思い出を語って下さった様子は、元気そうに思えた。

でも、その帰り、葉山までの車の中で、母さんが女優をやめるまで運転手を長く勤めた佐久間弘一さんに向かって、

「ああ、これで全部、終わった……二週間も食べなければ、死ねるかね？」

と言ったという。佐久間さんは、（聞きたくない言葉だなあ）と思ったと、母さんの死後、私に話してくれた。これが一九九六年二月一日のこと。

それから私は、ユニセフの仕事でボスニア・ヘルツェゴビナに出かけたり、芝居の旅で日本国内を廻るなどして、母さんに逢うのは、ごぶさたしてしまった。いつもの

ように、行った先々から必ず絵葉書や、おいしいお菓子を送るなどは、していたけど。

七月十七日、母さんは、ほんの数人の方々と、きちんと父さんの三回忌を済ませた。私の芝居の旅が終って東京に戻ったのが、二十日の夜。次の日の朝早くに、葉山へ行った。思いがけなかったことに、母さんはベッドに臥《ふ》せっていた。

母さんは、心配する私の手をとると、「私、あなたが大好き」と、いつもの元気な声を出した。続けて「逢えて、嬉しいわ。本当に嬉しいわ」と言うと、「あなたには、幸福になってほしいの。でも、あなたの親しい人も、どんどん、いなくなって。誰か、いい人、見つかるかしら。人に何をいわれたって、いいじゃないの。自分がしたいようにするのよ」と力をこめて言った。

母さんが、私の個人的な事、私の人生に踏みこむような事を言ったのは、これが、初めてだった。

「母さん、誰か見つかるわよ、きっと」

「そうだといいけどねえ」

私たちは顔を見合わせて笑った。私たちは一緒にリビングでお昼を食べる事にした。私には上等のお鮨《すし》をとってくれ、母さんは、「久しぶりよ。せっかく来てくれたんだもの、起きて食べるわ」と、言った。寝てる姿では気がつかなかったけど、母さんの顔はちょっと黄色かった。どこが悪いのか、誰にもわからなかった。母さんは病院に行くこともしないし、点滴も血管が細くて針が入らないし、もういいから、と言ったという。マネージャーだった山崎さんは、私に、そっと「入院しないで、このまま家で、ご主人のところに行くと言ってるんですけど」と話してくれた。

この日、母さんは、昔の撮影所の面白い話とか、「インテリ女優」と呼ばれて意地悪されたとかいうような大笑いの話を次から次へとしてくれた。母さんは喋りながら、スプーンでスープみたいなのを食べていた。私には、前から気がついている事があった。それは、あれほど、お料理が好きで上手な母さんが、父さんが死んでからは、全く作らず、人の作ってくれるものを、ろくに見もしないで、ただ、口に運んでいる、という事だった。(母さんは、父さんのために、お料理を作っていたんだ)。私は、母さんが、どれほど父さんを愛し、父さんのいない、この世をつまらなく思っているか、このことでも、わかってはいた。お料理を始めとして、この世への興味を失っていた。

母さんにとっては、これが最後の食事になった。これから死ぬまでの三週間半、一切の食事を摂《と》らず、お水と、周りがわたす栄養の入った飲みものだけの生活になった。

私は、この日から、時間の都合がつく限り、葉山へ母さんを見舞った。何をするでもなく、母さんのベッドのそばで新聞を読んだり、母さんとくだらない話をして笑ったり、手を握ったりして、時間を過ごした。

「早く父さんの所に行かないとね、待ってるから」

これが、ベッドに臥せってからの母さんの口ぐせになった。私は、ある日、「母さん、『父さんに待ってもらう会』というのを作りましたからね。会長は私で、副会長は雅彦ちゃん」と報告した。雅彦ちゃんというのは、母さんの甥《おい》の津川雅彦さんの事。母さんはニッコリ笑って「そうね、父さんに、ちょっと、遅らせてもらうわね」と言った。

隣で私が新聞を読んでると、寝てたと思った母さんが言った。

「撮影所でね、私が新聞読んでたら、『沢村貞子さんは、いま、新聞の社説を読んでいらっしゃいます』と、スピーカーで、いやがらせ言われたのよ。だってねえ、そりゃ、社説から読むじゃない？」

私はびっくりした。「母さん、今でも女優で社説から読む人は少ないと思うわよ」

こういう時、私が母さんを好きなのは、「いまは、いい時代だわね、そんなこと言われなくて」というような、愚痴めいたことを一切言わないことだった。

別の日、母さんは、「あの、父さんの原稿ね、『ありがとう』の。時々、起きて行って、読むのよ」と言った。「ありがとう」なんて言ってもらわなくていい、むしろ、言われると困る、と言っていた母さんは、心の底から、やっぱり、父さんの「ありがとう」が嬉しかったんだ、と、私も嬉しくなった。（ありがとう、父さん、書いてくれて！）。死後、父さんのお骨を置いた机の引き出しに入っていた、その原稿を見た。字のうまい父さんにしては、急いだような、不揃《ふぞろ》いの字の、鉛筆で書いてある原稿だった。でも、どんなに薄い鉛筆の字でも、母さんを、あんなに喜ばせた言葉。この原稿は、母さんのお棺の中に入れた。

八月七日、私は朝から母さんの家に行っていた。この日、母さんは、私を見るなり「奇麗！」と言った。「お化粧してるからよ」と言うと、「ううん、本当。いつまでも奇麗でね」と言い、私の手をさすった。母さんこそ奇麗で、顔や首もそうだけど、特に手は、シミ一つ、しわ一つなかった。「百円化粧品が良かったからかな」と私が感心して言うと、「それが、二百円に値上がりしたのよ！」とおかしそうに笑った。おだやかな日だった。その時、私に電話がかかって来たとお手伝いの鈴木恵さんが呼びに来た。私の事務所も出来る限り、母さんの所にいる私に電話はして来ないようにしていたのに。台所で電話を取ると、それは山田洋次監督からだった。いつもの、おだやかな声ではない、山田さんの声がした。
「渥美さんが亡くなりました。本当は、亡くなったのは四日です。御家族だけで済ませて、僕も知りませんでした。これからマスコミに発表するので、せめて、あなたにだけは、先に知らせたい、と思ったので。あなたたちは、いいお友達でしたね」

私は声が出なかった。兄ちゃんが死んだ？　渥美清さんは、私がテレビ界に入った時からの兄ちゃんだった。私には兄がいない。だから、一緒に歩いていて、「何か買ってやるよ」と、ふっと言って、靴でも、きれいな箱でも、何でも買ってくれる兄ちゃんは、嬉しかった。海老チリのお料理が出ると、「一人三匹ずつ！」と、昭和ヒトケタ生まれの悲しさから、すぐ均等にしたがる私に、「いつか、おれが稼いで、数えずに食べられるようにしてやるよ」と言ってくれた兄ちゃんが、死んだ？

私は、最後に兄ちゃんが、私の留守電に入れてくれたメッセージを思い出した。「お嬢さん、お元気のようですね。私は、もうダメです。お嬢さんは元気でいて下さい」。私は、少し、かすれた兄ちゃんの、この声が、最後になるなんて思ってもいなかった。冗談言ってる、と思ったくらいだ。でも、この頃、兄ちゃんは最後の入院をしたのだった。

山田監督は、「一つ救いがあるとするなら、渥美さんは、もう一作、次の寅さんも撮る、と言って、僕たちはロケ先も決めてあったんです。だから、渥美さんが希望を持っていたのは確かです」と言って、電話を切った。

私は、しばらく台所に立ったままでいた。もし、母さんが元気なら、このことを伝えれば、母さんらしい、独特のなぐさめかたを、してくれるだろう。母さんも、よく一緒に仕事した兄ちゃんだから。(母さん、兄ちゃんが死んじゃったんだって)。でも、死にかけてる母さんには、言えない！　と思った。これほど、つらいことも、そうない、と私は思いながら、黙って、ベッドにもどった。

母さんは、寝てるのか、目をつぶっているだけなのかは、わからない。でも、これから、父さんの所に行くと言ってる母さんの心の中は、どんなだろう。無宗教で、これほど科学的な母さんが。

しばらくして、母さんが目を開けたので、母さんに聞いた。

「ねえ、父さん、本当に待ってるの？　母さんは、父さんに本当に逢えるの？」

母さんは、いつもの確信に満ちた口調でいった。

「そうよ、待っててくれてるの」

私は突然、涙が止らなくなった。私は、母さんの顔を見ながら、泣いた。母さんは両手を出して、私の涙をぬぐってくれた。私は、いつまでも泣いて、母さんは、ずっと、ぬぐってくれていた。母さんには、たぶん、何のための涙か、はっきり、わかっていたように思う。兄ちゃんのことは知らないにしても、母さんには、わかっていた。

だから、笑顔で、私の涙をぬぐい続けてくれていたのに違いない。

母さんは日に日に弱っていった。私は、こんな風に、人間が何の治療も受けず、自分で、死ぬのです、と決めて、ちっとも恐れずに、退屈そうでもなく、どこも痛いとも言わずに、静かにしているのを見るのは初めてだった。「徹子の部屋」に来て下さった時、母さんが「人間ってね、一生懸命やると、後悔しないものよ。だって、出来るだけの事、やったもの。だから、未練も、後悔も、何もないの。これで、さらりと、おしまい！」と言った、この言葉を、私は母さんの寝顔を見ながら、何回も思い出した。

母さんが「私って本当にしあわせ。みんなが、よくやってくれるの。ありがたいわ」と、くり返し言ってたように、母さんをかこむ山崎さん、佐久間さん、恵さん、もう一人のお手伝いのフキコさん、その夫で経理をしていた相沢さんの五人衆と、母さんの義妹（加東大介さんの奥さん）の真砂子さんは、本当に力をあわせて、二十四時間態勢で、母さんを、少しでも楽になるようにしてあげていた。

特に母さんが、断固として、自分で起きてトイレに行くというので、そのたびに、恵さんとフキコさんは勿論《もちろん》、男性の佐久間さんも母さんを支えたり、起きるのを手伝ったりした。旦那様の所に行ったとき、「しもの世話だけは、してもらわなかったのよ」、そう奥さまは御報告なさりたいのでしょう、と、みんな、わかってあげていた。母さんは、死ぬ二日か三日前まで、起き上って、ベッドの横に椅子《いす》のように出来ているトイレに行った。見事としか言いようがなかった。「あたしは、江戸っ子よ。下町女ですもの」という母さんのセリフが聞けなかったのは残念だった。でも、心意気は十分、伝わった。「トイレ」というサインは、母さんが指先で、ベッドから下に降りる、という仕草だった。

段々と母さんは目がパッチリと開けなくなって、薄目でこちらを見て、ニッコリしたり、手を握ったりした。言葉はかすかで、「私、頑張ってるでしょう」と、たまに言った。そんな夜、私が手を握ってると、突然、母さんが痙攣《けいれん》を始めた。もと看護婦さんだったフキコさんを呼ぼうと、私は中腰になった。母さんが本当にやさしい人なのだ、とつくづく思ったのは、その時だった。私がびっくりしているとわかると、母さんは痙攣しながら、私の顔をなでたり、私の肩を抱いて、心配させまい、としてくれたのだ。その時、ちょうど来てた津川雅彦ちゃんが「貞子《ていこ》姉《ねえ》（叔母になるけど、こう呼んでいた）の本当のやさしさが、こういう時にわかるねえ」と言った。一日一回、来て下さるお医者さまの往診で、熱が出る徴候の痙攣だから大丈夫とわかって、みんな、ちょっと安心した。

最後に逢った日、薄目を開けるのも大儀そうな母さんは、私を見ると、左手を大きくあげたから、私はその胸に顔を埋《うず》めた。母さんは私を抱いて、静かに私の肩を叩《たた》いた。

（あ、母さんは、「もう、いいから。充分だからね。あなたも忙がしいんでしょ。これで、最後にしようね、さよなら！　私は父さんの所に行くから。元気でね、本当にありがとう」って言ってるんだ）

と、私にはわかった。やさしい母さんは、最後の瞬間を、私に見せたくなかったのかもしれない。毎日お見舞いに行っていたのに、二日行かなかった。そして、母さんの訃報《ふほう》が届いた。

八月十六日の夜だった。あと一時間ちょっとで、父さんと同じ月命日の十七日になる所だった。母さんの死顔は、それまでの、いつの時よりも、端正で、臈《ろう》たけて美しかった。しかも満足気だった。雅彦ちゃんが、「これは、もう会えた顔だなあ」と、私に呟《つぶや》いた。母さんも父さんも信じたように、二人は会えたのだ。本当に、（ああ、父さんに会ってるんだ）と信じない訳にはいかない、晴れ晴れとした顔だった。

父さんの没後、あらゆることに興味も意欲もなくした母さんが新しく買ったものはたった一つ、ドイツ製の大きな双眼鏡だけ。ベランダに面したリビングの片隅に三脚を立て、その上に双眼鏡を乗せて、二人の骨を撒《ま》くのはどのへんがいいかと、相模灘《さがみなだ》をしょっちゅう眺めていた。とりわけ、夕暮れの海を、あそこか、ここかと眺めるのが好きだった。私と雅彦ちゃんは、父さんと母さんのお骨を持って、船を出した。

私は、母さんの双眼鏡を手に取った。その双眼鏡を持って来たのは、海から母さんのマンションの窓を探して、母さんが見ていた辺りの海を正確に決めるためだった。船が停っていても波で船が揺れるので、双眼鏡の中の景色が揺れる。海から葉山の建物を探すのは、ずいぶん難かしかった。若い恵さんが、確信を持って、「あれがそうです」と白い建物を指した。一年前、母さんがちょっと体調を崩して入院してから、自宅に戻ってからも、ひとりきりにならないようにと、夜を一緒に過ごしてくれたフキコさんも、「あの屋根の形、窓、間違いないです」と言った。相沢さんも「間違いないですね」と言った。マンションの母さんの八階のベランダの窓が、どれか、という事も、はっきりわかって、私たちは船を停めてもらった。

雅彦ちゃんが「手、出して」というので、両手を出したら、片方の手のひらに母さん、もう片方に父さんを入れてきた。

「両方まぜて、海にまくんだよ」

父さんと母さんの真白な骨は、細かい貝のかけらのように、真暗な海の中に、キラキラ光って消えていった。たくさんの白い粒は、重なり、追いかけ、並んで、もみあいながら、いつの間にか静かに見えなくなる。突然、アフリカの砂漠で見た夜空を思い出した。暗い空いっぱいに、まるで撒いたみたいに数え切れない星が、またたいているのを見た事がある。父さんと母さんは、瞬間、そんな風だった。

そして、すべて終った。山崎さんと私は、黙って船べりに両腕をつき、海をのぞきこんでいた。

(母さん、父さんが死んでから二年間、まるで口ぐせのように言ってた、「私が死んだら、父さんの骨と一緒にして、細かく砕いて、あの相模灘に撒いてもらうの」って、これだったの?)

私たちは、色とりどりの花びらも沢山、海にまいた。花びらは水面に鮮やかに浮いている。大きな花びらも、小さい花びらの、ほんのかけらみたいのでも花は浮いている。それなのに、骨は、あんな小さな粒なのに、すべて海の中に沈んでいった。私は骨の重さに驚いた。山崎さんがポツリと、

「あっけないものですね」

と言った。本当に、あっけなかった。父さんと正式に一緒になるために、ほとんど

一生をかけた母さんが、また死んでから一緒になるために、最後の熱い想《おも》いをかけた事が、本当に、あっという間に終ってしまった。私の手のひらに、くっついて、少し残ってる父さんと母さん。私は最後のお別れを言った。

（さよなら、父さん、母さん、私はお二人が大好きでした。可愛《かわい》がって下さって、ありがとうございました）

少しの風に吹かれて、父さんと母さんは、私から離れていった。船の上のみんなは、それぞれの面持ちで、海をのぞきこんでいた。津川雅彦ちゃんが大きな声で言った。

「よかった！　貞子姉、喜んでるよ！」

真砂子さんもいた。母さんは弟の加東大介さんを、それは可愛がっていた。真砂子さんは口に出しては言わなかったけど、御主人が、きっと長いこと待っていたお姉さんが来てくれて、喜んでいるだろう、と思っているに違いなかった。雅彦ちゃんの娘の真由子ちゃんは、ずっと泣いていた。まだ二十歳の女の子に、身近な死は衝撃だったに違いない。

こうして、母さんが、二年間ひたすらに待ち望んだとおり、父さんと手を取りあうようにして、海に消えた。夜が来る前の、大きな太陽が落ちかかる海が大好きだと、母さんも父さんも言っていた。私たちは、そういう時間を見計らって、散骨を終えた。

もう、みんな黙って、船べりに立っていた。真赤な夕陽が、「もう終りましたか？じゃ、いいんですね、沈んでも」という風に、急にどんどん落ちて行った。母さんが、毎日、必ず見ていた赤い大きな太陽。太陽は、母さんというファンを失ってしまったのだ。

私は双眼鏡で母さんの家の窓を見た。母さんが死んでからは、なぜか涙が出なかった。焼き場にも行き、骨も撒いたのに、まだ実感がなかった。それなのに、双眼鏡で、誰もいない家の窓を見てたら涙が出た。母さんは、もういなくなったのだ、死んだのだ、と、その時、はっきりした。

母さんは戦前、治安維持法違反で逮捕され、仲間がどんどん転向していく中で、「どうして、みんなが平和で幸せに暮らそうと言ったらいけないんですか」と、頑張り続けた。そのため、一人だけ、二年近くも監獄から出られなかった。そんな激しい人だった。意志を貫く人だった。だからこそ、愛すべき相手をあんなにも愛し抜いて、八十七年の生涯を終えることができた。

母さんの双眼鏡は、形見として、私の家にある。

＊

ある時、兄ちゃんと私がマスコミで噂《うわさ》になった。

兄ちゃんと私は、テレビに出始めたのがほとんど同時ということもあって、仕事を一緒にする機会は誰よりも多かった。兄ちゃん、渥美清さんの最初のNHKの出演は、エノケンさんが中心の「お父さんの季節」というホームドラマの、私とお見合して結婚する役で、三年くらい夫婦をやった。調べてみると、一九五八年に始まっている。私はNHKの放送劇団に入ったばかりで素人《しろうと》みたいなものだったけど、兄ちゃんは浅草で、すでに座長だった。でも、兄ちゃんは、初めてNHKに来た時、靴を脱いで、スタジオに入った、というので有名になった。

その後も「若い季節」やバラエティ番組の「夢であいましょう」などで、コンビみたいになっていたから、「恋人か?」という噂が出た。噂は何回か出たが、おかしかったのは、週刊誌に写真が載るたびに、私はNHKの所属だから、普通の顔の写真が出るのに、兄ちゃんのは、「夢であいましょう」のときの扮装《ふんそう》の、タイコを担《かつ》いだ「チンドン屋さん」の写真だったことだ。なぜか、いつも、その写真が出るのだった。みんなで、「噂が出たのもおかしかったけど、いつもあの写真だったのは、おかしかったわね」と、ずっと笑い話になった。

兄ちゃんは、あの小さい目を、笑いでいっぱいにして言った。

「ねえ、お嬢さん、二人が結婚して、子供が生まれたと想像してごらんなさい。ねえ、顔が私似で、声としゃべりかたがお嬢さんじゃ、タレントにするしかないでしょう？」

それから何年もたって、寅さんで人気が出てから、子供が生まれた。上が男の子で、下が女の子。最初の男の子の時は、私が写真を見て、「『ブー・フー・ウー』（その頃NHKでやってた三匹の子豚が主役の人形劇。私はウーの声）のフーに似てて、父親似じゃないの！」と言ったら、「家に帰って改めて見てみたら、そっくりだったよ」なんてボヤいて見せたけど、二人目の時は、私たち親しい仲間にさえ、なかなか知らせなかった。

「なんとなく気恥ずかしくて、誰にも言わなかったんだよ」とは言っていたけど、兄ちゃんが、家族と、自分の仕事を、全く切り離したのは、その頃からだった。子供たちが小学校で「寅の子供！」と呼ばれる事を考えたら、それは、身ぶるいの出るほど恐ろしい事だったに違いない。子供たちには、自由に、のびのびと、ふつうの子供のように生活させたい。このための苦労が、どれほどだったか想像がつく。

そんな努力をしながらも、兄ちゃんは、時々、子供たちに、「父さんのせいで、イヤな思いをしてないかい？」と聞いてたという。子供が、「イヤな思いなんてしてないよ」と言うと、奥さんに「子供は、ああやって、子供なりに、親に、つらい思いをさせないようにしてるんだなあ」と言い、奥さんが「本当に、してませんよ」と言っても、「そうかねえ」と気にしてたという。本当に家族思いの兄ちゃんだった。

私は、寅さんのロケだの大船での撮影だので、家をあけることの多い兄ちゃんに、子供たちと、どうやってコミュニケーションとってるのか、聞いた事がある。返事は思ってもいないものだった。

「家に帰ったら、必ず玄関で、奥さんを抱くね。子供たちは、それを見ると、安心した顔になるからね」

(奥さんを玄関で抱く？　外国人みたい！)と思ったが、黙っていた。随分しばらくたってから、聞いた。

「いまでも抱いてる？」

「ああ、抱いてるよ」

「子供たち、どうしてる？」

「照れてるね」

亡くなる少し前にも、また聞いた。

「抱いてる？」

「うん」

「子供たちは？」

「もう大きいからね、ふん、という顔で、自分の部屋に入って行くね」

暖かい家庭が伝わって来るようだった。

そんな兄ちゃんと私とは、初対面の頃から、仲がすごくいい、というわけではなかった。私は、家が洗足池の近くで、小学校が自由ヶ丘、ミッション系の女学校に行って、音大を出て、という、どちらかというと山の手風の育ち方をしてたし、挨拶《あいさつ》も「ごきげんよう」だった。だから、「浅草なんかに行くと、さらわれちゃうのじゃないか……」という恐ろしい偏見の塊でもあった。学校を出てからも、NHKの劇団を出て、そのままテレビに出るようになった私は、兄ちゃんから見れば、苦労知らずの温室育ちそのものだっただろう。

兄ちゃんは兄ちゃんで、勝手知ったる浅草から、NHKにやって来て、気おくれや、肩肘《かたひじ》張って構えたところもあったと思う。兄ちゃんは、浅草のストリッパーの女性たちからも、「お兄さん」と呼ばれ、ひとつのものを、みんなで分け合って、食べるような生活をしてきた。胸を患《わずら》って病院に入ってた頃も、彼女たちがずいぶん慰めてくれたという。なぜか、兄ちゃんのベッドを囲むストリッパーの人たちの写真が、新聞

に出たこともあった。クリスマスに来てくれたのだった。後年、彼女たちについて、兄ちゃんは、

「おれたちは乱暴で無知だったけど、ある意味で、いい人だったんだろうと思うよ。だから向こうも、それを全身で感じ取ったんじゃないかね。向こうもさみしかったんだろうね。不思議なもんで、酒くらってヒロポン打って舞台出ては、人の頭をひっぱたいてた頃の方が、もてたねえ」

と言ったことがある。その「お兄さん」が浅草からNHKに来て、私と夫婦役をやることになったが、どうも私の事を最初は気に食わなかったようだった。

私も私で、今では、兄ちゃんはあの小さな目で、世の中と人生を誰よりも深く、しっかり見つめていたと知っているけど、当時は、目つきが悪い、と思ってた。何しろ、私が話しかけると、はすに構えて、眼《がん》づけするような鋭い目で、こちらを見るのだ。

私が「浅草から来た怖い人」と思ってたせいもあってか、後になって聞いたら、兄ちゃんの方も、私がツンツンしているみたいに見えてたようで、「どうも、この手の女は嫌いだな、『そこ、どいて!』みたいなこと言いそうだし」なんて思ってたらしい。私にそんな記憶はないけど、兄ちゃんの回想だと、「慶應《けいおう》ボーイみたいな坊やには、『お腹《なか》、すいた?』なんか、やさしい口調で言うんだよ。こっちには無愛想な声

出してんのにさ」ということになる。

ある時、私の何かの言葉が気に入らなかったらしくて、兄ちゃんが私に、「なんだよ、このアマ！」と強い口調で言った。私は、初めて聞いた言葉だったから、意地悪でも皮肉でもなく、ごく素直な気持で、「アマとおっしゃると？」と聞き返したものだから、火に油を注いだ形で、「ああ、ヤだヤだ、この手の女は本当にイヤだねえ！」と、兄ちゃんは言った。私は私で、内心、(『この手の女』って題で、小説を書こうかな)と思っていた。

これは、私の記憶にないことだけど、兄ちゃんが後になって言うには、本番直前にカメラのわきで、台本をひろげて、一生懸命に憶えていると、私がスーッと寄ってきて、「ちょっと見せて」と言うなり、兄ちゃんの台本を取って、私のセリフのところをめくって、ボソボソボソとセリフを確かめると、台本を閉じて、「はい」と返して、さっさとカメラの前に行っちゃう。兄ちゃんは「あーっ！」と思って、必死に自分のセリフのところを大急ぎで探すけど、もう見つからず、自分の出番になって仕方なく、セリフを確認しないまま出る、ということが、しばしばあった、と言う。

のちに、二人でこの話になると、兄ちゃんは、

「随分、横暴な人がいるんだなと思ったね」

ら」

「そんなこと、しません！　私は人に失礼なことしないように、生きてきたんですか
「いやあ、お嬢さんはいつも、そうでしたよ」

「私、テレビのごく初期は、夜遅くなると、『眠くなったから帰ります』とか言って、本当に帰ったりして、評判悪かったんです。でも、すぐに、『女優を続けるのに、このままではいけない』と反省して、心を入れ替えたんですから。人には失礼のないように、って」

「すると、お嬢さんはね、私を、なめていたんですよ」

　そう言って、笑ってた。

　もちろん、なめていたわけじゃないけど、その頃の私は、浅草時代の兄ちゃんが、どれだけ人気があり、どれだけお客さんを笑わせてきたかなんて、まるで知らなかった。誰かが兄ちゃんのところに遊びに来て、親しげに浅草の話をしていると、全然知らない世界だから、興味もあれば、羨《うらや》ましくもあるしで、こっそりダンボみたいに耳を大きくして、話を聞くようになった。

　後年、井上ひさしさんの芝居「珍訳聖書」を見たら、ストリップ劇場でコントを作る場面があった。兄ちゃんも浅草であういう風にやっていたのかなと思って、訊《たず》ねた

事がある。兄ちゃんは、

「ひどい奴《やつ》っていうか、よく言えば腕の立つ奴っていうのは、たった一人で何でもないことを四十分から五十分喋って、もたしちゃうんだよ。舞台の一番前に腰かけて、ボロボロの新聞だけ持って見ているおじさんに『どっから来たの？』っていうようなとこから、ワーッと持って行って、五十分もたしちゃう。そういうのが銭《ゼニ》を取れる、いい役者、達者な役者なんだと、みんなが信じていて、そうなろうと努めてた悲しさみたいなものがあったね。台本作者が書いたホンを理解する前に、まず、どう自分を出そうかって、みんな考えてたよ。一日三回、興行があって、正月は日に六、七回。初日から三日くらいはマトモにやるけど、そのうち、どんな役でも婆《ばば》アのカツラで出て行ったりする。それを、あいつはデタラメだなあって笑い転げるんだね、客は」

と説明してくれた。五十分も、もたしてた腕の立つ奴は、兄ちゃん自身の事に違いなかった。

　でもテレビに来たばかりの頃の兄ちゃんは、舞台とはまるで勝手が違って、苦労していたようだった。ある時は、スタジオで、兄ちゃんの声が一人だけ馬鹿《ばか》大きくて、音響の係の人に「マイク壊れちゃうから」と注意されて、「浅草じゃ、どれだけ声が通るかが勝負だったからね。大向うまで声を届かせるってことには、いちばん自信があったんだけど」と、私に、寂しそうに言った。そういうものなんだ、と、兄ちゃんの顔を見ながら、私は思った。確かに、兄ちゃんは、つやと張りのある、いい声をしていた。ある時は、「どっち向いてんだよ、いつもカメラの方ばかりに正面切ってさ」とディレクターに言われ、「客席に尻《しり》を向けるのは失礼だ、正面切って芝居しろ、と言われ続けて来たもんだからね。狼狽《ろうばい》しちゃうね」と首をすくめた。

少しだけ後になるけど、NHK初めてのカラーのバラエティ番組（森繁さんも、フランキー堺さんも越路吹雪《こしじふぶき》さんも出た、例の「パノラマ劇場」）で、一緒に踊っていて、兄ちゃんは振付がわからなくなると、西洋物でも現代物でも、タキシード姿でもかまわず、とにかく、「赤城の山も今宵限り」の国定忠治《くにさだちゅうじ》みたいな、手に刀を持つ形の、時代劇風の見得《みえ》を決めちゃう。あの鋭い、小さい目で、カメラに流し目をして、そのまま動かなくなる。音楽は続いている。隣で網タイツなんか履いて踊っている私は困ってしまった。兄ちゃんは、「舞台でああいう見得を切ると、ご祝儀《しゅうぎ》のおひねりや煙草《たばこ》が飛んできたもんだけどな」と小さい目を細めて笑っていた。この見得は得意らしくて、困ったことが起きると、しばしば、見得を切って、切り抜けた。そんな話を聞いたり、一緒に現場を切り抜けたりしているうちに、私たちは、だんだん仲良くなった。兄ちゃん、と呼ぶようになった。

あの頃、私が兄ちゃんに『星の王子さま』をあげたそうで、兄ちゃんによると、「あなたが、僕に読書を勧めてくれたんですよ。僕に、知的なカケラがあるとすれば、それは、あなたの影響ですよ。『ほら、こんなキレイな物語があるのよ。仕事場で、すぐ、〝この野郎！〟なんて言っていないで、読んでごらんなさいな』。あなたは、あの時、そう言ったよ」ということになる。

親しく口をきくようになってから、「靴を脱いでスタジオに入った」という話も確かめると、浅草では、土足で舞台に上がると、大道具の人に、装置を支える材木でむこうずねをかっぱらわれても、文句は言えないのだという。「この板のおかげでメシを食わせてもらってるのに、土足とは何事だ！」というわけだ。それだけ舞台は神聖なものなのだ。

兄ちゃんが、初めてテレビ・スタジオというものに入ろうとすると、床がピカピカに光ってて、ああ、これは舞台と同じ神聖な場所なんだと思い、浅草の舞台人のしきたり通りに、靴を脱いだのだった。共演の朝丘雪路さんが「いいんですよ、ここは靴のままで」と教えてくれたのだという。

「見るからに、オドオドしてたと思うねえ。周りを歩く、局の人がみんな西洋人に見えたなあ。ネクタイゆるめて、時計ぶらさげて、靴も光ってて、喋り方もこう、『あれ、いってるかい?』なんか言って軽やかでさ、『ドライ行ってみるか』なんて言ってて、こっちは、何の事だかわかんないし、予備知識なく出てきて、これは惨《みじ》めな思いをして敗退して帰るんじゃないかという気がしてたね。こっちは育ちが違うから、スタジオにしたって、あんなに輝いてる床に、土足であがっちゃいけないと思って、スリッパに履き替えようとしたわけですよ」(ドライとは、テレビの本番前、セットの中でやる、カメラを使わないリハーサルのことで、初めはドライリハーサルと言っていた。そのあとが、カメラリハーサルになる。)

でも、こんなふうに、テレビのスタジオの床を神聖なものだと考えてくれる人がいたなんて、昔はみんなで大笑いした話なんだけど、いま思うと、ちょっと涙ぐみそうになる、いい話じゃないだろうか。

私は、いつも「寅さん」を、兄ちゃんと一緒に街の映画館で見ていた。いつもお正月になると、兄ちゃんが「行くかい?」と電話をくれた。たいがい新宿の松竹で見た。モギリのお姉さんは私たち二人を見ると「ホホホ」と笑っていた。映画を見てると、私はもちろん笑うけど、兄ちゃんも、時々、笑う。試写で見てるはずだけど、一般の人の笑う所を知りたかったんだと思う。それに、兄ちゃんほど、映画や芝居をまめに見ている人を、ほかに知らない。

ある年の初め、一緒に「寅さん」を見た帰り、代官山でスタイリストの原由美子さんと、ばったり会った。彼女はイギリス仕込みのお父さまに育てられ、学校は白百合で、本当のお嬢さまで、それでいてプロ中のプロ、という素晴らしい女性だ。原さんは、「徹子の部屋」に出て頂いて、私と面識があるので挨拶したら、兄ちゃんが「よおーっ」と言って、親しく話し始めた。あとで、兄ちゃんに、「仲いいの？」と聞くと、「うん、家内と湘南《しょうなん》白百合で同級生なんだ」と言うので、私は絶句してしまった。結婚した時、「奥さんはどんな人？」と聞いたら、「僕と同じ顔！」と言っていた。それは冗談にしても、なんとなく、子供二人を上手に育ててる、兄ちゃんのお母さまとも暮す、兄ちゃんと同年輩の女性だろうな、と思っていた。それが、原さんの同級生ということは、兄ちゃんより二十歳近くも若くて、お嬢さまなのだ。どうやって知り合ったのだろう？　お嬢さんが嫌いなわけじゃないんだ！　兄ちゃんについて、私は、何も知らないんだわ、と思った。結婚式にも呼ばれたけど、奥さまは、つのかくしで、白い顔だったから、よくわからなかったんだ、と思い出した。

兄ちゃんが私のことをずっと「お嬢さん」と呼ぶので、私たちの俳句仲間の、小沢昭一さんや永六輔さんや、和田誠さんや山藤章二さんたちは、「いくつになっても、お嬢さんて呼んでもらえて、いいね」と言っていた。

ある時、俳句の会が終わって、みんなで、新宿の地下商店街をぞろぞろ歩いていた。その時、兄ちゃんは、私に、「なんか買ってやるよ」と言った。「本当にいいの?」と聞くと、兄ちゃんは、頼りになる寅さんみたいな感じで、鷹揚《おうよう》に、「ああ、何でもいいよ」と言った。私は、嬉《うれ》しくなって、後ろを歩いていた小沢昭一さんに振り向いて、「ねえねえ、また買ってくれるって」と報告した。ずっと前にも、兄ちゃんに「買ってやるよ」と言われて、青山通りで、宝石の絵が描かれたアメリカ製のブリキのお弁当箱を買ってもらったことがあったのだが、その時も小沢さんが一緒にいて、「いいねえ、今どき、こんなふうに『買ってやるよ』なんて言ってもらえるなんてさあ」と言うので、大笑いになったことがあったのだ。

ちょうど私たちが歩いていたのは、靴屋さんが何軒か並んでいるところだったので、私は「兄ちゃん、私、靴買ってほしい」と言って、二人で靴屋さんに入った。どうせ買ってもらうなら、うんと変わってる、ふだん自分では買わないようなのにしようと思って物色すると、すごく珍しい靴を発見した。黒のスウェードの靴だけど、ヒールが金色で、かなり高くて、前に結んである大きいリボンも金色だった。芝居で何かの役の時には、すごく効果が上がりそうな靴だった。

私が「これがいいと思う」と指さすと、兄ちゃんは「そうかい、サイズはいいのかい？」と言った。私は、店員さんに「この靴、見せて下さい」と言って、椅子に座って、靴に足を入れた。兄ちゃんも隣に座った。私が「兄ちゃん、これがいいんだけど、本当にいいの？」と聞くと、「ああ、いいよ、買ってやるよ」と言う。値札を見ると、一万五千円だった。

「わあー、高いんだ。一万五千円もするけどいいの？」ともう一度聞くと、「いいよ、いいよ。サイズはどうだい？」と言った。その時、男性の店員さんが下を向いて、クックックッ！と笑ってから、すぐ赤い顔になって、「すみません」と小声で言った。私も、おかしかった。店員さんにしてみれば、寅さんが私に靴を買ってくれているみたいで、映画のシーンのように見えたのに違いない。

靴を袋に入れてもらうと、兄ちゃんは、「それだけでいいのかい？」と言った。「うん、すごく嬉しい。兄ちゃん、ありがとう」と答えて、店を出た。俳句の仲間は、それぞれ、あっちこっちの店へ入って、時間をつぶしてくれていた。私が、こんな靴を買ってもらったと説明すると、みんな「よかったね！」と言ってくれた。小沢さんは、また、「いいねえ、いくつになっても、こんなふうに『買ってやるよ』なんて言ってもらえて」と言った。

私に「なんか買ってやるよ」と言ってくれる人は、もう、本当にいなくなってしまった。

最後の寅さん映画の一つ前、つまり四十七作目を撮っている時、私は兄ちゃんの寅さんの撮影風景を一度も見た事がない、と気がついた。山田洋次監督に御連絡したら、「ぜひ！」という事で、おだんご屋さんのシーンを撮ってる日に、私は大船撮影所に行った。

兄ちゃんは、褞袍《どてら》にタオルの鉢巻という、寅さんのままの恰好《かっこう》で待っててくれた。兄ちゃんは自分の出番がないと、すぐ、そばの暗がりで見ている私の所に来た。私たちはベンチに腰かけて、昔みたいにヒソヒソ話しては笑った。楽しい一日だった。

数日後、山田洋次監督から手紙が来た。

「ありがとうございました。渥美さんも、嬉しそうでしたね。若いスタッフは、渥美さんが芝居以外で笑ったのを、初めて見て、『渥美さんって笑うんですね』と驚いていました」

兄ちゃんの笑ったのを、初めて見た？　私は、びっくりした。一体、何が起っているんだろう。それでも、私は、兄ちゃんがそれほど、ひどい病気をかかえている、とは、最後まで知らなかった。兄ちゃんが、自分の病気のことを、すべての人に隠したのには、いろいろの理由があったろうけど、私には、かつて、兄ちゃんが話してくれたことで、理解の出来ることがある。浅草時代、劇場をゆるがすぐらい、ドッと笑わせていた兄ちゃんなのに、ある日を境に、お客さんが全く笑わなくなった、という。(同じことやってるのに、なぜ笑わないいんだ？)兄ちゃんは、すごく、あせった。でも、いくらやっても、うけない。そしたら、ひどい結核になっている事がわかった。二十五歳の時だった。私に、兄ちゃんは、言った。

「同じ事をやってるようでも、健康じゃないと、お客さまは敏感にそれがわかって、笑わないいんだ。これほど、悲惨なことはない、と思ったたねえ」

兄ちゃんは、二年間、埼玉の療養所に入院した。隣室の男の人は、兄ちゃん同様、栄養のあるものがあまり手に入らなかったが、ある時、やっとチーズを手に入れた。そのチーズを、サイコロよりももっともっと小さく切って、退院できる日までの数に切って、毎日、それを一つずつ、「これで栄養をつければ、元気になれる」と言って、大切に食べていき、結局、途中で死んでしまった。それ以来、何十年たっても、兄ちゃんは、チーズの大きいのを食べ残したりしている人がいると、自分の子供であれ、誰であれ、急に口惜《くや》しくなって、そんなこと言ったって、誰にもわからないのに、

「あいつは、あんなに大切に、チーズ食ってたんだぞ！」と叫びたくなる、と言っていた。

兄ちゃんは、退院後は体を大事にして、お酒も煙草もすっかり止《や》めてしまった。テレビの本番の後、よく私たちは、どこかの店に集まって、朝の四時とか五時まで、みんなで喋っていた。兄ちゃんも参加していたけど、どんなに面白い最中でも、ある時間が来ると、「じゃ、僕はこれで」と一人で帰ってしまう。兄ちゃんは根っからの都会っ子で個人主義者だから、私は（さすが、クールだなあ）と思っていたけど、あれは体をいたわっていた面が大きかったのだろう。

そう言えば、私の芝居を見に来てくれた時の感想が、いつも「お嬢さんは元気ですね、元気が一番！」と言っていた。また、「お嬢さんは、いつも元気ですねえ。無事是《これ》名馬、って言葉知ってますか？」と言って、無事是名馬の説明もしてくれた。実は、最後になった留守番電話に入っていたのも、

「お嬢さん、元気ですか？　僕はもうダメですけど、お嬢さんは元気でいて下さいね」

というメッセージだった。それを聞いても、私は、まだ、兄ちゃんがそんな深刻な事態になっているとは思っていなかった。いつものように、「また、そんな事、言っ

て……」くらいに思ってた。きっと、兄ちゃんは、何よりも元気が欲しかったのだろう、そう思うと、切ない。

私は、兄ちゃんが最後まで病気のことを秘密にし、ありったけの力を寅さんに注ぎ、ロケ先で、ファンの人たちが「寅ちゃーん！」と叫んでも、何も反応しないで車に乗りこんでいたのは、あの浅草の舞台での悲惨なことを、くり返したくなかったのだ、と思っている。もう、ほんの少しのエネルギーでも無駄にしたくなかった。映画の中で、寅が元気で、お客さんを笑わせれば、それでいい。兄ちゃん、うまくやったね。みんな、だまされてたよ。

大船撮影所へ撮影見学に行った日、お昼休みに、兄ちゃんは寅さんの格好のままで、私に、「そば、食うかい？　行こう」と、撮影所の隣の、おそば屋さんへ連れて行ってくれた。私は、ざるそばを食べた。兄ちゃんは、温かい、おうどんを食べてた。

私が食べていると、兄ちゃんは「うまいかい？」と聞いた。「うん」と私が答えると、「そうかい」と言った。そして、私のざるそばがなくなりそうになると、「それじゃ足りないだろう？　なんか、ほかのもの、天ぷらそばとか、どうだい？」と聞いてくれた。若い頃の兄ちゃんと同じだった。あとで考えたら、たぶん、兄ちゃんは食欲もなく、やっと食べていたのだろうな。

午後の撮影も、相変わらず、体が空くとすぐにまたヒソヒソ話をして、笑い合ってるうちに、終わった。私は自分の車を運転してきていたので、「送ってくわ」と言うと、兄ちゃんは「いいよ」と頭を振った。

「ちょっと、打合せがあるんだ」

「嘘《うそ》つき。こういう撮影の後に、打合せをするような人じゃないじゃないの」

「お願いだからさ。本当に、打合せがあるんだから」

「じゃあ、いいや」

と、私は一人で帰った。あの時、兄ちゃんは、一日の撮影が終わって、疲労困憊《こんぱい》して、帰る車の中で早く横になりたくて、もう、私としゃべるのも大変だったのに違いない。でも、私には気づかれないようにしてくれた。

最後に兄ちゃんと会ったのは、その少し後だった。

兄ちゃんは、仕事と家庭をはっきり分けていたから、私はご自宅の方には電話せず、兄ちゃんが独身時代に住んでいた代官山アパートの留守番電話に、「ご飯、食べない？」とかメッセージを残すのが常だった。すると、すぐに兄ちゃんが、私の留守電に返事をくれる、という風にしていた。ところがその時は、二ヶ月くらい返事がなかった。やっと返事があって、私たちは会った。会うなり、私は言った。

「なんで、すぐ返事くれなかったの？　秘密主義者！」

私は、兄ちゃんがよく、こっそり、外国旅行に一人で行ってた昔から、あとから聞いては「秘密主義者！」と言ったりしていた。その時もそう言ったら、兄ちゃんは、「いや、いろいろね」とか言い訳した。以前なら、こういう時、兄ちゃんはアフリカとかハイチとかへ行ってたものだけど、さすがにもう、そこまで遠くには行かないかなと思って、

「ねえ、温泉かどっかに行ってたんでしょう。女かなんかつれて。絶対そうでしょう？」

と言うと、突然、兄ちゃんは笑い出した。本当に涙が出るほど、笑っていた。そして、「お嬢さん、あなたは本当に、馬鹿ですね。温泉なんか行ってませんよ！」と言って、涙を拭《ふ》いた。私は、（これはたぶん、当たってるんだ）と思って、「外国へは行ってないと思うから、温泉よね！　女つれて行ったのね？」と、さらに追及した。兄ちゃんは、かぶっていた帽子を脱いで、ハンカチで涙だけじゃなく、頭も拭いた。頭から湯気が出るくらい、笑っていた。

その時は、なんで、こんなに兄ちゃんが笑うのか、わからなかった。私たちはあの

晩、昔のように、あっちに飛んだり、こっちに飛んだり、いろんな話をして笑った。あとで、なんで兄ちゃんが、あんなに笑ったのか、訳がわかった。

その頃、兄ちゃんは、家ではほとんど寝たきりのような状態で、いつも家族が見るのは、壁の方を向いて寝ている兄ちゃんの背中だけだった。外に出るのは、病院へ治療に行く時だけ。そんな兄ちゃんに、私は全く気がつかず、「女つれて温泉に行ってたんでしょう」なんて呑気《のんき》なことを言ったので、本当に兄ちゃんは、「なんにも病気のこと、気がついてないんだ」と思い、おかしくなったらしい。

撮影所に行った時といい、この時といい、周りすべてがピリピリしているのに、私だけが病人扱いしない、いつもの私だったのが、兄ちゃんの死んだ後で奥さまに聞くと、「きっと涙が出るくらい、嬉しい瞬間だったのでしょう」ということだった。「もう、その頃は家で笑って話すこともありませんでした。そんなに笑わせて下さって、ありがとうございました」とも言って頂いた。私は、自分の、何も疑わない性格を、いつも(イヤになる)と思っていたけど、あの時の兄ちゃんの、笑いながら涙を拭いている姿を思い出すと、(まあ、いいか)と自分を慰めることができる。

こんなに長いつきあいの私が、全く病気のことに気がついていなかったのを、たぶん、兄ちゃんは、(うまくだませてる)と嬉しかったこともあっただろう。それに、

（いつでも呑気で、面白い人だな）と、私の事がおかしかったのだろう。つらいガンの治療の合間の、ほんの隙間《すきま》のような時に、誰が、「女つれて、温泉へ行ってたんでしょう！」とせめたりするだろう。

あれが、兄ちゃんと会った最後だった。「お嬢さん、あなたは本当に、馬鹿ですね」。こんなふうに、兄ちゃんは本当に最後まで、私の兄ちゃんだった。

私は四十年間、外国へ行った時、必ず、二枚の絵葉書は出した。ユニセフの仕事で、環境の厳しい国へ行っても、絵葉書を手に入れて、どんなに苦労してでも、二枚だけは出した。その宛先《あてさき》は、母さんと、兄ちゃんだった。あの年の秋、仕事でニューヨークに行き、絵葉書屋さんの前で私は立ち止った。思わず、二枚買おうとしたのだ。唇をかんだまま、しばらく動けなかった。

初詣《はつもう》で

いつの頃からか、私は、初詣でに行くようになっていた。

もう、五十年も前だけど、土曜夜十時から放送してた「夢であいましょう」、通称「夢あい」というNHKのバラエティ番組があって、いまだに日本のテレビ史上、最高にスマートなショーだったとされている。「上を向いて歩こう」「遠くへ行きたい」「こんにちは赤ちゃん」「おさななじみ」といった、永六輔さんと中村八大さんのコンビのヒット曲も、この番組から生まれた。アラン・ドロンさんが来日して、ディレクターの末盛憲彦《すえもりのりひこ》さんが熱心に交渉し、永さんがフランス語も入れて書いたスケッチ（当時はコントとは言わなかった）を、いくつもアラン・ドロンさんと演じた事もある。また、ドロンさんは、ラシーヌの詩を暗誦《あんしょう》して、うっとりさせてもくれた。

生放送の後、ドロンさんのために、簡単なねぎらいのパーティがあって、その夜の最後は、私が彼をタクシーでホテルの正面まで送って行って、そこで別れたのだけど、私たちは週刊誌に尾行されていて、記事では、なぜか、その夜、アラン・ドロンさんと浅丘ルリ子さんがタクシーで一緒にホテルに消えた、と書かれるという不思議なおまけがついた。みんなで憤慨したり、浅丘さんに気の毒がったりした。

それはともかく、私の初詣では、一緒に「夢あい」に出ていたみんなで行ったのが最初だった。末盛憲彦さん、永六輔さん、中村八大さん、渥美清さん、坂本九さん、E・H・エリックさん……。

「おれたちは水商売なんだから、お稲荷《いなり》さんだよ」という事になり、NHKからそんなに離れていない、赤坂の豊川稲荷と決まったのが、最初の年だった。私は、キリスト教の家に育ったので、家族と初詣でに行くという習慣がなかったから、たのしみだった。

大晦日《おおみそか》の夜中に豊川稲荷へ行くと、赤い提灯《ちょうちん》が並び、大勢、人がいて、賑《にぎ》やかで、わくわくした。永さんが、お寺の生まれだから詳しくて、「少し御賽銭《さいせん》を多くしてお願いすると、一人一人の名前を入れた紙を、偉い方が、おがんで下さる」と言うので、我々にとって初めての年だったし、私たちは奮発する事にした。その頃の奮発というと、二千円くらいだった。本当は、「千円でいいんじゃないか」と誰かが言ったけど、「前に、前田武彦さんが二千円出して、お願いしたら、その年からすごく仕事が繁盛《はんじょう》したそうだ」と永さんが言ったので、それじゃ、二千円にしよう、と私たちは決めた。NHKに出ていたので、名前は有名になっていたけど、みんな、まだ収入が少なくて、二千円でも、度胸がいった。でも、一応、その頃の前田武彦さんの活躍は本当だったので、大枚二千円を、一人ずつ出し合うことにした。

御賽銭箱に入れる人は外に並ぶけど、お願いをする人は住所と名前を書いて、建物へ入れて頂ける。外がかなり寒かったので、建物の中は外より暖かく、ほっと出来た。二階が待合室になっているので、二階に上がろうとした時、渥美さんが私に、「待合室に入る時、障子を開けると、お座敷に、待ってる人たちが座ってらっしゃるから、丁寧に膝《ひざ》をついて、『どちら様も、あけましておめでとうございます！』と大きな声で言うんだよ」

と言った。まだ世間慣れしてない私に色んなことを教えてくれた兄ちゃんの言うことなので（私は、その頃から渥美さんの事を「兄ちゃん」と呼んでいた）、「うん、わかった」と答えて、大きな障子の前に正座した。

「兄ちゃん、開けたら言うのよね」

と小声で聞くと、

「そうだよ。礼儀正しく、大きな声でね」

と兄ちゃんが頷《うなず》くので、パラシュートスカートかなんかを履いてた私は、きちんと、スカートを広げ、障子を開けた。

中は随分大きなお座敷で、あっちこっちに火鉢があり、何組かの人が、その火鉢を囲み、並んだ机の上にはお茶が置いてあった。私は大きい声で「どちら様も、あけましておめでとうございます」と言った。そうすると当然、中のみんなも返事をしてくれるものと思っていたのに、シーンとして、みんなが、びっくりしたように、私を見た。私は、どうしていいかわからず、一瞬キョトンとしたけど、声が小さかったのかと思い、もう一度、もっと大きな声で、「どちら様も、あけましておめでとうございます！」と言った。すると、後ろから兄ちゃんが、「いやーみなさんすいません！お騒がせして」とか言って、笑いながら私に「冗談だよ」と言った。中の人たちは、少し反応して、また、それぞれ、火鉢の方に顔を向けた。「ひどい！　だましたんだ！」と私が言うと、永さんが「おめでたいことには、かわりないんだから、いいんだよ、これで」と言った。私たちも、空いている火鉢のまわりを囲んだ。まだ、兄ちゃんが寅さんになるずっと前だった。九ちゃんの「上を向いて歩こう」も、まだ大ヒットする前だった。エリックさんの「ヘンな外人」も、まだ一般的になっていなかった。兄ちゃんは、私をだまして楽しそうだった。

それから名前が呼ばれるまで、私たちは火鉢を囲んで、おしゃべりをした。三十分くらいして名前が呼ばれ、私たちはゾロゾロと本堂のような所へ行った。護摩《ごま》というのか、お線香の煙のようなものが、たなびいていた。とにかく生まれて初めて見る光景で、私は興奮した。袈裟《けさ》をお召しになった方の後ろに、黒い僧服の方が十人くらい、ずらりと並んでいて、みんな屏風《びょうぶ》状になってるお経のようなものを両手に持って、手風琴（アコーディオンみたいな楽器）のように、パラパラパラパラ、右から左、左から右へと手品師のように、ゆらして動かしていた。その後ろに、私たちは横一列に並んだ。あまり、パラパラが見事なので、私が拍手をしようとすると、永さんが「ダメ！」と、すばやく言った。さすがに永さんは、きちんと知っている。私は、あわてて拍手しようとした手を止めた。

後ろをふりむくと、ずっと後ろの方で、御賽銭箱にお金を入れてる人たちの姿が見えた。（ふむ。私たちはおがんで頂けるんだから、特等席なんだ）と、嬉《うれ》しかった。そのうち、ふと気がつくと、袈裟をお召しになった方が、大声で、「永六輔、渋谷区並木町……」と住所をおっしゃってる。私は、これにもびっくりした。お祈りの中に住所が出て来るとは思わなかった。私はその頃、世田谷区の上馬《かみうま》に住んでいたので、「黒柳徹子、世田谷区上馬町〇丁目〇番地」だった。なるほど、お稲荷様に私の住所を報告して、おまもり下さい、と、おっしゃってるのだろうと思った。兄ちゃんの名前の渥美清は芸名なので、本名の「田所康雄」と呼ばれて、おかしかったけど、エリックさんも、「E・H・エリック」と外国人の名前が重々しく読み上げられると、なんかその場に合ってなくって、笑っちゃいそうだった。でもその時、永さんが六輔で、中村八大さんが八で、坂本九ちゃんが九という、名前の中に数字の入っている人が三人もいて、面白いと思ったけど、これが、すぐ後に「六八九トリオ」と呼ばれて、名曲を沢山作っていったかと思うと、不思議な結びつきを感じる。

初めてのお稲荷さん詣では大成功で、私たちは、浮き浮きと帰宅した。それから何年か、毎年、私たちは初詣でを一緒にした。みんな健康だったし、仕事もいろいろ大変な事はあっても順調だったし、悩みがあっても、笑いあえば、少しは忘れられる程度の悩みだった。

考えてみると、十五、六歳の頃、土曜日にお友達の家へ遊びに行った帰り、池上線の長原駅の前で、手相を見てくれた人は不思議だった。机に向ってる白い着物姿のお兄さんのような、おじさんのような人の前に「手相見ます」と書いてあったので、「へえー、手相って面白いのかな」と呟《つぶや》くと、「手相、見ませんか?」と、いま思うと三十歳前くらいの、易者の人に誘われ、私の持ってるお小遣いくらいで大丈夫と言われて、見てもらった。この事は、前にもどこかに詳しく書いたと思うけど、ピラピラの着物で、とにかく寒そうにしていて、当時の日本人には多かったけど、栄養が足りていなさそうな、白い顔の、その人に言われるまま、私は手を出した。出した手を見たら、自分でも、ひどいと思うほど汚い手だったので、「ごめんなさい、汚くて」と謝ると、その人は少し笑って、「大丈夫ですよ」と言った。私は何でもすぐ触るので、母に「手は洗うのよ」と、よく言われていたけど、あれは正しかったんだ、と恥ずかしくなった。私は、小さい時から、汚い手をしているので有名だったのだけど、女学生になっても、同じだった。

もう片っぽの手には、母が「ララ物資」という、戦後、アメリカから困っている日本の人たちに、と大量に送られて来た衣類などの配給の中から、目ざとく見つけて、私にくれたウサギのぬいぐるみを持っていた。戦争中、私の父が満洲国へ、ラストエンペラー溥儀《ふぎ》に呼ばれてヴァイオリンを弾きに行った時、私へのお土産に、大きなクマのぬいぐるみを持って帰ってきてくれた。私はそれを可愛《かわい》がっていたのだけど、青森へ疎開《そかい》する時、荷物の制限があって、母に止められて、泣く泣く、家に置いていった。父のいつも座っていたアームチェアに座らせておいた。東京の空襲で家が焼けたと聞いた時、私が真っ先に思ったのが、クマのぬいぐるみも焼けたんだ、ということだった。だから、母も、私にクマの替りになるぬいぐるみを、と、ずっと心に留めてくれていたのだと思う。

薄黒く汚い手で、ぬいぐるみを持っている、そんな女の子の手相を、天眼鏡でしばらく見てから、その男の人は言った。

「結婚は遅いです。とても遅いです」

私は、隣にいたお友達と顔を見合せて、笑った。結婚なんて、確かに、まだ遠い先のことだ。易者さんは、真面目《まじめ》な顔で続けた。

「お金には困りません。そして、お名前は津々浦々に伝わります。とにかく、そういう手相です」

そして、最後にこう言った。

「ぜひ、お稲荷さんにお参りなさい」

「お稲荷さん？」

思わず聞き返すと、

「キツネをおまつりしてあるんです」

私は、また噴き出しそうになった。私は、クリスチャンの家庭に生まれ、幼児洗礼を受け、幼稚園の頃から日曜学校へ通い、聖歌隊に入ったり、オルガンを弾いたりしてきたし、その頃はミッションスクールの女学校に通っていた。

（お稲荷さんだなんて、この人は、なんて、おかしなことを言うんだろう）

家へ帰って、晩御飯の仕度をしていた母に、易者さんの言葉を伝えると、

「何か悪いことして新聞に名前が載るようなこと、しないでね。名前が津々浦々に伝わるなんて！」

と心配した。でも、偶然その後、私は、テレビという、上手じゃなくても、評価されなくても、とにかく名前だけは津々浦々に伝わる仕事をするようになった。「有名になります」と、その易者の人は言わなかった。でも、「伝わる」とだけ言ったのだった。たしかに電波は、どこまでも行くのだから。

それも不思議だけど、（なんで、お稲荷さんなんて言うんだろう？）と笑ってた私が、いつのまにか、お稲荷さんに初詣でに行くようになったのも、不思議な事だった。ある日、何となくそう考えていて、その時に初めて、あの寒そうにしていた易者さんの言う事は、全部、当たっていた、と気がついた。そして、当たっていましたよ、と教えてあげたい、と思った。

仕事がみんな忙しくなり、初詣でを一緒にしなくなってから、八三年に、ディレク

ターの末盛憲彦さんが、まだ五十歳ちょっとで、いちばん先にいなくなった。「夢であいましょう」の後も、「ステージ101」や「ビッグショー」「テレビファソラシド」などを情熱をもって作り続けた。「夢あい」は生放送で、当時の事だから、NHKもビデオがなかったし、アーカイブのように、何かで取っておくという事もなかった。急死した末盛さんの机やロッカーから出てきた、画質の悪いキネコというので数本だけ残っていたのが、今でも見ることのできる「夢あい」だ。これは、末盛さんが残すべくして残したものではなく、私たちの反省会用に残していたものが、たまたま残っていたものだ。だから、「夢あい」を好きだった人が、時折NHKで流されるビデオを見て、「もっと面白かったのに！」と言うことがあるのは、当然なのだ。でも、残っている中でも、私と兄ちゃんがやったデパートの案内人のスケッチや、兄ちゃんが犬を連れた西郷隆盛で、現代の私が薩摩《さつま》へ電話を掛けるというスケッチなどでは、当時の面白さが分って頂けると思う。そして、坂本九ちゃんがこの番組で「上を向いて歩こう」を歌っている映像も幸い、残された。

末盛さんに続いて、その九ちゃんが、一九八五年八月十二日、御巣鷹山《おすたかやま》で突然、いなくなってしまった。そして、九二年には、世界中に日本の音楽を流行《はや》らせた中村八大さんが亡《な》くなった。

初詣でを一緒にしなくなっても、兄ちゃんとは、お正月に必ず、寅さんを一緒に見ていた。「お嬢さん、映画どうです?」と、電話があって、一緒に見た。もう試写で見てるんだろうけど、私が、どこで笑うか、とか、他のお客さんの反応も知りたかったのか、毎年のように誘ってくれて、私は笑いながら見た。九六年、その大好きな兄ちゃんもいなくなった。そして、エリックさんも、二〇〇〇年に、ふと、逝《い》ってしまった。〇二年には、時たま、永さんと一緒に初詣でに来ていた奥さま、昌子さんも亡くなった。つい先日、永さんが私に、「もう誰もいないよ。友達でいてね」と言ったので、「友達じゃない、いつでも」といったけど、本当に、みんな、いなくなってしまった。

それにしても、私の誕生日は八月九日なのに、八月は私にとって、たまらない月になってしまった。長くマネージャーをやって下さった吉田名保美さんが八月三日、兄ちゃんが四日、私の大好きな画家、いわさきちひろさんが八日、末盛さんが十日、九ちゃんが十二日、母さんの沢村貞子さんが十六日。なんと、私の母も、沢村さんが亡くなった十年後の八月十六日に死んだ。エリックさんが十八日、向田さんが二十二日、「ザ・ベストテン」のディレクターでプロデューサーの山田修爾さんが二十八日。まだ、他にもいらっしゃる。なんて、月だろう! そして九日は長崎の原爆の日。終戦以来、私はお誕生パーティをしたことはない。長崎のために祈る日になった。そんな訳で、私の誕生日は、悲しい日に囲まれている。私がまだ何も知らなかった頃、無邪気だった頃の、八月九日は、きらきらとかがやいて、まぶしいだけの日だったのに。

九ちゃんが亡くなって少したった頃、私は、一人で豊川稲荷に初詣でに行った。その少し前の年の大晦日、夜中に豊川稲荷のそばを車で通りすぎたことがあり、（あ！　初詣で）と思って、車を停めて、車の運転席から初詣でのつもりをしたことがあった。赤い提灯が、ずらりと並び、昔より明るくなっていた。そこで、今年は一人で行ってみよう！　と決めて、夜中に、列に並んだ。

昔、みんなと行ってた頃より、やはり提灯の数は増えていて、お店も色々と出て、にぎやかだったけど、当然ながら、すき間風が吹くように寂しく悲しかった。若い人たちは、昔の私たちがそうだったように、楽しそうに、友達たちと、しゃべりながら並んでいた。自分の番が来て、御賽銭を入れ、ふと建物の中を見ると、昔、私たちがやって頂いたように、名前や住所を書いて、お祈りしてもらってる人の姿が見えた。私は、懐《なつ》かしく思いながら階段を降り、おみくじでも買おうかな、と、売店（？）を覗《のぞ》いていた。その時、ひそやかな声が聞こえた。「黒柳さん！」。

振り向くと、列の中に、坂本九ちゃんの奥さんの柏木由紀子さんと、二人のお嬢さん、花子ちゃんと舞子ちゃんが肩を寄せ合うようにして並んでいた。九ちゃんのお葬式以来だった。お葬式の時、小学生だった二人のお嬢さんは、随分、大きくなってい た。あの時、上のお嬢さんの花子ちゃんは十二歳で、一生懸命、来てくれた方たちにお辞儀をしていた。八歳の舞子ちゃんも、大きいハンカチを持って、お姉さんのするのを見ては、同じように、小さい頭を下げていた。芝の増上寺での本葬で、二人で、九ちゃんの「見上げてごらん夜の星を」を、ピアノで連弾した。すすり泣きが、あの大きな本堂を、いっぱいにした。中村八大さんが、もう悲しいのを堪《こら》えきれないという、打ちひしがれた様子でいたので、私はお葬式の間じゅう、八ちゃんの手を握っていた。あの日の朝、出かける前に、九ちゃんは庭でお嬢さんたちと遊んでいて、ふと、空を見上げて、「なんだか、いやだなあ」と言ったという。仕事ではなく、九ちゃんのマネージャーをしてた人が選挙に出るとかで、応援のためかなんかの大阪行きだった。柏木さんは、「よしたら」と言いたかったけど、いつものように黙っていた。でも、仕事じゃないんだから、もし、もっと強く止めておけば、行かなかったかもしれない。柏木さんはどれだけ、繰り返し思っただろう。考えただけでも、痛ましかった。お葬式以来の再会に、私たちは、あまりの嬉しさに抱きあって、「なんて偶然！」

と、人ごみの中で、涙を流し、喜んだ。それ以来、大晦日近くなると、柏木さんから電話があって、「今年もいらっしゃいます？　御一緒していいですか！」ということで、虎屋のあたりで待ち合わせて、一緒に、初詣でに行くようになった。そして、お参りのあとは、夜中の十二時から開く虎屋の喫茶店に行って、お汁粉を食べるのが、年越しの新しい習慣になった。ちなみに九ちゃんと私は、姉弟《きょうだい》のように仲が良く、唯《ただ》一人、私を「テッコちゃん！」と呼んでくれていたのが九ちゃんだった。私は、小さい時も、大人になってからも、テッコちゃんと呼ばれたことがなく、こんなかわいい呼び方があったなんて、嬉しかった。あの「上を向いて歩こう」の大ヒットの時も、「見上げてごらん夜の星を」の時も、たいがい一緒に出てた番組で、九ちゃんの歌を聞いていた。だから九ちゃんが、急に亡くなった時、色んな相談ごとを、柏木さんが私にして下さったのは、九ちゃんが、「テッコちゃんに聞いてごらん？」と言ってるんじゃないか、と思うような感じだった。

相談と言えば、ある年の初詣でのとき、例によって柏木さんと虎屋の店の前で待ち合わせしていた。彼女は、自分の車を運転して来てたんだけど、私を見ると車を停めて、車の中から、大きい箱のようなものを、ひきずり出した。それは、白木の箱の中にお稲荷さんの神殿のようなものが出来てるもので、階段もあり、狐《きつね》も二匹いて、飾りものや扉のようなものもある、横が四十五センチ、縦が三十五センチくらいの、舞台装置の模型のようなものだった。

「これ、だいぶ経《た》つので、持ってきたんですけど、豊川稲荷で、お祓《はら》いして焼いたりして頂けるでしょうか?」

私は初めて見るものだったけど、破魔矢にしても買った次の年に持って行くと、ちゃんとお祓いして処分して下さるから、「大丈夫じゃないの?」と言って、豊川稲荷の方へ、道路を渡って歩き出した。

柏木さんは、とても華奢《きゃしゃ》なので、箱を抱えてると、随分、大きいものを持っているように見えて、大丈夫かと思ったけど、案外、しっかりと抱えて、歩いていた。その年は、あんまり列が長くなかったので、そんなに待たないで、境内に入れた。「あの、これ、あそこの社務所みたいな所に持っていって聞いてみます」と柏木さんは言うと箱を抱えて、カタカタと走って行った。私は、「番、とっとくからね」と言って、列の中に並んでいた。しばらくすると、またカタカタと柏木さんが戻ってきて、驚いたことに、まだ箱を抱えている。

「どうしたの?」

「あの、これ、処分するのに五千円て言われたんですけど……」

私は少し考えて、五千円が高いか安いかはわかんなかったけど、「でも、また、それを持って家に帰るのはどう思う?」と言った。彼女は考えて、「そうですよね。じゃ、お願いして来ます」と、また箱を抱えてカタカタと走って行った。堅実な奥さん! 九ちゃんは、ちゃんとしてる人を奥さんにしたのね。私は空を見て、九ちゃんに話しかけた。ふつう、芸能人なら、あんな大きなものを処分してもらうのに、五千円でやってもらえるなら、きっと、さっさとやってもらうだろうに。それから、だいぶたって、彼女が戻ってきた。また箱を持ってきたら、どうしようと思ったけど、もう持ってなかった。

「大丈夫?」と聞くと、「ええ、お願いしました」と、大きな目で私を見ながら、少しニッコリとした。「よかったわね。また、あれ持って、お汁粉行くんじゃ大変だものね」と言うと、おかしそうに笑った。

毎年、初詣でに一緒に行っていると、花子ちゃんが、結婚したいという男性と一緒に来たり、柏木さんが、私に見せたいと小さい犬を連れてきたり、舞子ちゃんが宝塚やめました、と報告してくれたりする。犬は、電話で柏木さんと話してる時、電話の向こうで、ワンワンというので、「犬?」と聞いたら、「そうです。可愛いんです」と言うから、「あら、見たいわね」と私が言ったので、わざわざ連れて来てくれたのだった。

そうこうして、数年前の初詣での時だった。お参りが終わって、お汁粉を食べてる時、私が、「明日からハワイに行こうと思っているの」と言うと、柏木さんは、「私、前は、九ちゃんとも娘たちとも一緒に行って、ハワイはすごく好きだったんですけど、このあいだ母が亡くなって、母ともよく行ってたので、悲しくて、ハワイ、もう行けなくなりました」と言った。「ごめんなさいね。悲しがらせて」と私が言うと、「いいえ、そんなこと」と頭を振って、いつものように大きな目で私を見て、ニッコリした。

それから三日くらい経って、私は、ハワイでセールをやってる小さい店を覗いていた。マッチや、マッチの奥さんや、森光子さんも一緒だった。この店は、有名なブランドものが並んでる、いわゆるショッピングモールの中じゃなくて、小さい店が何軒か並んでいる、あまりパッとしない一角だった。でも、時間もあったので、私たちはブラブラ歩いていた。靴屋さんなども見た後、私たちは、そのセールをやっている安いお洋服やスカーフなどのお店の中へ入ったのだった。あれこれ見ながら、奥の方まで行って、「これ買う?」「そうねえ」とか言ってる時、突然、「黒柳さん!」という声が聞こえた。

振り向くと、なんと柏木さんが目を丸くして立っていた。あんまりびっくりして、私たちは、「あらー」と言って顔を見合わせ、その後、抱きあった。

「あなた、悲しいからハワイ行かないっていってたじゃない？」と私が言うと、柏木さんは「ええ。でも、考えたら、いつまでも、そうやってるのも、よくない、と思って、すぐ手配して。やっと飛行機のチケットとって、母と泊まったホテルも予約できたので、一人で来ました。でも、ここでお逢《あ》いできるなんて！　しかも、このお店の前、初めて通ったんです。そしたら、中から黒柳さんの声が聞こえたんで……」

マッチが、「ほら。黒柳さんの声は、どこにいても聞こえるんだよ」と言ったので、みんなで笑った。それにしても、この偶然は、一体、どういう事だろう。柏木さんは、初詣での時には、来るつもりが全くなかったのに！　その時、ふと私は感じた。やっぱり、九ちゃんが上から見ていて、まるでマリオネットでもやるように、柏木さんと私を近づけてるんじゃないの？　柏木さんが寂しくないように。そうでもなかったら、絶対、私たちが逢うはずは、ないもの。結局、柏木さんはハワイにいる間じゅう、私たちと行動を共にする事になって、一緒にお食事をしたり、誰かの家に、およばれをしたりした。

今でも、あのハワイの偶然は、すごかったわね！　と、時々、話に出る。そして初詣でには、毎年、柏木さんと一緒に行っている。来年の初詣では、私も毎年買っちゃう、破魔矢とか、稲穂に絵馬がついてるのとか、何年分もたまってるのを持っていって、お祓いして、処分して頂かなくちゃ。そう思って、家にあるぶんを集めてきて、じっと、かつては御利益《ごりやく》があったはずのものを眺めていたら、寅さんに扮《ふん》した兄ちゃんの、あの張りのある声が聞こえてくるような気がした。

「どちら様も、あけましておめでとうございます!」

泰明ちゃんが教えてくれた

『窓ぎわのトットちゃん』を書いた時、ずいぶん沢山のかたが書評を書いて下さった。その中で、一番うれしかったのは、児童文学の大先生の藤田圭雄《たまお》先生の書評だった。それは、こういうものだった。

「私は仕事柄、朝から晩まで、子どもの作文を読んでいる。そして、黒柳さんの『窓ぎわのトットちゃん』を読んで驚いた。それは、彼女の文章が、子どもの作文と、全くかわらない、ということだった。私は、大人で、子どもと同じ作文を書ける人に、初めて会った」

その時、私は四十歳を過ぎていたけど、（ああ、そういう風に読んで頂けたの、うれしいな）と思った。すごくほめて頂けたようにも思った。わざと子どもっぽくとか、子どもの気持ちになって、という風な気持は、私の中に全くなかったからだ。ただ、楽しかったトモエ学園という小学校の思い出や、子どもというものを完璧《かんぺき》に理解し、いつも、「君は本当はいい子なんだよ」と、私に言い続けて下さった小林宗作校長先生の思い出を書きたい、と思っただけだった。

その書評が出て、すぐに、私の小学二年生の時の作文が、空襲で焼けなかった友達の家の物置きから偶然、出て来た。それを読んで、私は大笑いをしてしまった。なんてことだろう！　藤田先生のおっしゃった通り、小学二年生の私の作文と『窓ぎわのトットちゃん』の文章とは、ほとんどかわっていなかった。それは、運動会の日のことを書いた作文だった。他の子は、ほんの数行で、運動会について、きちんと書き、「おわり」にしているのに、私は、朝から、母が、どんなにおいしいお弁当を作ったか、とか、少し食べさせてもらった、とか、運動会でお昼に、パパは生徒じゃないのに、お弁当の前に、みんなが歌う「よく嚙《か》めよ」という、トモエでいちばん有名な歌を知っていて、一緒に大きい声で歌ったので、おどろいた、とか書いてあった。「よく嚙めよ、たべものを、嚙めよ、嚙めよ、嚙めよ、嚙めよ、たべものを！」という歌詞だった。実は、これはスコットランドの「ロー、ロー、ロー、ユア・ボート」の替え歌だったので、父は知っていたのだった。

そして、ふだん、私は、人の言う事をちゃんと聞いてないのに、なぜか、校長先生の閉会の言葉は聞いていて、「今日は、子どもたちは疲れていますから、明日は、ゆっくり休ませてやって下さい」とおっしゃった、とも書いてあった。校長先生の発言に注目してたことには、自分でも感心した。しかも、作文は、それでも終わってなくて、私が、運動会のどこかで、ソックスをなくしたので、母が買いに行っている間、自由ヶ丘駅のそばで、父と盆栽を見ながら待っていた、とか(父はヴァイオリニストだったけど、園芸も上手で、東洋蘭《らん》やバラ、特に盆栽を家で沢山やっていたので、そこで一緒に見ていたに違いない)。それから、渋谷の東横デパートに行って、食堂に並んだ。でも、長い列で、どうやら売り切れになったらしく、食べられないで、おもちゃ売り場で、おままごとの道具を買ってもらって、家に帰って遊びました。おわり。と、一人だけ長篇だった。

私は、特に作文が好きな子だったとも思わないのに、いま読んでも、結構面白い運動会の一日。ただし、運動会で何があったかは、全く書いてない。「お弁当の、ママが作ったおいなりさんを、いくつもたべました。どうしてかというと、おいしかったからです」なんて、食べものについては、朝からと、お弁当と、東横と、三回も出てくるところを見ると、よっぽど、食べものに関心があったらしいことがわかる。そして、東横の食堂で並んでたのに売り切れになったのは、戦争でそろそろ食糧難が近づいて来ていることが、わかるような感じがあった。でもそれは、父が短気なので、長時間、並ぶのをやめたのかもしれなかった。

たぶん私は、色んなことを観察するのが好きな子どもだったのだろう、と思う。『窓ぎわのトットちゃん』は、日記も何もなく、私の思い出だけで書いたものだけど、多分、小学校二、三年の子どもでも、面白い事、忘れられない事があれば、やがて一冊の本が書けるのだ、とわかった。トモエ学園に通う前の普通の小学校を、一年生のわずか数ヶ月で退学になるくらいの、大人から見ると、困った子でも、このくらいの感受性や、判断力があるのだ、という事が、私には、わかったのだ。

私に、本を読む事を教えてくれたのは、小学校で親友だった泰明《やすあき》ちゃんだった。泰明ちゃんは、小児マヒ（ポリオ）で、足が不自由で、足の裏じゃなくて、足の甲を床について歩いていたし、左手も、長い指と指とが、くっついて、曲がったみたいになっていた。教室で初めて会った時、

「どうして、そんな風に歩くの？」

と言った私に、

「僕、小児麻痺《まひ》なんだ」

と静かに答えた声と、（よく分らないけど、病気なんだ）と心配になった私が、「なおらないの？」と聞いた時、黙ったまま、ちょっと笑った顔は、今でも思い出せる。

やさしくて、利口な子だった。お休み時間も、お弁当の時も、帰りも自由ヶ丘の駅までは、ずっと一緒だった。泰明ちゃんは田園調布だったので、自由ヶ丘の駅からは別々だった。

毎日毎日、いろんな、お喋《しゃべ》りをした。お互いに、観察したことや、想像したことを話しては、笑い合った。今でも、泰明ちゃんの膝《ひざ》にあった、かさぶたの形まで覚えている。でも、もっと、覚えていることがある。

春休みの終りに、泰明ちゃんが死んだ時、私は、休みの前に借りたままで、返していない本があった。泰明ちゃんは、裸足《はだし》で飛び跳ねて、遊んでばかりいた私に、本を読む事を教えてくれた。泰明ちゃんは、家の本棚に沢山の本を持っていて、机に向かって、静かに本を読むのが好きだった。自分が読んで、面白いと思った本を次々に貸してくれた。曲がった指で、大切そうに、自分の好きな本を渡してくれた手の形を、私は今も忘れていない。だから、泰明ちゃんが死んだ時も、本が私の手元にあった。それは、『アンクル・トムの小屋』だった。黒人奴隷《どれい》の苦しさを、早くに知ったのも、泰明ちゃんのおかげだった。

泰明ちゃんのお葬式は、こんなに悲しいのに、あかるく晴れた日だった。教会の中で、オルガンが低く讃美歌《さんびか》を奏《かな》で、泰明ちゃんは、花に囲まれて、お棺にねむっていた。いつものように、やさしくて、利口そうな顔だった。私は膝をついて、泰明ちゃんの手のところに、花を置いた。泰明ちゃんの手は、私の汚れた小さい手と違って、真っ白くて、指が長くて、大人っぽかった。そして泰明ちゃんに、

「ごめんなさいね、本、返してなくて。私、預かっとくから、今度会う時まで。また会えるんでしょう?」

と伝えた事は、『窓ぎわのトットちゃん』にも書いたけど、何十年もたって、オバマ大統領が当選した時、真っ先に思い浮かべたのは、あの本と泰明ちゃんの事だった。そして私に、まだ戦争前に、「アメリカにはテレビジョンっていうものがあるんだよ」と教えてくれたのも泰明ちゃんだった。二人で、必死に頑張って登った、木の上での会話だった。

私の「初恋」が相撲のせいで、ダメになった話は、これまでにも何度か書いた。小学三年生の時、私が、自分の鉛筆は歯で齧《かじ》って芯《しん》を出したりしてたのに、好きだった、たいちゃんの鉛筆は肥後守《ひごのかみ》(折り畳み式の小さなナイフ)で、きれいに削って、きちんと筆箱に並べてあげたりしてた。たいちゃんは、クラスでいちばん頭がよくて、フラスコをぶくぶくいわせたり、独学で英語を勉強したりしていた。たいちゃんも私の気持は分っていたと思う。それなのに、ある日のお昼休みに、学校の裏をブラブラ歩い

ていた私の前に、両足を広げて立つと、

「大きくなって、君がどんなに頼んでも、お嫁さんにはしてあげないからね！」

と言った。どうして、そんなに怒っているのか、分らなかった私は、同級生に聞くと、午前中のお相撲の時間がいけなかったのよ、あれは怒るわよ、と言われた。私がたいちゃんを、土俵のかなり外まで、投げ飛ばして勝ってしまったので、たいちゃんは深く傷ついたらしかった。どうして、私は、勝っちゃったのだろう。心の底から、後悔した。そして本当に、たいちゃんは、お嫁さんにしてくれなかった。たいちゃんはその後、日本を代表する物理学者になった。

　私は、きっとお相撲が好きで、相手が好きな男の子であろうと、勝ちたかったのだ。そのお相撲を、国技館まで行かなくても、家でも見られるようになる、と、泰明ちゃんは教えてくれたのだ。

「アメリカには、テレビジョンという四角い箱みたいなものがあって、それが日本に来たら、家にいてもお相撲が見られるんだって！」

　泰明ちゃんの家には、あの時代に、アメリカと行き来している家族がいたらしい。そして、ポリオだった泰明ちゃんは、家にいて国技館のお相撲が見られるという事が、ものすごく嬉《うれ》しそうだった。私は、泰明ちゃんの喜びを理解するより、（一体どうやって、お相撲さんが家に来て、箱の中へ入るんだろう?)と、不思議がってただけだった。まだ、日本人でテレビを知っている人は稀《まれ》だった。泰明ちゃんは、日本へテレビがやってきて、相撲中継が始まる何年も前に、死んだ。

泰明ちゃんは、読書とテレビという、私の人生にとって、とても大切な事を教えてくれた人だった。


藤田圭雄先生のおっしゃった、小学生と同じ作文を、大人になっても書ける事を、喜ぶべきか、それとも、小学生から成長していないような作文しか書けない、と悲しむべきなのか、私は、多少、混乱はしている。でも、百歳になったとき、私が、どんな文章を書くのだろうか、と考えると、これは、それなりの楽しみで、そのために、元気で長生きしましょう、と、毎日、ウォーキングやスクワットや、自分のことは自分でやる、といった、色んな脳を使うようなことを心がけている。

ちなみに、アフリカで最も多く使われているスワヒリ語で、子どものことを「トット」という。ユニセフ(国連児童基金)の親善大使になって、初めてアフリカのタンザニアに行ったとき、そのことを知った。小さい時の呼び名がトットちゃんだった私は、やっぱり、世界の子どものために、働くように、小さい時から約束されていたのか、と、うれしくなった。こんな偶然があるのか！と思って。

二十年くらい前に死んだ父は、すっかり大人になった私を、死ぬまで「トット助！」と呼んでいた。両親は、私が生まれてくる前、みんなが「きっと、男の子よ！」と言うので、「徹《とおる》」という名前を用意していた。ところが女の子だったので、母が「どうする？」というと、父は「徹子でいいだろう」と言った。母は「もっと女の子らしい名前がいいと私は思ったけど、パパが徹が好きだって言うから」と、若かった両親はくじけず、徹子と名づけた。「徹子ちゃん、徹子ちゃん」と呼ばれてた私は、「ちゃん」までが名前と信じて、けれどテツコとは発音できず、「お名前は？」と聞かれると、「トットちゃん」と言っていた。そして父は、なぜか分らないけど、いつでも、いつまでも、私をトット助と呼んだ。

私が小さい頃も、そうだったし、私が女学生の頃、父がシベリア抑留からようやく帰国できた時も、品川駅で駆け寄った私の顔を見るなり、「ただいま、トット助」と言った。大人になってからも、たまに実家へ帰った私に、「トット助！　バラの花についた象虫を取るの、手伝って！」みたいに言っていた。

父が呼び続けてくれていなかったら、私は、もしかすると、小さい頃、トットちゃんと呼ばれていた事を忘れてたかも知れなかった。スワヒリ語で、子どものことを

「トット」という、と父に、もし伝えたら、なんと言っただろう。泰明ちゃんにも教えてあげたかった……と、こんな風に書いてると、また、きっと小学生の作文のようになるに違いないので、このへんでやめておこう……。

「そのままが、いいんです！」

『窓ぎわのトットちゃん』の書評がたくさん出た中で、唯一《ゆいいつ》、不思議な書評を書いた人がいた。ある日、NHKの廊下で、文学座にいた宮口精二さんとばったり会った。宮口さんは、映画「七人の侍」で、痩身《そうしん》の寡黙《かもく》な剣豪を演じた方。もちろん私より、はるかに先輩で、とても、うまい俳優だった。長いこと、森光子さんの「放浪記」にも出てらした。

その宮口さんが、廊下で「あ、黒柳君！」と私を呼び止めて、

「『窓ぎわのトットちゃん』の感想文を書いてって頼まれて、『暮しの手帖《てちょう》』に書いたんだけど、気にしないでね」

と言った。どうやら宮口さんは、悪口（？）を書いたことを、いきなり私が眼にするより先に、ご自分の口から、やんわり伝えておきたい、といった感じだった。それまで『窓ぎわのトットちゃん』を悪く書かれたのを読んだことがなかったので、私は

かえって興味をひかれて、さっそく雑誌を買ってみた。

すると、そこには、私がずっと昔に、文学座へ入れなかった理由が書かれていた。

私は、(そうだったんだ!)と、本当にびっくりして、笑い出しそうになった。

でも、こんな話をしても、すぐに理解して、「へえ、そんなことが!」と笑ってくれる人も少なくなった。私が文学座に入ろうとした(入ろうとして、入れなかった)話をするには、まずNHKに入るところから、話を始めたほうがいいと思う。

＊

これは、それこそ〈テレビ何十周年〉みたいな番組などで、何度か喋《しゃべ》ってきたことだけど、私がテレビの世界へ入ったのは、絵本を上手に読めるお母さんになろうとして、NHKの放送劇団に入ったのが、きっかけだった。

私は女学校を出た後、音楽学校へ行って声楽を学びはしたものの、卒業後の就職の事は、あまり真剣に考えていなかったように思う。父は「女の子はお花でも習って、早くお嫁に行くのがいい」と思っていたらしい。気がつくと、周りの同級生たちは、いろんな就職口を見つけていた。私は、オペラの歌手になろうと思って音楽学校へ入ったのだけど、ただでさえ、オペラ歌手なんて、なかなか仕事の口があるわけではない上に、私のコロラチューラ・ソプラノ（ソプラノの中でも高音）というのはそもそも役柄が少ない。代表的な役は、モーツァルトのオペラ「魔笛」の中の〈夜の女王〉。でも卒業した先輩たちもまだ上につかえていたし、第一、才能もあやしくて、どうやら歌手にはなれそうになかった。

その少し前に、銀座で、人形劇の「雪の女王」を見て感激した事があった。影絵で有名な藤城清治さんの劇団で、音楽が芥川也寸志さん、コーラスにプロになる直前のダーク・ダックスがいた。原作はアンデルセンで、ディズニー映画「アナと雪の女王」の元になった物語。私は、生まれて初めて見た人形劇というものに、周りの大勢の子供たち同様、心を奪われた。興味津々《しんしん》になった私が、椅子《いす》から身を乗り出して、ステージの下まで覗《のぞ》くと、両手に人形をはめたお姉さんたちが、汗びっしょりになって、子供の声を出しながら、一瞬も休まず、右に左に駆けめぐり、飛び跳ねていた。

帰り道、その頃の若い女性の常識として、私はまず、

（そのうち結婚すれば、子供が生まれるわ。お掃除、お洗濯、お裁縫、お料理をするのは、お母さんとして当然だけど）

と考えた。（私が自分の子供たちに、あんな人形劇をやってあげられたら、そんなお母さんはあまりいないから、「うちのお母さんはすごい！」って、子供たちが人喜

びするし、私を尊敬するに違いない！）

でも、さっきのお姉さんの奮闘ぶりを思い返して、すぐ考えを改めた。

（まあ、人形劇をやるのは、私には難しいかもね。じゃあ、せめて子供が寝つくまで、上手に絵本や童話を読んでやれるお母さんになるのはどうかしら？　それでも子供たちは、きっと喜んでくれるわ）

私は母に、「絵本を上手に読めるように教えてくれるとこを探すの、どうすればいい？」と聞いた。母は、こともなげに答えた。

「新聞に出てるんじゃないの？」

私は新聞を拡《ひろ》げた。そのまん中に、ＮＨＫが「テレビジョンの放送を始めるにあたって、専属の俳優を募集します。プロの俳優である必要はありません。一年間、最高の先生をつけて養成し、採用者はＮＨＫの専属にします。採用は若干名」という求人広告を出しているのを見つけた。ＮＨＫが最高の先生をつけてくれるなら、絵本の朗読がうまくなるかもしれない。うまくいけば、ひょっとして人形劇だって、できるようになるかもしれない。そうしたら、私は、子供たちから尊敬される、いいお母さんになれる！　いま思うと、「新聞に出てるんじゃないの？」という少々、大ざっぱな母の言葉がなかったら、現在の私はない。なんという偶然だろう。ＮＨＫは、その日一日しか、募集の広告は出さなかったそうだから。

そうして受けたＮＨＫは、六千人以上（私の受験番号は五六五五番だった）の応募者がいて、綺麗《きれい》な人も、演劇の訓練を積んだ人もいたのに、私みたいな演技の素人《しろうと》が、なぜか、合格者十六人の一人に入ることができた。

筆記試験は二十五問中、五問しかできなかったし、パントマイムもできなかった。それで合格できたのは自分でも不思議だったが、少しは、（これでも私、見る人が見たら、どこかに見どころがあったのね）と思っていたら、後で、養成所の責任者の大岡龍男先生から、

「あなたが受かったのは、あまりにも何もできなかったからですよ。試験の点数は、とても悪かったんです。でも、テレビジョンという新しい世界の俳優には、あなたみたいな何もできない、何も知らない、言い換えると、無色透明な人が向いているかもしれない。一人くらい、そういう合格者がいてもいいだろうとなって、あなたは受かったんです」

と説明された。二十歳過ぎて、〈無色透明〉と言われてもなあと、いくら尊敬する大岡先生の言葉でも、あまり嬉《うれ》しくはなかったけど、とにかく、私はそうやってＮＨＫに入り、一年間の養成期間を経て、ＮＨＫの専属俳優となって、〈テレビ女優〉第

一号と呼ばれることになった（私たちはNHK東京放送劇団の五期生だが、テレビのための俳優としては一期生になる）。

ところが、無色透明を買われて合格した筈《はず》なのに、現場で仕事をするようになると、すぐに「目立つ」「普通じゃない」という理由で、仕事を降ろされてばかりになった。私は、無色透明どころか、個性が強すぎる、というのだ。

NHK東京放送劇団の先輩たちが得意だったことの一つに、ラジオドラマの「ガヤガヤ」というのがあった。最近、バラエティ番組でひな壇に並ぶ芸人さんたちを「ガヤ」と呼んでるみたいだけど、ラジオのガヤガヤというのは、その他大勢の声、群衆の声のことだった。例えば捕物帳で、銭形平次が下手人を捕まえる時、後ろで「御用だ！」「神妙にしろ！」と口々に言って、大勢で取り囲んでいる雰囲気を出すのが、ガヤガヤの仕事だった。ガヤガヤのセリフが、あらかじめ台本に書かれているケースは少なくて、その情景に合ったセリフを自分で考え出すのが、ガヤガヤの重要な仕事だった。

まだ養成所にいた私たちも、ラジオのガヤガヤをやることになった。最初の仕事は、終戦後に引き揚げて来た人のドラマだった。主役の男女が道端で話していたら、そばにいた人が急に倒れる。「バタン！」と効果音があった後、みんなで「どうしたんですか？」「心配ねえ」「見たことある人ですか？」「救急車呼びましょうか？」なんて口々に言って、町なかで人が急に倒れた感じを出さなくてはいけない。

私たちはマイクの周りに立って、口々にセリフを言い始めた。いま思えば、みんな、ヒソヒソ声だった。私も雰囲気を出そうと、死にそうになっている人が、まさに目の前にいると思って、大きな声で、さも心配そうに、「大丈夫ですか？　どうしたんですか？」と、真に迫った声で言った。すると、演出家がスタジオのガラス窓の向こうから、「ちょっと、そこのパラシュートスカートのお嬢さん、一人だけ目立つと困るんだよね」と言った。

まさか目立っているとは思っていないから、私はびっくりした。でも、その日、パラシュートスカートを履いているのは私だけだった。

「ちょっと後ろに下がって」

言われるまま、五メートルくらい後ろに下がると、一緒に初仕事をしている同期生の背中しか見えなくなって、私は心細くなった。みんなと声を揃《そろ》えて、ガヤガヤをやるんだ、そして、そこには倒れている人がいるんだ、と、私はもっと大きい声を出した。

「どうしたんですかあ！」

今度は、演出家も大きな声になった。

「もっと下がって！」

「どーしたあんですかあーっ！」

「ずーっと、後ろに下がって！」

みんなと同じようなヒソヒソ声でやろうとしているのに、なぜか、私にはできなかった。とうとう、私はスタジオのドアのところからやることになった。ドアのところからでも、（みんなの背中で見えないけど、あそこに死にそうな人がいるんだ）と思って、泣きそうな大声を出していたら、演出家は、すまなそうな顔になって、「お嬢さん、今日は帰っていいや。伝票はつけとくから」と言った。「ガヤガヤはね、目立つとダメなんだよ。聞いてる人が、あとで出てくる特別の役だと思うからね。あまり印象に残らないような、もっと普通の声じゃないと。君の声は個性的だからねえ、向いてないんだなあ」とも言った。

伝票というのは、私たちが仕事をすると、何時から何時まで、何々スタジオで、コレコレという番組に出演した、と演出家が書き込んで、ＮＨＫの庶務に提出する伝票のことだった。その時給が五十六円だったとは、前に書いた。庶務が、今月は総計何時間と計算して、局員の人たちと同じ毎月二十五日に、私たちの月給が支払われるのだった。その演出家は、親切心から、ものにならない私のガヤガヤでも、「伝票はつけとくから」と言ってくれたのだ。私はスタジオを出て、せめて、みんなと一緒に帰ろうと、録音が終わるまで廊下のベンチに座って待った。

そのうちに、どの番組へ行っても、どの演出家でも、私の顔を見るなり、「あ、お嬢さん、来ちゃったの。いいよ、いいよ、やらなくて。伝票はつけとくから」と言われるようになった。

テレビの初出演も、途中で降ろされた。笠置《かさぎ》シヅ子さんが「買物ブギ」を歌ってる後ろを通り過ぎる街の娘、という通行人役だった。私なりに工夫して、「あの人、魚屋さんの前でブギを歌ってるわ」と、笠置さんを面白そうに観察したら、「そんなことはしなくていいから」と言われて、笠置さんを無視して早く歩き過ぎたり、遅くなりすぎたりしているうちに、「君は忍者か！　もう、帰っていいから！」と降ろされてしまった。笠置さんは当時、ブギで絶頂の大歌手なのに、嫌な顔ひとつせず、ナマ放送のリハーサルのために、何度も歌い直して、私に「たいへんでんなあ！」とおっしゃって下さった。申し訳なかった。

それからもずっと、「ヘンな声だ」とか、「喋り方を明日までに直せ！」とか、「みんなと同じにできませんか?」などと、先輩にも言われ続けた。

私は、別にテレビに出ようと頑張ってきたわけでもないし、女優の素質があるとも思っていなかったので、特に落ち込むことはなかった。ただ、演出家から「その個性は引っこめられないの？　もう帰っていいや」と言われてベンチに座っているのに、通りがかった友達や養成所の先生から「あら、今日はこれから何の番組？」と聞かれるのが、少し困ったくらいだった。そんな風に私が平気だったのは、「私は絵本を上手に読みたくてＮＨＫに入っただけだから」という思いがまだあったからだと思う。それと、仲間は、学校の演劇部とかで芝居をやったりしてたんだから。私は、学芸会にも全く出たことがなかったので、当然、と思っていた。でも、もし二年も三年も降ろされてばかりいたら、嫌気がさして、この仕事を辞めていたかもしれない。「個性がじゃま！」「個性を引っこめてくれませんか」と言われても、なにが自分の個性かもわからないのだから、引っこめようがなかった。

ところが、私の個性は強すぎる、私の声や喋り方が変わってる、というのでずっと降ろされていたのに、翌年から、日本は「個性化時代」ということになって、新聞にも大きく「個性化時代！」と出るようになった。途端に、「これからは個性を大切にしよう」と言われ始め、私みたいなのでも、いいことになったようだった。ＮＨＫでも、「あの子は個性があるから、何とかなるだろう」と思われて、仕事が廻ってくるようになった。

それを象徴するような出来事で、私にとって、とても大切な事が、こんな形で起きた。

養成が終わった一九五四年、「ヤン坊ニン坊トン坊」というラジオドラマのために、大がかりなオーディションがあった。これは、中国の皇帝に献上された三匹の白い高貴な猿の子供たちが、両親がいる故郷のインドを目指す冒険物語だ。それまでのラジオドラマでは、子役は子供がやっていた。でも、脚本の飯沢匡《ただす》先生が、脚本を本当に理解して演じるのには大人の方がいいし、ナマ放送で歌も歌わなくちゃいけないし、それにスタジオで子供たちが宿題をやらされたりするのは気の毒だから、「大人の女性で子供の声を出せる人がいる筈だ」と主張した。いままでは、映画の吹き替えでも、男の子の役を大人の女性がやるのは当り前になっているけど、これは日本で初めての実験だった。こうしてNHK始まって以来の大オーディションが開かれた。顔が見えるといけないというので、審査員の方々と私たちの間に大きい屏風《びょうぶ》のようなものが置かれた。私は真っ先にトン坊役に合格した。音楽学校で学んだおかげで、オーディションで楽譜を渡されると、すぐに歌わされても全然大丈夫だったから、それもよかった。

「ヤン坊ニン坊トン坊」は、絵本や童話を自分の子供に上手に読んでやるお母さんになる予定でNHKへ入った私にとって、願ったり叶《かな》ったりの番組だった。けれど、最初に思った以上の大きなものを、私にくれることになった。

ラジオでもテレビでも、降ろされてばかりだった私は、オーディションに合格しても、後で降ろされたらどうしよう、と心配だった。そこで、審査員の一人の飯沢先生に紹介された時、ご挨拶《あいさつ》もそこそこに、

「私、日本語も喋り方も歌い方もヘンだとみんなに言われています。個性も引っこめます。勉強して、ちゃんとやりますから」

と言った。

すると飯沢先生は笑いながら、私に向かって、こう言って下さったのだ。こんな言葉は、NHKの誰一人、それまで言ってくれたことがなかった。

「直しちゃいけません。あなたの喋り方がいいんですから。どこもヘンじゃ、ありません。そのままで、いて下さい。それが、あなたの個性で、それを僕たちは必要としているんですからね。心配しなくても大丈夫。いいですね？　直すんじゃ、ありませんよ。あなたの、そのままが、いいんです！」

世の中に私の個性を必要としてくれる人がいるんだ！　私は、たまらなく嬉しくなった。

私は普通の小学校を、「チンドン屋さんを教室に呼び込んだり（正確には一階にあった教室の窓際《まどぎわ》までだけど）、窓の庇《ひさし》に巣を作ったツバメと大声で話そうとしたり、とにかく落ち着きがなくて、ずっと動いてるか、しゃべっているかで、ほかの生徒さんの迷惑になるんです！」と言われ、一年生で退学になっていた。そんな私に、両親が「二度と娘が追い出されない学校を」と懸命に探して、転入させたトモエ学園の小林宗作校長先生が繰り返し、言ってくれた、

「君は、本当は、いい子なんだよ！」

という言葉。そして、オーディションの時の飯沢先生が仰《おっしゃ》った、

「直すんじゃ、ありませんよ。あなたの、そのままが、いいんです！」

という言葉。この二つの言葉が、どれだけ私の人生の救いになり、支えてきてくれたか、わからない（小林先生が「君はいい子なんだよ！」ではなくて、「本当は」と付け加えている事に、私はしばらく、気がついていなかった）。

私はその後、何度も何度も、飯沢先生の言葉を思い出した。いくら呑気者《のんきもの》で元気な私でも、「邪魔」とか「帰っていいや」とかばかり言われ続けていたら、まともなこ

とを、何ひとつできない大人になっていたかもしれなかった。

NHKは、「これまで子供が子役を演じてきたのに、大人が子供の声を出してるとわかると、聞いている人をだますことになります。ヤン坊、ニン坊、トン坊の声をやる三人は、テレビに出始めていて、名前も顔も知られているので、大人だとわかってしまいます。当分の間、三人の名前は伏せることにします」と決めた。

放送が始まると、この三匹の子猿の冒険物語はたちまち人気になったけど、番組の最後に配役を読み上げる時は、「ただいまの出演、ヤン坊……。ニン坊……。トン坊……」と短い沈黙が流れ、その後、「カラスのトマトさん、新村礼子。学者猿、芥川比呂志。オセンチ猿、益田喜頓《キートン》。蛇、北林谷栄。ドロ亀《がめ》、大森義夫。語り手は、長岡輝子。以上のみなさんでした」なんていう具合だった。

それでも、番組の人気はどんどん上がっていって、マスコミは「誰がやってるんだろう?」と騒ぐし、問合せもたくさんあったので、放送開始から一年過ぎたあたりで、NHKが発表した。

ヤン坊、ニン坊は、オーディションで文学座の宮内順子さんと西仲間幸子さんにそれぞれ決まってたけど、宮内さんは旅公演で、西仲間さんは赤ちゃんができて、最初の何回かで、降りることになってしまった。そこで、ヤン坊は里見京子さん、ニン坊は横山道代さんになり、二人は放送劇団で私と同期で、つまり、三人とも、ＮＨＫが「テレビのために養成した第一期生」の女優だった。

ＮＨＫは、どうせ発表するなら、マスコミに大きく取り上げてもらいたいと思ったみたいで、私たちは「ＮＨＫ三人娘」とかいって、売り出されることになった。知名度も急に上がって、仕事も増えた。ほんの少し前まで、「お嬢さん、帰っていいや」と言われていたのが、嘘《うそ》のようだった。

とはいえ、私の職業意識が、突然、向上するわけではなかった。結婚願望があるわけではなかったが、相変わらず、結婚してお母さんになるんだから、という思いは、ずっと持っていたから、仕事が遅くなると、「もう夜更《よふ》けだから失礼します。ごきげんよう」と言って、局の人を唖然《あぜん》とさせたりしていた。

「プロの俳優が、『夜更けだから失礼します』って何ですか！　どこへ行くっていうんですか？」

「眠いので、うちへ帰って寝ます」

それで本当に帰っちゃったから、呆《あき》れられもしただろう。せっかく、ＮＨＫが「テレビ女優第一号」として売り出そうとしても、本人はまだそんなものだった。

ついでに、その頃、私がした三度のお見合いについても、ちょっとだけ、書いておこう。

私の両親は恋愛結婚で、仲が良かったから、娘のお見合いについては懐疑的だった。私は、結婚というのは人生で一番くらいに大事な事と思っていたが、積極的に「結婚したい！」という気持は、まだなかった。ただ、お見合いという方法自体は、悪くない、と考えていた。というのも、私は、自分の判断力とか眼力とかいうものを、あまり信用していなかったからだ。お見合いなら、両親にも判断してもらえるから、安心だ。

そんなわけで、年頃の娘がいるというので持ち込まれたお見合いの話を、受けてみることにした。話があったお相手の三人共、職業がお医者さんだったのは、私の父方の祖父と、母方の祖父が、どちらも医者だった事が関係あるのかもしれない。

最初は歯医者さんだった。私よりお喋りで、それも、あまり胸を打つ話をしてくれる訳でもなく、ただ、ものすごく長く喋る男の人だった。家で待っていた父は、私と母がなかなか帰って来ないので、（これは話が弾んでるな、うまく行くのかな）と思っていたそうで、二人が長い話に聞き疲れて、「疲労困憊《こんぱい》！」という感じで帰ってきたのを見て、驚いていた。母は、「徹子さんより喋るんですもの、ダメよ！」と言った。二番目にお見合いした方は、お医者さんの卵で、すごくハンサムだったけど、やはり話が面白くなくて、私は（どうも盛り上がりに欠けるわね）と思った。一緒にいた母も勧めないので、この話も何となく立ち消えになった。

三番目は、脳外科医で、手術がうまいと評判の人らしかった。お見合いのいい所は、上等のところでお食事ができることだとわかったのは、大収穫だった。この時は、赤坂にある料亭の「辻留《つじとめ》」へ呼ばれたので、その店名だけは知っていた私は、（わ、辻留よ！）と喜んで、両親と出かけて行った。このお相手のご両親は感じのいい人たちで、一目で、私は好きになった。初めて食べる「辻留」のお料理も、おいしく、美しく、感動的だった。お相手は、物静かだけど、活力の感じられる青年で、本当のことを言うと、お父さまの方が私のタイプだったけど、それでも（この人とならうまく行きそうかも……）と思えなくもなかった。

では、またお会いしましょう、となって、大磯のお宅へも伺うようになった。お見合いしたのはご長男で、下に三人も弟さんがいて、男ばかりの中に入って遊ぶのは、「お兄さんが欲しい！」と思ってきた私には、夢のようだった。男の子ばかりの食卓は、賑《にぎ》やかだし、お給仕をなさるお母さまも、いきいきとしていた。お母さまは、

「女の子が欲しいと思ってたの」と言って、銀座のデパートへ連れて行って下さっては、セーターやオルゴールや、お化粧品など、いろいろ買って下さるので、まだ、結婚しようか迷っていた私は、ちょっと困った。お相手の脳外科医の方とも、テレビの仕事の合間を縫って、映画を見たり、食事に出かけたりした。お母さまは、私の母に、「お嬢さまをぜひ……」と熱心に頼んで下さった。

私は考えた。「ヤン坊ニン坊トン坊」の大ヒットで、ちょっと名前は知られるようになったけど、本当に、これから先もずっと、女優として、やっていけるの？　個性の時代が来たと言うけど、また、私なんか「帰っていいや」と言われる時代が来るかもしれない。仕事場で、ちやほやされるのは、やっぱり、個性的というよりは、おとなしいタイプの女性だった。私はそんなに綺麗でもないし、女優になるための勉強や修行をしてきたわけでもない。素質があるかどうかも、わからない。そもそも、仕事と結婚を較《くら》べたら、結婚の方が大事だ。そこで私は、母に、「あの人と結婚するわ！」と言った。

母は、

「結婚したら、あそこのお家《うち》がお金持といっても、オーバーなんかは、そう自由には作って頂く、ってこともできないと思うから、作ってあげるわ」

と言った。私は大喜びして、母と自由ヶ丘の洋服屋さんに出かけ、ピンクのオーバーにグレーの毛皮の衿《えり》がついているのや、ブルーの品のいいの、グリーンとブラックのチェックの流行《はやり》っぽいものと、オーバーを三枚も作ってくれたのだ。

「三枚も、いいの？」

「三枚でも、まあ、一生分ってわけにはいかないけど、お祝い！」

ところが、私はこの結婚を取りやめたのだ。結納《ゆいのう》はしていなかったけど、あちらのお母さまからは、たくさんの贈り物をして頂いて、もう、それが結納替わりね、と言ったりしていた時期だった。そこまで話が進んでいた。それなのに、ふと、「自分の結婚式の帰り道で、出会いがしらみたいに、『あ、この人がいい！』みたいな男性に出会っちゃったらどうしよう？」と疑問を持ったのがキッカケで、私は考え込んでしまったのだ。

（もちろん、お見合いで結婚しても、徐々に恋愛みたいになることはあるんだろうけど……）なんて、悩み始めたら、止《と》まるところがなかった。

そんなある日、「ヤン坊ニン坊トン坊」の作曲家、服部正先生とＮＨＫの前の喫茶店でお茶を飲んでいる時に、この悩みを打ち明けたら、先生は柔らかな声で、こうおっしゃった。先生は離婚経験者だった。

「あのね、一つだけでも、いやなところ、気になるところがあったら、やめた方がいいよ。大きいところで、いやなところは、初めからわかるし、結婚なんか考えないよね。小さな、取るに足らないようなところで、どうしても気になるところが一つでもあったら、そこが案外、重大になっていくんでね、やめた方がいいかな。『まあいいかな』と思って結婚したら、一生涯ついて回るからね」

私が、少し、ギョッとしたのは、脳外科医の人の歩き方が、気になっていたのだ。それは外科医独特の歩き方なのかもしれなかったけど、なんか颯爽《さっそう》とした歩き方ではなかった。

服部先生は離婚経験者だから、おそらく、ご自分の体験から仰っているのかもしれなかった。そのぶん、私の心を動かす力があった。私は、難癖をつけるみたいだけど、歩き方がどうしても気に入らない以上、結婚したって、いつか、どこかで、ダメになるのだわ、と決心した。そう決心すると、これまでの自由気ままな生活や、放送の仕事が、ものすごく大切なものに思えた。テレビも、私も、まだ海のものとも、山ののとも、わからないけど、わからないから、面白そうだ、と思った。

母に、「やっぱり、結婚するの、やめる」と言って、思っていることを伝えると、母は、「あなたがそう思うなら、そのほうがいい。やめましょう」と落ち着いた声で言った。私を大切に思って下さってる、あちらのお母さまを思い出して、私が「大変なことになるかな」と、つい涙声になると、母は、

「そりゃ、大変よ。でも、やってみるから、大丈夫」

と元気づけるように、言ってくれた。本当に、一度決まった結婚をひっくり返すなんて、先方のご家族には失礼なことをしてしまった。でも、私の心は、もう変わらなかった。

少し時間がたって、ある晩、母から「万事、うまく、おさまりましたからね」という報告があった。以来、母は、私を「結婚詐欺《さぎ》！」と呼んだ。「だって、オーバー三枚も、作ってあげたのに！　こういうのって、結婚詐欺って言うのよ」

それから私は、二度とお見合いをしていない。まあ、自分なりに恋愛の経験は積んで、自分の男性の好みというのも、だんだんわかってきた。どちらかと言えば、年上の、尊敬できる人。そして、少しワイルドだったら、もっといい。これまでに結婚の話もなかったわけではないけど、一度、結婚をしようと思った時は、「結婚しよう」と言ってた相手の人が、ふっと、「でも結婚って、つまんないんじゃないかな」と言った。

「君がおみおつけ作って待っててくれてると思うと、早く帰らなきゃと思って、僕は仕

事してても、何だか落ち着かなくなるかもしれない。それに第一、結婚て、税金の計算をしたり、親戚《しんせき》の法事に行ったり、そういうことだよ。自分の仕事をもっとして、自分がどんな人間か、自分に何ができるかを、もう少し知りたいんじゃない？」私の事を理解してくれてる言葉だと思えた。自分でも「そうだな、ちょっと様子を見ようかな」と思った。で、その時も結婚しなかったし、その後も結婚を考えて来なかったわけではないけど、そのたびに、長く続く仕事があったり、相手の男性が外国の方で物理的な距離が遠すぎたりして、なんとなく、〈今に至る〉という感じで来た。女学生の時に見てもらった手相見の人の、「結婚はすごく遅いです！」という占いは当たっていたようだ。

結婚詐欺で得た三枚のコートは、母の愛情がこもっていて、長い間、私を暖めてくれた。特に、ピンクの、襟にファーの付いたコートは、よく着たものだった。

もちろん、結婚せずに仕事一本で行く、なんて、決めたわけではなかった。ただ、女優として、もっと、ちゃんとしなきゃ、みたいな意識が少しずつ生まれて来たのかもしれなかった。浅草から、テレビの事を何も知らずにやってきて、まいにち奮闘努力している渥美清さんなんかを間近に見ながら、〈お金を頂くプロとは何か〉を教わったような気がする。

すでに書いて来たように、渥美さんや森繁さんたちとナマ放送という激しい現場を切り抜けたりしているうちに、テレビはだんだんと、日本人の生活の中に入っていった。一九五九年の美智子さまのご成婚の時、パレードの中継を見ようと、さらに広く一般家庭へと浸透していった。もう、テレビの数は八六六台どころか、六〇年には五百万台、六二年には一千万台になった。私たちも、どんどん忙しくなっていった。

このあたりの、テレビができたばかりの時代に、私たちがどんな風に思い、悩み、笑いながら、手を取り合って番組作りをして、それまで存在しなかったテレビの世界を作っていったか、ということは、『トットチャンネル』という本に書いた。あの頃は、こんなにおかしな出来事がいっぱいあった、と言っているような本だ。でも、あの本の最後は、少し沈んだトーンで終わっている。

ご成婚の前後だったと思うけど、私は体をこわして、倒れてしまった。テレビもラジオも忙しく、レギュラーだけでも週に何本もあって、毎日出る番組もあって、しかも、仕事を始めたばかりの私は、断わる事が出来なかった。その仕事がしたいかどうか、ではなく、時間が空いているかどうか、だけで引き受けていた。断われるのは、その時間が、もう他の仕事でふさがっている時だけだった。睡眠時間は、毎日二時間くらいになった。

ある日、ドラマの撮影中、相手の声が突然聞こえなくなった。耳の中で、「キーン」という高い音がしていた。めまいもした。次の日も同じだった。病院に電話して、容体を説明すると、顔なじみの院長先生は「今すぐ、来なさい！」と言った。私が「病院に行く時間がないから、お電話してるんです」と答えると、先生は、

「死ぬよ」

と答えた。飛び上がった私は、ディレクターに頼み込んで時間をもらい、青山にあった病院で診てもらうと、院長先生は、「ひどい過労だね。すぐに入院しなさい」と言った。私はすぐにNHKに戻ると、仕事しているディレクターを一人ずつ廻って、「過労で入院するんで、ちょっと休ませて下さい」と頼んだ。でも、みんなは、「他の番組は休んでいいから、これだけはやってよ」とか、「いなくなるなんて、困るからさ、お願い」とか言った。私も、そう言われると、悪い気はしないのだ。「あら、私がいないと、NHKはつぶれるんじゃないの？」なんて冗談を言いながら、そのまま、仕事を続けた。

すると、耳鳴りと、めまいがひどくなった。三日後の朝、目覚めた時、足を見て叫び出しそうになった。膝《ひざ》から下に、いくつもの真っ赤な花が咲いたような模様が出来

NHKで忙しくなった頃、番組収録の合間での私。疲れて頭が重くなり、
マイクに鼻をのせて、少しでも楽になろうとしてる。
よく撮っておいてくれたと思う、お気に入りの一枚。

ていた。痛くもなく、かゆくもなく、熱も持たず、腫《は》れたりもせず、ただ、赤い色をした大小の模様が、知らないうちに、いくつも私の足に散らばっていた。鮮血のような赤だった。恐怖しか、なかった。母を大声で呼ぶと、母もたちまち青ざめた。院長先生の「死ぬよ」という言葉を思い出した。

病院へ走ると、院長先生は、「過労から赤血球が減って、毛細血管が切れたんだね。二、三日寝てれば治るから、心配ないから」と言った。でも、検査の結果、ひと月は入院するようにと言われた。確かに、足の赤い花は、三日で消えた。

これが、『トットチャンネル』の最後のエピソードだった。あの本の末尾に、私はこう書いている。

「テレビを見てもいい、という、お許しが出たので、トット（注・私のこと）は、テレビを借りて、病室で見ることにした。自分のレギュラーの番組が、自分がいなくて、どうなるのかが、心配だった。時間が来て、トットが司会をしていた番組が、まず放送になった。ドキドキして見ていると、トットの知らない若い女の人が出て来て、こういった。

『みなさん、こんにちは！　今日から、私が当分、司会、やりますよ、どうぞ、よろしくね！』

そして、番組が始まった。たった、それだけだった。トットがいなくても、番組は、別に、困った風もなかった。みんな楽しそうに、写っていた。トットが、渥美清さんと、夫婦をしてるドラマがあった。これも、ナマ放送だから、一体、筋は、どうなるのかしら？　と、トットは、気をもんでいた。放送が始まった。近所の人が、夫の渥美さんに聞いている。

『奥さん、どうしました？』

『実家に帰ってます』

これで終りだった。

トットの役に、実家が、あったかどうか疑問だったけど、そんなことは、問題にならないことだった。死にもの狂いで続けようとした仕事が、

『実家に帰ってます』

この、ひとこと。他の番組も似たりよったりだった。そして、みんなは、どしどしと、トットなしで、進んでいた。トットは、この時、はじめて、

『テレビは、すべてが、使い捨て』

と、わかった。

たった一人、病室で、トットは、何も写っていないブラウン管を、いつまでも、見

つめていた」

ひと月たって、退院した私は、また、元のように、スタジオからスタジオへ飛びまわるような、忙しい生活に戻っていった。ショックを受けたのは事実だけど、せっかく始めたテレビの仕事をやめようとは、思わなかった。ただ、仕事である以上、きちんと女優としての勉強をしよう、と決めた。そして、退院する時に、院長先生が言ってくれた、「自分でいやだと思った仕事はしないこと。やりたいことだけやりなさい」という言葉を忘れないでいよう、とも決めた。

ここで、ようやく、最初の話に戻るけど、私は文学座に入ろうと思ったのだ。テレビやラジオで共演する方たちを見てても、やはり、舞台出身の俳優がセリフにしても、身のこなしにしても上手だと私には思えた。私も劇団に入って、きちんと勉強し、上手な人たちと一緒に芝居をしてみたくなった。そうすれば、私の演技も、どうにか上達するかもしれない。

映画でオペラの「トスカ」を見て、オペラ歌手になろうと音楽学校に入った私だけど、女優になるつもりはなかったので、芝居というものを見たことがなかった。初めて見たのは、NHKの養成所に入ってからで、文学座が飯沢匡先生の作・演出でやった「二号」だった。以来、文学座の芝居はよく見ていたし、杉村春子先生ともテレビドラマなどで何度も共演して、親しくさせて頂いているご縁があったから、ある日、

「文学座に入れてほしいんですけど」

とお願いしたら、杉村先生は、

「あら、いらっしゃいよ。私がひと言いえば、誰にも嫌とは言わせないから」

と、仰って下さった。

杉村先生は、女優にやかましい方で、誰かがある女優さんを褒めると、「あの人、お化粧上手！」と言下に答えたし、別の女優さんがきれいだと褒められた時は、「天は二物を与えないわ」と答えたりしてらした。それなのに、積極的なお返事をもらえたので、私は嬉しかった。先生は、私の演技を間近で見て下さって、私の事を、（文学座で西洋物をやらせてみたらどうかしら）と思っていらしたのかもしれない。

ところが、何日かして先生から電話があって、申し訳なさそうに、「ごめんなさい。一人だけ反対する人がいたのよ。でも、文学座に新しく研究所ができたから、そこに一年来てくれたら、もう絶対、嫌とは言わせないから」。そんな訳で、私は、NHKの仕事をしながら、文学座附属演劇研究所に二期生として、新劇の基礎を学びに通うことになったのだ。杉村先生や長岡輝子先生などに教わり、スタニスラフスキーの本

を読んだ。同期生には江守徹さんがいた。

ところが、(一人だけ反対したって誰かな? やっぱり、女優が入るのを嫌がるっていうのは、誰か女優さんかな?)なんて思っているうちに、私が研究所に入った翌一九六三年、文学座は分裂した。のちに喜劇の舞台を二十年近くも私と作っていくことになる高橋昌也さんをはじめ、私が文学座で一緒に芝居をしたいと思っていた人たちが、大勢出て行って、「劇団雲」を旗揚げしたのだ。

芥川比呂志《ひろし》さんや仲谷昇さん、名古屋章さん、小池朝雄さんなど男優だけでなく、昌也さんの当時の奥さまだった加藤治子さん、文野朋子さん、岸田今日子さんなどの女優陣もほとんど抜けた(「雲」ができた少し後には、三島由紀夫さんが書いた「喜びの琴」の上演をめぐる騒動があって、さらに何人かの役者たちが文学座を辞めた)。

私は演出家の戌井《いぬい》市郎さんから、「黒柳君、正式に文学座へ入らない?」とご相談を受けた。私は、杉村先生への尊敬は変わらなかったし、悩んだけど、テレビでちょうど「若い季節」や「夢であいましょう」が始まった頃で、どんどん忙しくなっていたので、戌井さんには「私が新劇の劇団に入る時は、必ず文学座へ入りますから」とお約束して、テレビに戻る事にした。やはり、たくさんの芝居のうまい人たちと切磋琢《せっさたく》磨《ま》しなくちゃ、私なんか、うまくなれない、と思ったせいもある。

文学座を抜けた昌也さんたちは、フランスやイギリスの演出家をよんで、演出を頼んだり、演劇の授業をしてもらったりしていた。私は「雲」のメンバーではないので、授業には出られなかったけど、ヨーロッパの俳優たちがどんな勉強をしているかを知りたかった。いま考えると、われながら本当に熱心だったと思うけど、「雲」の授業がある日は、必ず時間を都合して、授業後の昌也さんが来やすい近くの喫茶店で落ち合い、今日勉強した事を教えてもらった。私は、ラジオドラマ「一丁目一番地」で長い間、昌也さんと夫婦の役で共演していたので、頼みやすかったのだ。

それまで、NHKの養成所で教わった事しか知らなかった私に、ヨーロッパの演技論は、新鮮で、刺激的で、具体性もあって、わかりやすかった。例えば、フランス人の演出家は、「朝、起きたら、君の体にしっぽがあった。それを君はどうするか？」といったような、想像力や創造力を刺激する授業をしたそうだ。そんな事を昌也さんは、面倒くさがりもせず、丁寧に細かく教えてくれた。将来、演出家になるつもりが、すでにあったのかもしれなかった。

昌也さんは、一九九六年に銀座のセゾン劇場、のちのル・テアトル銀座の芸術監督になった時、私に「出てみない？」と誘ってくれて、以来、演出家と女優として、エドワード・オールビー作の「幸せの背くらべ」やマリア・カラスを描いた「マスター・クラス」、ニール・サイモン作の「ローズのジレンマ」やハリウッドのセックス・シンボルだったメイ・ウエストの伝記「ブロンドに首ったけ」など、毎年、一緒に喜劇を作り続けていった。

劇場は、今は六本木のEXシアターに移ったけど、そこでの最初の芝居「想《おも》い出のカルテット」の稽古《けいこ》が始まる十日前、二〇一四年一月十六日に昌也さんは亡《な》くなった。いつも、「私は百歳まで芝居をやると思うんで、昌也さんもお願いね」と言うと、ちょっと年上の昌也さんは、「百までは大変だけど、頑張ります」と答えてくれてたのに。

前年、ル・テアトル銀座閉館の時、昌也さんと私は「ステラとジョーイ」という二人芝居をする予定だった。それは、昌也さんにとって三十年ぶりの舞台出演になる筈だった。イギリスの作家、バーナード・ショウの役で、皮肉屋でユーモアたっぷりのショウは、昌也さんにはぴったりだ。私は、ショウの「ピグマリオン」（映画「マイ・フェア・レディ」の原作）の主役を演じたパトリック・キャンベルという女優の役。この二人の四十年にわたる手紙のやり取りの芝居だった。

昌也さんとはこんなに長くつきあっているのに、舞台で共演したことはなかったから、この芝居は本当に楽しみにしていた。昌也さんも張り切って、セリフを早々と覚えたり、体力作りのために体を鍛えたりしていたらしい。ところが、外で運動をしたのが良くなかったのか、肺炎で入院してしまい、それも、どんどん悪化して、とても舞台に立つことなんかできなくなった。

　私がお見舞いに行くと、

「すごく残念。バーナード・ショウやりたかったのに」

　と言うので、

「昌也さん、やらないの？」

　と聞いたら、

「かんべんして下さい」

　と言った。「かんべんして下さい」なんて、そんな芝居じみたことを言う昌也さんじゃないので、本当に体がつらいんだなと思った。代役は大森博史さんにお願いします、と言って、

「大森君に、よろしく頼むと伝えて下さい」

　とも、目をつぶりながら言った。大森さんはもちろんいい俳優だから、悪いんだけど、私は病室を出る時、

「つまんないの」

と言った。ベッドの昌也さんはボソボソと、

「僕だってさ」

と呟《つぶや》いた。確かに、一番くやしかったのは昌也さんに違いなかった。

それでも昌也さんは元気を取り戻し、退院して、「想い出のカルテット」の演出をする予定だった。亡くなる数日前に電話をすると、いつものようにかすれてたけど、元気あふれる声だった。この芝居は再演だったので、最後に出てくる「リゴレット」の四重唱について、「あの四重唱が、また聞けるのが嬉しい。あそこまで持っていく演出は、我ながら、うまくいってると思う。とにかく、楽しい稽古にしましょうね」と言った。これは、音楽家だけの老人ホームへ、昔、売れっ子のオペラ歌手だった時にヴェルディの「リゴレット」で共演した四人が偶然入ってきて、最後は、みんなにせがまれて、かつて録音したレコードに口を合わせて、いわゆる口パクで「リゴレット」の四重唱を実際に歌っているように見せる、という芝居。この曲は、数ある四重唱の中でも、最も美しいと言われている。私たちは、昌也さんの注文で、イタリア語の歌詞を覚え、楽譜を見て、本当に歌えるくらい勉強した。歌い出す前に息を吸うところまで、先生について完璧《かんぺき》にしたのだ。

昌也さんは、その電話で、

「初演で少し冗漫に思えたセリフは短くしました」

「あら、私のセリフを短くして下さったの？」

「あなたのセリフは切りません！」

なんて笑い合っていたのに。セリフの多さに、「これ、私、しゃべり過ぎじゃありません？」と訴えたら、「あなたは普段もっとしゃべっていらっしゃいます」なんて言われた事もあった。昌也さんは、どんな時も、一度だって、怒ったり、意地悪なことを言わないでいてくれて、いつもユーモアたっぷりだった。

ＥＸシアターでの「想い出のカルテット」は、無事、初日を迎えた。新しい劇場だし、昌也さんの事を考える暇もなく、最後の四重唱のところまで行った。カーテンコールでおじぎした瞬間、突然、涙があふれた。昌也さんがいない。私は天井を見上げた。昌也さん、見ましたか？　そこにいるの？　四重唱、ききましたか？　これから毎回、こんな風に昌也さんのこと考えるの？　来年、何をやればいいの？　昌也さんはいないけど、若い人たちもいるんだし、できる限り、やっていきます。稽古場での、あの楽しい会話を、いい思い出にして。でも、仰ってくださった注文は忘れていませんから。長いこと、いい友だちでいて下さって、ありがとう。

昌也さんの突然の死は、呼吸不全によるものだった。昌也さんの体から生命《いのち》が離れていく瞬間、たぶん、彼の耳には、あの美しい四重唱が聞こえていたと思う。

＊

宮口精二さんの『窓ぎわのトットちゃん』の書評には、

「何十年か前に、彼女が『文学座に入りたい』と言った時、たった一人、僕だけが反対した。なぜなら、彼女が入ったら、文学座の規律が乱れると思ったからだ。果たせるかな、彼女は小学校を一年で退学になっている。僕の考えは間違っていなかった」

という風に書かれていた。

私は、

（あれは、宮口さんだったんだ！）

と長年の謎《なぞ》が解けた思いがした。

私が文学座に入るのに反対したのは、女優さんじゃなくて、見るからに一言居士《こじ》風の宮口さんだったのだ。宮口さんは文学座の結成メンバーだから、「誰にも嫌とは言わせないから」と仰っていた杉村先生も、さすがに宮口さんには無理を言えなかったのだろう。その会議（？）でのお二人の様子を想像すると、噴き出しそうになった。

小学一年生の時、教室へチンドン屋さんを呼んだ事が、こんなに長く、私の人生について回るなんて！

この話、昌也さんにしたかしら？　昌也さんなら、心底、愉快そうに笑ってくれただろう。

三十八歳だった

文学座に入るのはやめたけど、テレビに出ながら、積極的に、舞台にも出るようになった。私は、初めて舞台に立った時、震えるほど緊張しながらも、「ここは居心地がいい！」と体の芯《しん》で感じたのだ。ただ、舞台が合っているのか、テレビの方が合っているのか、そもそも女優の才能があるのかどうかさえ、自分では分らなかった。どこか、演技コンプレックスもあったかもしれない。

最初、民放のテレビ局は日本テレビしかなかったのが、やがて次々と開局し、私はNHKとは契約したままで、民放各局のドラマに出始めた。当時はテレビドラマが大流行で、どの局も沢山の山のドラマを作っていて、仕事はいつも山のようにあった。向田邦子さんと知り合って、霞町のアパートへ毎日のように転がり込んでいたというのは、この頃の事だ。

私がNHKをやめて、フリーになったのは、「屋根の上のヴァイオリン弾き」の日本初演に出たのと同じ、一九六七年のこと。例えばこの頃の私は、さまざまなテレビやラジオに出て、NHKでも新しく、「サンダーバード」のペネロープ役の声優を始めている。その一方で、舞台は、「屋根の上」以外にも、森光子さんと芸術座で「縮図」(徳田秋声原作で菊田一夫さんの脚色・演出)、越路吹雪さんと梅田コマ劇場でブロードウェイ・ミュージカルの「メイム」に出て、国立劇場小劇場で飯沢匡先生演出の「八人の女」(ロベール・トマ原作)に出た。私は、最近作られたフランソワ・オゾン監督の映画版ではファニー・アルダンさんが演じたピエレット役だった。ピエレットはヌードダンサーなので、白い毛皮のコートの下は、ビキニみたいな洋服を着ていて、舞台のまん中でオーバーを脱がされて、半分ヌードになる場面があった。

その「八人の女」を見た篠山紀信さんから、「ぜひ、ヌード写真を撮らせて下さい」という話があった。私のような豊満でもない体つきの女優が、いつもと全く違う恰好《かっこう》で写真を撮られるのは、それまでなかったことだった。篠山さんは若かったけど、もう有名なカメラマンだった。で、何枚か撮って頂いたけど、中でも最高の出来栄《ば》えのは、白いダチョウの羽根の扇子で胸を覆《おお》った私が飛び上がっている写真だ。詳しく説明すると、私の両側から、「行くわよ!」と女言葉のお兄さんたちが、紫色とオレンジ色のダチョウの羽根を沢山飛ばし、私が飛び上がって、偶然、その中の一枚が私の体のある部分の前にきたのがOKとなった、というもの。ひらひらと舞う羽根の中に飛び上がってるほとんど全裸の私は、健康で、ちょっと、いかれてる感じで、いきいきとしていて、悲しそうでもあり、とてもいい写真だった。

そしてこの年、森光子さんに、私がフリーになるにあたって、ご自分のマネージャーの吉田名保美さんを紹介してもらった。私は森さんと同じ事務所に入ったのだ。フリーになった後も、さらに仕事は増えて行った。芝居の方も、森繁劇団に出たり、文学座をやめた賀原夏子さんから誘われて劇団NLTの旗揚げ公演「マカロニ金融」に飯沢先生の演出で出たり、帝劇のミュージカル「ラ・マンチャの男」(もちろん主演は染五郎時代の松本幸四郎さん)に出たりしていた。放送の世界でも、舞台の世界でも、私の仕事ぶりは誰が見ても順調だったろうと思う。

でも、そのあたりから、私はだんだん、

(一度、休んで、ゆっくり考えたりする時間が欲しいな……)

と考えるようになっていた。体をこわして、ひと月入院し、「テレビって使い捨てなんだ」と思った、あの体験はずっと私の頭に残ってた。あれから休むどころか、ペースを落としもせずに仕事を続けてきて、ふと気がつくと、学校を出て、もう十五年が過ぎていた。

ＮＨＫに合格してからというもの、始まったばかりのテレビという世界で一生懸命やってきて、仕事にも仲間にも大いに恵まれてきたけど、多少くたびれもしたし、全然違う何かを吸収したがっていた。創造的であったり、刺激を絶えず受けたりしていないといけない職業のはずなのに、何だか、繰り返しの、新鮮さのない毎日になっている、みたいな気もしていた。

ここらへんで一度、汽車がずっと走ってきたレールからちょっと外れて、引き込み線へ入ったような時間を持ちたかった。朝はインスタントでないコーヒーをゆっくり飲んで、このままずっと、この仕事をやり続けていけるかどうかを考えたりもしたかった。あるいは、学生時代のように、朝起きて、「さあ、今日は何をやろうかな？」と考えながら、大きな伸びをしてみたかった。つまり、私は一息入れたかったのだ。テレビが始まった時から、一緒に走ってきたテレビ局のディレクターの人たちも、疲労が蓄積したのか、何人もが胃を切ったり、床が持ち上がってくるような激しいめまいを起こしたりしていた。

それと、やっぱり私たち芸能人は、どこかで甘やかされているのだ。何かのお店に入って、「これ、いいな」と手に取ってから、「あ、今日、お金の持ち合わせがなかった……」という場合（クレジットカードなんて便利なものがなかった時代）、お店の人に「お金は後で結構ですから、お持ち下さい」と言われる事があった。これは良くない。これでは、人間としてスポイルされてしまう。普通の人の感覚を失ってはいけない、と思っていた。

もうひとつ、私は三十代半ばを過ぎても、まだ実家で両親や弟たちや妹と暮らしていたので、母に任せられる所は任せっきりにしていて、暮らしの細々した事を知らないままだった。

とにかく仕事を離れて、どこかで、まず一人暮らしをしてみよう。名前も顔も知られていない所で生きていく経験をしないと、年をとってから、大変なことになるんじゃないかしら。きちんと、一個人として、生活してみよう。引き込み線に入って、静かな所で止まったままの汽車は、寂しげに見えるし、心細く思ったりもするだろうけど、急いで走っていた時には見えなかった景色を発見したり、周りに新しいことが起きたりして、また走り出すエネルギーを蓄えられるんじゃないだろうか？　十五年以上もやってきたのに、たった一年か二年、引き込み線に入ったからといって、みんなに忘れられるのなら、自分がそれだけの女優だったという事だ。私はこの計画をしばらく自分の中で温めてきて、とうとう、マネージャーの吉田名保美さんに一、二年休みたい、と告げた。吉田さんはすぐに賛成してくれ、ずいぶん先まで予定が入っていた私の仕事を整理してくれて（それでも実現まで一年以上かかったけど）、一九七一年秋から、私はしばらく休むことにした。

ちょっとだけ、話が前後するけど、こんなこともあった。私がテレビドラマで演じた役柄で、いちばん話題になったのは、休養直前に演じた、冴《さ》えない中年女の役だった。

一九七一年四月から始まった、NHKの朝の連続テレビ小説「繭子《まゆこ》ひとり」で、私は田口ケイという家政婦の役をやった。青森県八戸出身で、船員だった夫に先立たれ、缶詰工場などで働きながら、小学五年生の息子と自分の老いた母親を養ってきたが、少しでも給料が上がるならと上京して、家政婦になった女性だった。

私は戦争中、縁あって青森へ疎開《そかい》していたので、東北弁を喋《しゃべ》るのは問題なかったし、「青森ではお世話になったんだから、この役はできるだけ、うまくやろう！」と思ったけど、それまでテレビでは〈都会のお嬢さん〉みたいな役が多かったので、〈東北からやって来た子持ちの家政婦〉というのは、まるっきり初めての役柄だった。役作りに悩んだ結果、脚本には何も書いていなかったけど、まず、忙しい人だから身なりに構わない風にしようと決めた。短い毛にパーマネントをかけっぱなしで洗いっぱなし、というのが一番、時間も手もかからないと考えて、そういうカツラをかぶる事にした。NHKの床山さん（カツラ係さん）が私の意図を汲《く》んで、見事な、雀《すずめ》の巣みたいなカツラを拵《こしら》えてくれた。もっとも、この床山のおばさんが、まさに雀の巣みたいな髪型をしていたので、私はちょっと参考にした。

次に、一生懸命、身を粉にして働く人らしさを出すために、度の強い近眼の眼鏡を用意した。本当に度が強いと、眼のいい私は立ちくらみがするし、カメラに映すと眼が小さく見えてしまって、表情が見えなくなるので、牛乳瓶の底のようなレンズで、でも度がそんなに強くない、という眼鏡を探し出した。

お金さえかからなければ、ファッションなんかどうでもいい人だろうから、「着られたらいいの」くらいな、野暮ったい服装にして、下に、綿で作った「肉」を着こんで、電話帳くらいの贅肉《ぜいにく》がある、だらしない体つきにした。顔の色も、働き者らしく、陽に焼けたような色にして、寒い国から来たのだから、ほっぺただけは赤くした。とにかく、黒柳徹子が演じてる、と分らない方が面白いだろうと思った。

メイクしてみると、鏡の中に田口ケイが現れて、なかなか、いい出来栄えだ、と我ながら満足して、化粧室を出たら、ちょうどそこに「繭子ひとり」のディレクターがやって来たので、早速、感想を聞こうと声をかけた。

「こんにちは」と言うと、彼は「はあ」と口の中で言って、私を無視して、隣の俳優と話し始めた。（あら、冷たいじゃないの）と思って、「もしもし」となおも私が話しかけると、こちらをチラッとは向くけど、すぐに困った顔になって、また隣の人と話し始める。「私、黒柳ですよ！」と大きな声で言うと、私の顔をまじまじと眺めた後、彼も「本当だ！」と大声を出した。その頃、私は同じＮＨＫで、「ステージ１０１」という歌番組の司会をやっていて、そちらでは、ミニスカートに白いロングブーツ、髪型はショートのボブカットだったから、確かにギャップはあっただろう。どうやら、私とは見えずに、生活に疲れた、薄汚れたおばさんに見える、という点では成功だった。

しかし、その扮装《ふんそう》で撮影が始まっても、放送されるのはふた月くらい先だったから、スタッフやキャスト以外には、田口ケイの扮装をした私は、ただの薄汚れたおばさんとしか見えなかった。

ＮＨＫの廊下で、知った顔の人に挨拶《あいさつ》しても、たいていは無視されるか、返事されても気のない感じで、トイレに行くと、若い女性に押しのけられたりもした。食堂へ行っても、食券を買う時、一万円札を出すと、何だか疑わしそうに見られたし、いつも私がコーヒーの券を出すと、「ホットですか？　アイスですか？」と丁寧に聞いてくれたウェイトレスさんが、食器をガチャン、と音を立ててテーブルに置いていく。

最初は、容貌《ようぼう》や出《い》で立ちで、こんなに差別されるなんて、と私は多少憤慨していたのだが、よく観察し、よく考えてみると、どうやら違うみたいだった。これは、私が、いちおう顔の売れている職業で、なんとなく、親切にされるのに慣れてしまっているからで、ウェイトレスさんも田口ケイに無愛想とか不親切とかいうんじゃなくて、ただ黙って置いていっているだけなのに、私は普段、「こんにちは」なり「お忙しいですね」なり、にこやかに接してもらっているせいで、黙ってお皿を置かれるだけで、何だかガチャンとされているように思えるのだった。田口ケイが薄汚いおばさんだから邪慳《じゃけん》に扱われるのではなく、それはむしろ普通の扱いで、芸能人の私が恵まれすぎているのだ、と気づいた。

そして、田口ケイみたいなおばさんは、きっと、人の優しさとか親切とかお愛想とかを一切期待せず、廊下でも相手にされないから隅を歩き、トイレで押しのけられても何も言わず、卑屈にもなるし、要領だって悪くなるのだろう、いつも自分と息子の身は自分で守らなきゃと気も狂わんばかりになっていたのだろう、と思って、私は涙が出るくらい、悲しくなったこともあった。私は女優だから、メイクを落とせば、もう田口ケイではなくなるのに、田口ケイとして生まれてしまったら、そこから抜け出すのは簡単じゃない。でも、と、やがて私は思い直した。だからこそ、こんなおばさんは、人がしてくれた親切は、どんなに小さくても涙が出るほど有難く思うし、人にも何かしてあげようとも思うし、自分の家族や知っている人をとても大事にして、どんなに苦労しても愛していくし、小さな幸せを心から喜べるんだろう、と思えるようになった。

私が青森へ疎開していた時、田舎の小さな駅で汽車を待っていたら、隣に来た行商のおばさんが、シラミがたかっていた私を気の毒がって、「東京の子か?」と言いながらシラミを取ってくれ、寒くて凍えてた私の手をこすって暖めてくれた。そのおばさんの手だって、ヒビとシモヤケと黒い絆創膏《ばんそうこう》で、ぐちゃぐちゃだったのに。それでも親切にしてくれようとする人を、あの頃、沢山見てきた。私は、田口ケイの役と出会った時、体の中で、強く分っている部分があったのだ。

東京ではお手伝いさんや婆《ばあ》やがいる生活で、私は病気ばかりしていた。そのうち、爆弾がばんばん落ちてきて、父は出征し、疎開する当てもなかった母は、汽車の中で偶然、知り合った人の所へ私たち子供を連れて、お世話になることにした。青森では、私は履くものがないので裸足《はだし》で、重たい炭俵を担《かつ》ぎ、肥桶《こえおけ》も担いでコヤシを撒《ま》くのは好きになり、虫嫌いだったのが田んぼに入ってヒルに吸いつかれても平気になった。

そんな事はつらくなかったし、いい思い出にもなっている。

でも、まだ疎開する前、自由ヶ丘の駅へ、焼いたスルメの足を一本くれるというのに惹《ひ》かれて行って、出征する兵隊さんたちに日の丸を振り、「万歳！　万歳！」と大人たちと声を揃《そろ》えて見送ったのは、お腹《なか》を空《す》かせた子供が何の考えもなくやった事だけど、ずっと、私の心の傷になっている。いったい、あの兵隊さんたちの何人が無事に帰って来られただろう？　学校では、戦地に送る慰問袋という物の中に入れる、知らない兵隊さんへの手紙を書かされた。「兵隊さん、お元気ですか？　私も元気です」。

ある日曜日、友達の男の子と雪の中を歩いて教会に行く時、お腹は空いているし、寒いしで泣きながら歩いていたら、おまわりさんに「泣くな！　戦地で戦ってる兵隊さんのことを考えてみろ！」と叱《しか》られた。（戦争って、泣いてもいけないんだ）と思って、それからは戦争の間じゅう、どんなことが起こっても、私は泣かなかった。戦争は嫌だけど、ある感受性を私に与えてくれたと思う。その感受性がなければ、田口ケイという女性の事だって、深くは理解できなかっただろう。戦争がなければ、私は女優にならなかっただろうし、もちろんユニセフの親善大使にもならなかっただろうし、人生でのさまざまな事だって分らないままだったろう。戦争は二度といやだけど、学んだことは、多かった。

「繭子ひとり」はずいぶん好評で、最高視聴率が五五％を超え、田口ケイは大人気となった。最初は、「朝から汚いものを見せるな、って視聴者から抗議が来ないかなあ」と心配していたディレクターも、「黒柳さんはどこに出ていますか？」という投書から始まって、田口ケイのキャラクターへの反響がどんどん大きくなると、「もっと汚くしてもいいよ！」なんて言うようになった。あまりの人気ぶりに、田口ケイを最終回まで出す、という話もあったけど、休養を取るために何年も頑張ってきたのだからと、私は前もっての約束通り、半年で出番を終えて、一九七一年十月から休みに入ることにした。

田口ケイを演じた経験からも、やはり、芸能人でなく、普通に生きる人間としての、女としての、感情や感覚を忘れたらいけない、きちんと笑ったり、泣いたり、怒ったりしながら、自分だけの人生を作っていかないといけない、とつくづく思ったのだ。でも、このまま日本にいたら、なかなか生活を変えるというのも難しいかもしれない。

では、どこへ行こうか？

「繭子ひとり」の前年、一九七〇年の一月から三月まで帝劇でロングランをしたミュージカル「スカーレット」（つまりマーガレット・ミッチェルの『風と共に去りぬ』

の物語だ）に、私は、スカーレット・オハラの妹スエレン役で出演した。脚本は菊田一夫さん。大団円で、スカーレットが例の“Tomorrow is another day!”と言うところが、日本語では「明日は明日の風が吹くのよ！」というセリフになっていた。私はスエレンとして立っている舞台の上で、スカーレットのそのセリフを聞くたびに、（「明日は明日の風が吹く」って、何だか、スカーレットが急に江戸っ子の職人になったみたいじゃない？）と、内心、おかしがっていた。

この舞台は日米合作で、脚本以外は、作曲も衣装も装置もブロードウェイから呼んだ一流の人たちだった。演出・振付は、「ノー・ストリングス」「ジョージM！」「バーナム」といった大ヒット・ミュージカルをブロードウェイで手掛けてきたジョー・レイトンさんだった。ジョーの奥さんはエヴリンといって、彼女はブロードウェイで、大変、うまみのあるという評判の女優だったそうだけど、夫の仕事を助ける方がいいと、女優業から引退していた。そのかわりに、夫の仕事場には必ずついてきて、始めから終りまで、舞台が出来あがっていくのを、煙草《たばこ》を何本も吸いながら、じっと見ていた。その日の仕事が終わると、ジョーと食事に行って、「あそこはこうしたら」「明日はこういう風に始めたら」などとアドバイスをする。ジョーはエヴリンへの信頼が篤《あつ》く、彼女の意見をすべて取り入れた。

私は、エヴリンと仲良くなった。エヴリンは、「家では寝るだけよ。食事なんか、作ったことがないわ。もっと大事なことが沢山あるもの」と言っていた。そんなエヴリンに、私は「仕事をしばらく休もうと思っているの」と打ち明けた。彼女は、

「じゃあ、ニューヨークへいらっしゃいよ。私たちが面倒みてあげる。演劇の学校に行けばいいわ。何と言っても、メリー・ターサイが最高よ。ブロードウェイで、メリー以上の先生はいないし、私も習ったし、何より、素晴らしい人なんだから」

と言った。その頃、私は、商業演劇の世界で、芝居自体と関係なく、人間関係で配役や脚本なんかの大切な要素が決められていくケースをいくつか見てきて、少しだけ、今いる日本の演劇界がうとましくなりかけていた。休んで何をしよう、という計画はなかったのだけど、ニューヨークへ行って、新しい気持ちで、演劇を学ぶ、というのには心が動かされた。

でも、エヴリンも多忙な人だから、社交辞令に終わるだろうな、とも思っていた。エヴリンとジョーが帰国した後、私は一人で、どこへ行こうかなと考えていたが、なかなか決められずにいた。すると数ヶ月後、先生になるメリーから水色の封筒でエアメールが来た。

「親愛なるテツコ。私はまだ東洋人の俳優を教えたことはありません。でも、エヴリ

ンが、あなたは才能ある女優で、ニューヨークで演技の勉強をしたがっている、と言うので、教えてみたいと思っています。いつ、こちらへ来るのですか？　私のクラスは、秋から次の夏の初めまで、というのが一応の区切りになっています。メリー・ターサイ」

折角、「決断！」みたいな感じで仕事を休んで、自分の意志で、どこかへ行こうとしてるのに、結局、行き先を決めかねて、最後は見知らぬ人の手紙で決めるなんて……と、少し、おかしかったが、このエアメールで、私はニューヨークへ行く事を決めた。そして、「スカーレット」の作詞・作曲をしたハロルド・ロームさんとフローレンスさんのご夫妻が、ニューヨークでの身元引受人になってくれた。フローレンスは、私の「ニューヨークの母さん」となって、セントラルパークにうんと近い、マンハッタン西七十四丁目のワンルーム（スチューディオ）を見つけてくれた。アメリカに渡った時、私は三十八歳になっていた。

メリーの演劇スタジオは、カーネギーホールのうしろのビルの一階にあった。私の部屋からは、バスで三十五セント、五分で着ける。メリーは、プロの俳優だけを専門に教える演劇の先生だった。日本では、一度プロということになってしまうと、それぞれの作品で演出家や監督に演技指導されることはあっても、演技を勉強するところはない。それが、ブロードウェイでは、どんなスターでも、どんなに上手な俳優でも、習いに行ける先生がいるのだ。そして、自分が舞台に出ている時でも、先生に来てもらって、無意識に陥っている欠点や、つい出てしまう癖などを指摘してもらう、という。これは俳優にとって、実に幸せな環境だ。

メリーのクラスには、二十人くらいの生徒がいた。外国人は私だけ。生徒たちは、芝居だけで食べている人はほとんどいなかった。当時のアメリカが不景気だったせいもあってか、プロの俳優ばかりといっても、当時のアメリカが不景気だったせいもあってか、ブロードウェイの俳優、歌手、ダンサーの八五％から九〇％が失職中、と聞かされた。みんな、俳優としての仕事を探しながら、レストランやなんかでアルバイトをしていた。美男美女が集まっているというわけでもなく、大巨女もいれば、冴えない管理人風の中年男も、何だか濡《ぬ》れそぼったようにうに哀れっぽい風貌の女性もいた。一人だけ、ブロードウェイのショーに出ている女優がいたけれど、その作品は、ヒットしていたとはいえ、裸が売り物になっているミュージカル「オー！　カルカッタ」だったので、不満そうにしていた。「本当は『ハムレット』みたいなのに出たいのにね」と言っていた。でも、みんな、基礎がしっかりしたプロの俳優たちだった。そして激しい熱意もあった。アカデミー賞の授賞式があった翌日、テレビ中継を見たクラスメイトの女優は、

「オスカーを貰《もら》うためなら、毎日十時間勉強したって、辛《つら》くないわ。私には野望があるんだから、仕方ないわよね」

と私に言った。

メリーはいつも黒い服を着て、コートもストッキングも黒で、黒縁の眼鏡をかけて、細い銀の首飾りとブレスレットを数えきれないほどつけ（腕を動かすとシャラシャラと音がするくらい）、煙草をひっきりなしに吸い、グレーの髪で、体格が良く、そして、滅多に笑顔を見せなかった。もとは女優だったが、ハンガリー生まれで、ニューヨークに来たのは十九歳、プロとしての初舞台が二十五歳だったというから、言葉の壁があったのかもしれない。彼女はすぐに教える方にまわり、もう四十年以上も、ブロードウェイで教えていた。むろん、もう英語はネイティブと変わらないくらい、自然に聞こえた。そして、人生に起きる、いろんな事をたっぷりと知っていたし、それに伴う感受性や情熱も豊かな女性だった。そして、演劇を教えるテクニックも豊富だった。

英語でやる授業を、私がどこまで深く理解し咀嚼《そしゃく》できたか分らないけど、メリーの教え方はどこまでも実際的で、具体的だった。何しろ、「オーディションの時、どこに立つか」といった事まで教えてくれたのだ。いや、仕事にありつこうと必死になっている俳優にとって、オーディションでの効果的な振舞い方について教わるのは、とても大切な事に違いなかった。

そんな彼女が、何より強調したのは、〈想像力の強化〉という事だった。一つの役について、どれだけ深く、強く、自由に、想像力を働かせるかで、いい俳優か悪い俳優かが決まる、と言った。私たち生徒の想像力が役から離れると、メリーから「勝手に脚本を作らないで！」と注意が飛んでくる。そして、的確に直し方を教えてくれるのだ。

ある女優が、チェーホフの「三人姉妹」の冒頭にあるオルガのセリフを言った。

「今ごろ、モスクワでは花が咲いているわ。モスクワへ帰りたい……」

メリーが素早く指摘した。

「今、あなたには何が見えてるの？　白樺《しらかば》の木って知ってる？」「モスクワでは、どんな花が咲いてる？　何色？」「モスクワのどこに帰りたがってる？　どんな家なの？」

そして、こう言った。

「今、あなたが何もイメージをせずに、ただセリフを言ったんだと、私にはすぐ分ったわ。漠然とセリフを言っちゃダメ。モスクワがどんなところか、行った事はなくても、映画でも絵ハガキでも、見たことあるでしょ？　白樺の木が見えるのなら、白樺って、どんな木か、頭に思い浮かべるの。何でもいいから、自分でイメージを摑《つか》むのよ。あなたの中に、屋敷の周りの風景や、白樺や、モスクワや、家の様子を、ちゃんと存在させないといけないの。モスクワの家の、どこに帰りたいの？　自分の部屋？　どこ？　いいこと、俳優は、みんな嘘《うそ》つきよ。でも、嘘のセリフは絶対に言わないこと！　どんなに小さくて、短いセリフでも、自分の中にきちんとしたイメージを持たないと、セリフは空っぽなものになってしまうの」

私が今でも、自分の役について、マリア・カラスならカラスについて、ホームレスの女性ならホームレスの女性について、できるだけ本を読んだり、CDを聞いたり、DVDを見たり、遠くからこっそり観察したりして、自分の納得がいくまで調べるようにしているのは、この時のメリーの教えによるものだ。知らないことはイメージできないし、イメージできないセリフを言うと口先だけになってしまうから。

また別の日、メリーは私に向かって、ソーントン・ワイルダーの「わが町」に出てくるセリフを、「文章を読まなくていいわ。感情だけをやってみて。文章でなく、ただABCDとアルファベットを言うだけでいいから」と言った。私は、本当の幸福は何だったか、という意味の重要なセリフを、とにかく感情だけは伝わるように一生懸命にやった。「時が、こんなに早く過ぎていくなんて。お互いの顔を見合わす暇もないくらいね。さようなら、ママ、パパ。さようなら、ママのひまわり、私の栗の樹《くりき》。さようなら、私の小さな町。何もかもが懐《なつ》かしい……」に始まる長いセリフを、ABCDだけで演じたのだ。全力を尽くして、やり終えると、驚いた事に、みんなが泣いていた。メリーの眼もうるんでいた。

「テッコ、それでいいの！　俳優は、セリフの意味を伝えようとするあまり、感情の動きを表現しきれない時があるの。でも、本当に感情を出せたら、それだけで人をこれほど感動させられるのよ！」

メリーは、この「意味を伝えようとするあまり、感情の動きを表現する事が、おろそかになる」俳優の悪癖を、繰り返し、いろんな方法で教えてくれた。私は、メリーの七十二丁目の自宅で、個人教授もしてもらった。彼女は、私が必要としている事をすぐに把握でき、すべてを教えてくれた。私は、メリーが大好きだった。そして、彼女が人生に対して持っている「確信」のようなものに、憧《あこが》れた。

気がつくと、メリーの授業を通して、ようやく、私がこのまま女優を続けられるかどうかといった迷いは、吹っ切れていた。「修練と勇気」さえ、あればいいのだ。私は、ブロードウェイの俳優より恵まれているんだ。仕事があるんだから。修練を積み、勇気を持つくらいは、しなくちゃいけない。マリア・カラスは、「人生は修練と勇気、あとは全部ゴミ！」と言ったという。

あの一年、私は、メリーの演劇スタジオばかりでなく、ダンスや歌の教室へも通ったし、夜は毎晩のように、カクテル・パーティに呼ばれたり、キャサリン・ヘップバーンさん（私より早口だった！）やヘンリー・フォンダさんが出る芝居を見に行ったり、避暑地の別荘へお呼ばれしたり、よく遊んだものだ。一人でディナーを食べた事は、ほとんどなかった。一人暮らしにも慣れた。朝、林檎《りんご》を食べて、時間がないから後片付けもそこそこにメリーのスタジオへ行き、帰ってくると、テーブルに林檎の皮がそのまま残っていたので、私は吃驚《びっくり》した。そして、（あ、これが一人暮らしって事なんだわ）と分った。（そうよね、この皮がなくなってた方が怖いわよね）と思った。

そして、アメリカの母さんのフローレンスが、「テツコ、この前の男性からデートの誘いが来てるけど、どうする？」「あの人は、女性に興味がないの」「その人は手が早いから要注意！」なんて、教えてくれた。

けれど、ニューヨークの一年間で、私にいちばん大切だったのは、いくつかのデートではなく、ひょっとしたらメリーの授業でさえなく、気が向いた時、セントラルパークのベンチにぽつんと座って、これまでの事や、これからの事をぼんやりと、時には真剣に考えたり、歩く人たちをジーッと見つめたりしていた、あの「時間」そのものかもしれなかった。ニューヨークで得たものや失ったもの、見たものや感じたもの、希望や絶望、などはとても書き尽すことはできない。ただ、女が生きていくのは、大変だってことがわかったのは確かだった。あの街での体験は、私の中に今も深く、鮮やかに居座っている。

一九七二年九月、私はニューヨークを去った。メリーに、フローレンスに、エヴリンに、いっぱい出来た新しい友だちに、お別れを言うのは辛かった。「ヤン坊ニン坊トン坊」で、いつも歌っていた、「お別れは悲しいけれど、出発はうれしいな、サヨナラ、サヨナラたくさん言って、元気に、元気に出発だ！」という歌を、小さな声で何度も口ずさんだ。

日本を出てから、まだ一年足らずだったけど、今のテレビ朝日から、今度始まる女性のためのニュース・ショーの司会をしないか、という急な話があったからだった。私は、「主婦の経験もない私に？」と聞き返した。それまで、女性のニュース・ショーの司会者はいなかったし、アシスタントでさえ、主婦の反感を買わないように、主婦とか、家庭的な人にして、着るものも白いブラウスに紺のタイトスカートみたいな衣装と決まっていた。お昼の番組だというから、主婦は大切な視聴者層だ。私のような独身で、好き勝手にアメリカまで行くような人間の起用は冒険だったと思う。「これからの時代は、主婦の経験がなくても、自由に生きる女性の立場からニュースを伝えてくれれば大丈夫なんです。お好きなファッションで出て頂いていいんです」と説明されて、私は興味を抱き、お受けする事にした。これが七二年十月からの「13時ショー」で、七六年一月まで続き、二月からは同じ時間帯で「徹子の部屋」が始まる事になる。

そうそう、田口ケイにはオマケがあった。

私のニューヨーク行きに合わせて、田口ケイもアメリカ人のメイドとして雇われて、ニューヨークに渡るという設定で、「繭子ひとり」から消えたのだった。すると、「ケイさんはどうなった？」という投書が山のように来て、急遽《きゆうきよ》、「繭子ひとり」の終りの頃（七二年三月半ば）に再登場する事になった。懐かしいカツラ、眼鏡、綿の肉がドカンと届いたから、私は早速、扮装《ふんそう》して、頰を赤く塗って、ニューヨークのＮＨＫの報道のカメラマンに協力してもらいながら、いわば、のちのビデオレターのようなものを作った。服は、ニューヨークの大衆的なデパートの特売で、アメリカの家政婦風なものを見繕って来た。

五番街とセントラルパークで主に撮影し、たまたま中学校の下校時間にばったり遭遇したから、それも撮って、ケイが日本に残してきた洋平という息子に「アメリカに来たら、ここに入るんだよ」と言ったりする、そんな内容にした。「繭子ひとり」の映像は、ＮＨＫにほとんど残っていないけど、当時私が書いた文章では、田口ケイさんは最後にこう言って、締めくくったという。文字では分らないが、ケイさんはニューヨークでも東北弁を喋っていた。

「もしか、今度お逢《あ》いするときがあったら、そのときは、誰か私を気に入った人が現れて、もう少し私も幸福になってるかもしれないですよ。長いことお世話になりました。みなさまもお元気で！　グッドバイ！」


あとひとつだけ、私のニューヨーク行きに関して、書き残しておきたいこと。

ニューヨークへ行く事を、森光子さんや沢村貞子さん、私が「お姉ちゃん」と呼んでいた山岡久乃さんたちに相談したら、みなさん、「いいじゃない、行ってらっしゃいよ」と言ってくれた。母さんの沢村さんは、「一年となると、長いかもね。でも、好きなだけ行ってらっしゃい」と言った。お姉ちゃんの山岡さんは、「私は家庭の都合もあって、行けないから、私の分まで行って来て。あなたは独身で身軽なんだから、ゆっくりしてきたらいいわ」と言った。マスコミの人たちも、それまで休養して外国へ行くなんて女優はいなかったから、(生意気だ、なんて叩《たた》かれるかな?)と少し覚悟していたら、みんな、好意的に扱ってくれた。

森さんに、ニューヨークから、「朝、インスタントじゃないコーヒーを飲んで、昼間、公園のベンチでぼんやり過ごすっていう生活を、森さんにもして欲しいの。居候《いそうろう》にいらっしゃいませんか?」と手紙を書いた。すぐに返事が来た。

「仕事の都合でどうしてもダメです。お小遣い困ってませんか? 送ります」

森さんの、体に似ない大きな字の手紙の上に、涙が落ちた。こんなに優しくて哀《かな》しい人は、そういない、と思ったから。

普段から森さんは、若い人の面倒見がとても良かった。ご自分が苦労してきたから、(つまらない苦労はさせない方がいい!)と思っていた。「私がわかっていることだったら教えるし。とにかく気持よく仕事が出来た方がいいでしょ。若い人が、気を遣いすぎて、実力が出しきれなかったりしたら、それこそかわいそうだもの」と言っていた。

まだ、日本では誰もパンダなんて知らない頃、小学生の頃から研究してきた私のパンダに関する話を、馬鹿《ばか》にしないで、いちばん一生懸命、聞いてくれたのも森光子さんだった。それ以来、五十年以上も、私は森さんを友だちと勝手に決めていた。むろん、森さんは仕事でも人生でも大先輩だけど、私は、友だち、と思いたかった。

森さんとは、「結婚、三回目はなさらないの？」「もう、たくさん。そうそう、何かで読んだけど、『結婚を二度するバカと、一度もしないバカ』って書いてあったわよ」「あら、私たち二人ともバカじゃない」、ちょうど二人でおいしい八朔《はっさく》を食べていたので、「あー、八朔って、本当においしい。私、八朔協会の人と結婚しようかしら」「テツコちゃん、八朔協会ってあるかしら？　せいぜい、柑橘類《かんきつるい》協会なんじゃないの？」なんて、いつまでも、女学生同士みたいな会話をして過ごしてきた。

二〇一二年に森さんが九十二歳で亡《な》くなった時、私はこんな弔辞を読んだ。


森光子さん、五十年くらいの間、優しくしていただきました。生放送の中、切り抜けてきましたね。その頃の森さんはコピー機といわれるくらい、台詞《せりふ》の覚えが早い方でした。NHKの専属だった私がフリーになるので、マネージャーを探していた時、ご自分のマネージャーの吉田名保美さんを紹介してくださったのも森さんでした。長いこと同じ事務所でした。舞台でも、どのくらいお世話になったかわかりません。

森さんは本当にユーモアのある方でした。五十年近く前、芸術座で「縮図」という徳田秋声の芝居をご一緒しました。菊田一夫先生の脚色でした。私も森さんも東北の芸者でした。ある日、出る前に、森さんの部屋で私が、アメリカのイサドラ・ダンカンという素晴らしいダンサーは、首に長いスカーフを巻いてオープンカーに乗ってたら、スカーフが車輪に巻き込まれてしまって死んだそうです、と言ったら、森さんは「かわいそうね」と言って、本番になりました。

雪の河原で、お金持ちの坊ちゃんに捨てられた森さんが、うずくまって泣いていて、私が助け起こすシーンでした。私が冗談めかして、「なして、こんなとこさ寝てんだい」と言って、抱き起こすのです。私が抱き起こしたら、森さんは小さい声で、「イサドラ・ダンカン、イサドラ・ダンカン」と仰《おつしや》いました。気がついたら、私は森さんが首に巻いてらっしゃる薄いスカーフを下駄で踏んだまま持ち上げたので、森さんの首が絞まってたんです。その瞬間的なユーモアに、私は自分が悪いのに、感動していました。あなたはそういう方でした。

私がニューヨークに一年間くらい、留学と称して、休養に行った時、ある日、森さんからお手紙が来ました。体に似合わない大きな字で、「お小遣い困っていませんか。いつでも言ってね」。私は泣きました。

「放浪記」の最後の頃に出させていただいた時は、「徹子ちゃん、好きなようにやってね。何にも、とらわれないでね。そうすれば、わたしも変われるかもしれないから」と。もう上演が二千回になろうという時、まだ変わろうとしていた森光子さん。「あなたとお食事に行きたいからリハビリしてます」。これが、森さんから最後にいただいたメッセージでした。私は楽しみにしていました。森さんは必ずまた舞台に戻っていらっしゃる。私はそう信じていました。残念です。森さんがいちばん残念だと思っていらっしゃるでしょうね。ですから、今も「放浪記」の最後のシーンで、机に寄りかかって寝ていらっしゃるのだと思うことにしますね。森光子さん、女学校の上級生と下級生のような関係のまま、五十年以上お世話になりました。こんなつらいお別れはありません。森さんの女優魂は、私たち、後から行くものを導いてくださるものと信じて生きていきます。本当にありがとうございました。

徹子のヘア

今頃になって、ブームになってると聞いて、私はびっくりしている。これは「徹子の部屋」ではなく「徹子のヘア」。つまり、私の髪型なのだ。

関西の方から始まった、と言われているけど、若い女性のファッション雑誌で数ページにわたって、私の「タマネギ」と呼ばれている髪の結いかたなどを紹介している。

ふつう若い人の髪型は、バングという前にたらす髪を、これまで、横に流すとか、いわゆるワンレングスみたいにするのが主流みたいだったし、顔のまわりに髪の毛が来るスタイルが多かった。それが徹子のヘアは、まず、私みたいに、前は、おかっぱ状にたらす。うしろの髪は少し長くのばして、全部上にあげて、てっぺんでおだんごみたいにしたり、そこはいろいろ工夫する。現在も、玉葱《たまねぎ》あたまのやりかたを図解にしたいとか、写真を貸してほしいとか、大手の女性雑誌からいくつも注文が来ている。図解にするほどでもないので、断っているけど、面白い現象だなあと思っている。

最初に私の髪型をタマネギと呼んだのは、久米宏さん。「ザ・ベストテン」をやってたある日、いきなり、「なんですか? タマネギ小母《おば》さん!」と言ったので笑ってしまった。たしかにタマネギに見えなくもない。その時、私は、「なんですか、一張羅小父《おじ》さん」と答えた。久米さんは、まだTBSの局アナで、タキシードは一着しかもっていなかったからだ。

ずっと、この頭でテレビに出てきたから、誰も不審を抱かないと思っていたけど、そうではないことが分った。

少し前、「徹子の部屋」に、ジャニーズ最年少で映画の主役をやった森本慎太郎君が来て、ふだん、私を見た事がない、と言った。なるほど「徹子の部屋」は午後一時二十分からなので（現在は正午からに変わったけど事情は変わらない）、小学生は学校に行っている。「世界ふしぎ発見!」は、土曜の夜の九時からだから、もう小学生は寝ている。ただ、森本君は一度、インフルエンザで学校が休校になったので、早く帰ってきたら、私がテレビに映っていたので、お母さんに、「どうして、この人はキノコ頭なの?」と聞いたそうだ。なるほど、見慣れてない人には、タマネギではなく、キノコにも見えるのかもしれない。すると、お母さんは、「でもね、この頭からね、アメとかオセンベとか、色んなものが出るのよ」と教えてくれたそうだ。お母さんは多分、ベストテン世代だろうと思う。ベストテンの時、ときどき髪の毛の後ろの方から、アメやオセンベを出した事があった。その日も入れてたので、「今日も入ってるわよ」といって、紙に包んだアメを森本君に渡したら、目を丸くしていた。

目を丸くしたといえば、「こども店長」をやってた加藤清史郎君が「徹子の部屋」にゲストで来た時、突然、「黒柳さん、頭の中にアメ入ってるって、本当ですか？」と、あの子どもらしい澄み切った声で聞いた。「あら、どうだったかしら、今日は」と言いながら、後頭部からグリーンの紙に包んだアメをだしたら、「ありがとうございます」と言って受け取りながら、なかば硬直したように、びっくりしていた。「あ、そうだ。もう一つ入っているから、これ妹さんにあげて」とピンクの紙に包んだアメを出して渡したら、彼は、両手に一つずつ持ちながら本当に驚いたらしく、しばらくフリーズ状態になっていた。

収録後、楽屋で、清史郎君のお母様が、「本当にびっくりしたらしく、何も反応しないでごめんなさい」と、おっしゃった。私は別に自分が、そんなにびっくりする事でもないと思っているのに、そんなに珍しい事かと、その事のほうが、ビックリだ、と思った。でも後で、色んな人に聞いてみると、やっぱり、頭の中からアメとか出すのは、そりゃびっくりします、といわれて、こども店長の清史郎君には、少し説明すればよかったかしら、と、後悔したくらいだった。でも、思い出してみると、こども店長が、ずっと両手に握って帰ったところを見ると、嬉《うれ》しかったのかも、と少し安心の気分にもなる。さらに、アメリカの歌手のレディ・ガガさんがゲストに来てくれた時は、この話が伝わっていたらしく、うずたかく巻いた金髪の中から、キャンディを取り出して、私にくれたので、これには、私もびっくりするやら、嬉しいやらだった。

宮沢りえさんが、初めて「徹子の部屋」に出演して下さった時のこと、ヴィンテージの和服で、絵のように美しいりえさんが、私と同じ玉葱ヘアに結って、出て下さった事があった。りえさんは、「『徹子の部屋』に出ると決まった時から、黒柳さんと同じコタマネギにしようと思って結って来ました」といって、ふふっと笑った。本当によく似合っていて、しかも、嬉しい事に、雰囲気が、なんとなく私みたいだった。勿《もち》論《ろん》、りえさんは、まだ十八か十九歳になったばかりで、輝くように綺《き》麗《れい》だったけど、コタマネギは、ある種の面白さがあった。考えてみると、あの玉葱ヘアは、その頃から、いまのブームのきざしが見えていたのかも知れない。

昔、二百三高地という髪型があり、それは、私の髪の前が下がってない形だった。日露戦争の時の激戦地、二百三高地のように、盛り上がっていることから、名付けられたようだ。外国でも同じような髪型があり、ポンパドールとよばれている。ぐるっとふくらませて、てっぺんに、ゆるい、おだんごがある。ルイ十五世の愛人のポンパドール夫人が、美しく、おしゃれ上手で、やりはじめたことから、そう呼ばれているらしい。私は、そういう歴史的な事とは全く関係なく、ニューヨークにいた時、毎日、振り袖《そで》を着て出かけることが多かったので（評判がよくて、可愛《かわい》がってもらえた）、なんとなく出来たスタイルだった。

最初は、おかっぱ頭にしてたけど、髪がのびてきたので、まとめて上に持っていき、一つにまとめた、というカンジだった。当時、ジャクリーン・ケネディとかモナコのグレース王妃とか、ダイアナ・ロスやジェーン・フォンダなど女優たちの髪も担当し、「VOGUE」や「HARPER'S BAZAAR」といったファッション誌の中のページはもちろん表紙も担当して、ニューヨークというより、アメリカで一番有名だったヘアドレッサーの須賀勇介ちゃんが、私と親友だったことから、「こんなの、どうかしら？」「こうしたら？」と完成させたのが現在のタマネギヘアだ。洋服でも着物でも、どっちでも合う髪型。

着物の時は、てっぺんのまげを少し大きくして、そこに櫛《くし》とか笄《こうがい》や、かんざしをつけると、昔の日本風にも、すぐになれる。考えれば凄《すご》い、と今になると、自分でも感心する。よく、かつらですか？　と質問されるけど、これは地毛。うしろの生えぎわとか、耳のうしろを見て頂けば、自分の髪だから、こんな風に上がるのだ、と、わかって頂けると思う。違うスタイルの時は、ロングヘアを中に折り込むようにして、ウイッグをかぶる。

今年（二〇一五年）、「徹子の部屋」は四十年目に入った。三十九年間、全く髪型を変えてないというのも、強情のような気がするけど、私は、こういうトーク番組の場合、ゲストは、どんな髪型でも構わないけれど、聞き手は、変えないに限ると思っている。それに、だいたい聞き手は、カメラに後ろから撮られることが多いから、首筋に毛がかかっていると、うなずいたりしても、よくわからない。上にあがっていると、「そうですね」とか「ええ」とか頷《うなず》いているのが、後ろからでも首のあたりで分かるので、この髪型は、聞き手にはいいと思う。

もうひとつ、髪型を変えない理由は、もし、ある日、私がいつもと違うヘアスタイルにしたとすると、多分、ごらんになってる方は、「あら、この髪型似合わないわ」とか、「ちょっと、見て、こんな頭になってるわよ」とかいう事になって、折角、心をこめて、ゲストも私も会話をしているのに、なかなか話に集中して頂けないと思うからだ。これが、私は好きじゃない。すぐ、話に耳をかたむけてほしい。だから、毎日変わるのは、ゲストの方と、私の洋服と、私とゲストとの間のお花。これが決まりになっていれば、お客さまも、安心して、「徹子の部屋」に一緒に座っているような気持ちでいて下さるのではないか、と、考えたのだ。

これが、いつも同じ髪型でいる理由だ。私が髪を下げたり、上げたり、たらしたり、という事になると、絶対、テレビをご覧下さる方々の目は、そっちに行って、劇場で芝居が始まっても、しばらくザワザワしてるみたいなのと同じ事になる。それがないほうがいい、と決めて、私は三十九年間、髪型を変えないで来た。いつか、雑誌に、女性のファッション評論家の方が、「黒柳さんが何十年と全く髪型をかえないで押し通しているのは、それも個性だ」なんて書いて下さってて、とても嬉しかった。それと、この頃は、追悼とか、アーカイブとかいって、「徹子の部屋」の三十九年前のが映ったりする。それで、「あまりお変わりないですね」と言って頂く事があるけど、考えたら、私の顔は、やっぱり当然のことで、それなりに変わってるけど、髪型が同じなので、そんなに、変わっていないように見える。これも、今となると、変えないでよかった、と思えることのひとつかもしれない。

＊

もうひとつ、「徹子の部屋」をやるにあたって、私が決めたこと。

それまで毎日のように出ていたテレビドラマを、やめることだった。ちょうど「徹子の部屋」が始まる頃に、若尾文子さんと出ていたドラマがあって、いつも、ほろ酔いかげんでいる芸者さんをやっていたら、撮影中のスタジオで、小道具さんが声をひそめて、「本当はお酒のんでやってるんでしょう?」と聞いてきた。

元来、私は一滴もお酒は飲まないし、テレビドラマで飲むお酒はお水と決まっていて、徳利《とっくり》に小道具さんがお水を入れてくれている。だから、「あら、あなたが入れて下さったお水でやっているのよ」と言ったのに、小道具さんは、離れた所にいる仲間に、「本当は飲んでやっているんだよ」と、まだ言っていた。私はびっくりした。確かに、ほろ酔いかげんの芸者さんを演じると、みんなに「うまい」とか言われたけど、そんな身近な人が、本当に飲んでると思うなんて。もし、私が悪い女をやって、うまくいっても、「徹子の部屋」を見る人は、「本当は悪い女が、人の話を聞いてるんだよ」と思われるって事も、テレビではあるかもしれない。テレビは、そういう所がある、と前から思っていた。

そう考えて、思いきってテレビドラマは、そのドラマを最後に、やめる事にした。テレビでは、司会とか、インタビューとか、自分自身として出られるものだけにしよう、と決めた。そして、演じるのは舞台だけにしよう。いま振り返っても、こんな風に、はっきりと決めたのは間違っていなかったと思う。まさか「徹子の部屋」を四十年もやることになるとは、その時は思っていなかったけど。

それと、私はクイズ番組に出てなかった。クイズって、正解したからと言って、頭がいいと証明されるわけでもないけど、不正解ばかりだと、頭が悪いと思われる。頭が悪いと思われてる司会者がゲストの話を伺うのは、ゲストの方にも申し訳ないし、番組の信用度も落ちるかな、と思って、「徹子の部屋」や「ザ・ベストテン」を始めてからも、クイズ番組へのお誘いはお断りしてきた。

だから、ずいぶん古くから知っている重延浩《ゆたか》さんという制作会社「テレビマン・ユニオン」の社長さんが（今は会長）、新しいクイズ番組の話を持ってきて下さった時、「お断りしてるんです」とこたえた。すると重延さんは、「いや、これはこれまでのクイズ番組と違うんです。いろんな雑学を知っているからと言って、できるクイズじゃなくて、考えるクイズです。一時間かけて、例えばジャンヌ・ダルクの生涯を紹介して、彼女の人生がだいたい分るようになるんです。間に三、四問入ります。ジャンヌ・ダルクの人生が理解できれば、解けるんですよ。世界中の歴史や文化を取り上げる予定です」と言う。

私は、歴史にまるで弱いのが自分の劣っているところだと思っているから、子供用の歴史の本を読んだりしていたが、なかなか知識が深まらない。仕事になるなら、もっと熱心に勉強もするだろう。引き受ける気になった。

「それに出演すると、私も歴史の勉強になりますか？」

「なります」

「あまり馬鹿《ばか》に見えても、『徹子の部屋』や『ザ・ベストテン』のみなさんに悪いので、何がテーマなのかを事前に教えて下さいますか。勉強してから収録に行きます」

「お教えします、お教えします」

重延さんがそう言ってくれたので、一九八六年から始まった「世界ふしぎ発見！」に出る事になった。

テーマを教えてもらっても、どうせ、私は出来ないだろう。なら、「徹子の部屋」や「ザ・ベストテン」と違う恰好《かっこう》をしたら、誰が出てるか分らずにすむかもと思って、着物を着て出るようにしたが、思惑は外れて、「誰か分らないわけないでしょう！すぐ分りますよ！」と言われた。

もうひとつ思惑が外れたのは、熱心に予習をしていくと、私の正解率が意外にも高くて、スタッフがだんだんテーマをきちんと教えてくれなくなったのだ。

「エジソンです」と教えられて、私が一通り調べて、彼が元はモールス信号の技手で、恋人の手のひらにトンツーツーと、モールス信号で「結婚して下さい」と打った、なんてエピソードを面白いなと思っていると、そこが問題に出る。そんな事が続いた。

そこで、私への教え方が変化してきた。例えば、それまでクレオパトラなら「クレオパトラです」と教えてくれていたのに、ナイチンゲールの時は「次はクリミア戦争です」とか、まるでヒントみたいになっていった。それでも、クリミア戦争を調べる時は、自然とナイチンゲールの事も勉強するから、私の正解率が下がらない。すると今度は、アステカ文明の時に「中南米です」とか、ディズニーの時に「アメリカです」とか、いよいよ曖昧模糊《あいまいもこ》とした教え方をされるようになってきた。

仕方ないから、私は、「ふしぎ発見」の放送の予告篇をじっくり見て、（あ、アステカ文明か）と推理するようになった。私がパーフェクトを取ると、問題を作った人やディレクターは、みんなから「ワワワーッ」と言われるから、私に当てさせないように、ますます、あの手この手を使うようになった。

普段は事務所の人に図書館へ行ってもらうのだが、たまに自分で、都心の大きな図書館へ行って、予習勉強用の本を借りることがある。ある日、私があるテーマの本棚の本に手を出したら、すぐそばで、バサッ！と大きな本を落とした人がいた。若い女性が、私を見ていた。私が図書館にいるのがそんなに珍しいのかな、と思って、なん

となくその場を離れたのだけど、なんと彼女は「ふしぎ発見！」の問題作成チームの一員だったのだ。慌《あわ》てて、みんなに、

「ダメです！　黒柳さん、私が出題のヒントにした本に手をかけていました！」

と報告した（私は問題作成の人たちを知らない）。彼女の心配は当たらず、その時のテーマ、中国料理の回は、私は一問しかできなかった。

私がユニセフの仕事でアフリカへ行こうとして、乗り換えをするパリまでの飛行機に乗ったら、ミステリーハンターの竹内海南江《かなえ》さんも同じ便に乗っていた。あの番組の海外取材は丁寧で、ひとつのテーマに二週間くらいかけていて、竹内さんはしょっちゅう海外を飛び回っている。私は全く他意なく、

「あら、海南江ちゃん、どこへ行くの？」

と聞くと、竹内さんはにっこり笑いながら、手を体の前で左右に振って、

「いえ、いえ」

と答えにならない事を言って、後ずさりをした。そのあとド・ゴール空港で、「ふしぎ発見！」のスタッフを何人かを見つけたから、「どこに行くの？」とまた聞いたら、みんなで「いえ、いえ」と言った。（「いえ、いえ」かあ！）と私はおかしくなった。そこまで私に内緒にしておきたいのだ。どうやら、ポルトガルへ取材に行くとこ

ろだったらしいと、これは後で番組の収録の時に知った。

「会ったんだから、ポルトガルに行くくらい、教えて下さってもいいでしょう?」と言ったら、「いいえ、ポルトガルと言ったら、黒柳さんは絶対、日本とポルトガルの関係を勉強するとわかってますからね」と言われた。

でも、私の栄光もその頃までで、ここ数年は、三択問題を出されるようになって、正解率はガタ落ちしている。三択は、私にパーフェクトを取らさないために、私の性格を熟知してきたスタッフが考え出した手だった。三択が苦手な理由は、ひとつには、私は、自分で考えるのはいいけど、人の考えたことに自分を当てはめるのは得意じゃないし、もうひとつには、「黒柳さんはこれを選ぶだろう」と狙《ねら》って作った選択肢をご丁寧にも必ず選んでしまう、という素直さがあるからだ。野々村真君は、「三択なんて、正解率三三%じゃないですか!」と、自分で考えなくていい三択問題が大好きみたいだけど、私はずっと苦手なままだ。

＊

徹子のヘアの方の話に戻ると、「週刊朝日」の最後のカラー頁《ページ》(「ブラックアングル」)を、ずっと描きつづけていらっしゃる山藤章二さんは、その一つ前のページで、似顔絵塾の先生もやっていらっしゃる。いつか、私の似顔絵を描いた塾生に、こう感想を書いていらした。「みんな、黒柳さんというと、タマネギ頭を描けば、それで似てると思ってるみたいだけど、顔も、ちゃんと描いて下さい」。でも、確かに、髪型だけで私だとわかる、という絵もある。

和田誠さんも、長年、私の絵を何枚も描いて下さっているけど、昔、私が、普段と全く違うチリチリの頭でお会いしたら、「あれ、変えちゃったの？」とびっくりした声を出してお聞きになったので、「ううん、かつら！」と言ったら、「ああ、よかった。いや、黒柳さんの絵をタマネギ頭で描いたばかりだったんで」と安心したように、おっしゃった。和田さんの描くタマネギ頭は、よく観察して下さってるらしく、物凄く、正しいタマネギ頭だ。

それにしても、「徹子のヘア」のブームが、いま起こってるとすると、ブームによっては、何十年もたってから起きるのだ。何かブームを起こしたい方に、「気長になさいませ！」と、伝えたい気がする。考えると、私が、子どもの時、研究していたパンダがそうだ。陽の目を見るはずもなかったパンダが、突然、脚光を浴びたのも、私が研究を始めて三、四十年くらい経《た》ってからだった。パンダが日本に初めて来たとき、多分、日本でパンダについて詳しかったのは私くらいしかいなかった。

私がパンダと出会ったのは小学校低学年の頃だ。叔父がアメリカからおみやげに買ってきてくれたのが、パンダのぬいぐるみだった。一九三〇年代に、アメリカのある探検家の奥さんが中国でパンダを捕獲して、本国へ連れ帰った。生きたパンダが中国の外へ出たのは、これが史上初めてのこと。シカゴの動物園でスーリンと名づけられた、このパンダはアメリカ中の人気者になり、ぬいぐるみも作られて、叔父の目に留まり、私のところまでやってきた。

もっとも、当時の日本では、まだパンダの存在も知られていなかった。私も、その三頭身のぬいぐるみを、一目で好きになったのだけど、白と黒とでデザインされた、架空のクマだと思い込んでいた。今も手元にある、そのぬいぐるみを見ると、背中一面が黒くて、アメリカ人も、パンダをよく知っていなかったんだとわかる。

大人になってから、中国にパンダという動物がいることを偶然知って、写真を見ると、私の持っているぬいぐるみと似ている。何だか、同じ動物みたい。まさか、こんな動物が、この世にいるなんて！

それからは、まだパンダの情報なんてほとんど入って来ない日本で、銀座のイエナ書店や日本橋の丸善にせっせと通って、パンダの載ってる欧米の写真集や雑誌を探し歩いた。そして見つけると、このかわいい動物の姿や情報を、スクラップブックに貼《は》るようになった。それでも、一年に一枚、写真を見つけられるかどうかだ。そうなると、まだ見ぬパンダへの想《おも》いは、募る一方になった。

「テレビ女優になって良かったことは？」と聞かれると、「動物園の園長さんと対等に会える事」と答えるくらいだった。パンダについて、子どもの頃から一人で研究してきた私は、動物園に行って、園長さんや飼育係の方にお話を伺いたくてたまらなかった。それが、曲がりなりにもテレビ女優と呼ばれるようになって、番組や雑誌の対談などで園長さんにお目にかかり、「パンダのいる中国の動物園について調べてトさいますか」とお願いできるなんて、夢のようだった。この時、私は心の底から、「あ、NHKに入って良かった」と思った。

ついに私が、「もう、写真や百科事典じゃ我慢できない。生きたパンダをこの眼で見なくちゃ！」と、ロンドン動物園まで出かけて行って、本物のパンダと初めて出会えたのは一九六七年のこと。チチという女の子だった。

動物園に着いたものの、会いたくて、会いたくて、ドキドキしすぎて、すぐには会いに行けなかった。わざと動物園の他の動物の前をゆっくり歩いて、自分をじらしながら、ちょっとずつ、パンダ舎へ近づいていく。そして、とうとう私はパンダを見た。

青い芝生がまぶしい庭の、少し奥の方にいた。かわいい！　それはもう、想像以上のかわいらしさだった。

実は、「想像より、かわいくなくても、それは、あきらめよう！」と自分に言い聞かせていたのだけど、想像より百倍もかわいく、涙が出た。なんて、足が短いんだろう。大きなお尻《しり》に隠れそう。体はまんまるだ。背中からお尻にかけてが、もう、見るからに柔らかそうだ。正面からでも横からでもかわいいのに、お尻だけでもかわいいなんて！　本当に、私が叔父から貰《もら》ったぬいぐるみそっくりの、三頭身だった。その仕草、表情、存在のすべてに感動して、「ずっと、パンダを想い続けてきてよかった！」と、誇らしいような、ホッとしたような気持になって、しかも、チチと国際結婚させるべく、モスクワ動物園の牡《おす》パンダ、アンアンが運ばれてきていた。何という幸運！　初めてパンダを見る日に、二匹も一度に見られるなんて！　その日から、いっそうパンダへの愛着は揺るぎないものになった。

この話には余談があって、永六輔さんが同じ時期に、仕事でモスクワへ行っていた。モスクワの動物園には、アンアンというパンダがいる事は、パンダ研究家である私は承知していた。私は永さんに、「必ず必ず、アンアンを見て来て！　写真も撮ってきてね、お願いお願いお願い！」としつこく頼み込んだ。親切な永さんはわざわざ動物園に行ったものの、パンダというロシア語が分らないし、園内を走り回って探しても、どこにもアンアンはいなくて、それも猛吹雪の日とあって、動物園で遭難しそうになった。私は、ロンドンでパンダに夢中になるあまり、永さんに後で大いにボヤかれるまで、頼んだ事すらケロリと忘れていた。

それから五年たって。

一九七二年に、アメリカのニクソン大統領が中国を訪問した後で、中国がワシントン動物園に、リンリンとシンシンという二匹のパンダをプレゼントした時、私はちょうどニューヨークに留学中で、「これは運命だわ！」なんて思いながら、飛んで行った。

この時もパンダは大の人気者で、土日は一日七万人、平日でも三万五千人が、パンダ・ハウスにつめかけていた。その日も、檻《おり》の前には長蛇の列ができていて、本当は「ひとり三十秒」という制限があったのだけど、「私は日本から来た、パンダの研究家なんですが、ちょっとだけ長く見てもいいですか？」とお願いしたら、柵《さく》の内側に入れて下さって、そこにしゃがみこんで、ずいぶん長い時間、眺めることができた。シンシンはオスで、結構シャイで、繊細な性格の持ち主のようで、静かに暮らすのが好きな様子だった。リンリンは、シンシンより半年お姉さんで、少し太り気味で、飼育係が「道化師」という仇名《あだな》をつけたとおり、おてんばで、おかしなことばかりしていた。

二匹の部屋は、お互いに行き来できないように厚い壁で別々になっていたけど（これは、二匹ともまだ子どもなので、成長する前に嫌い合わないようにする工夫）、リンリンの部屋は、鉢植えの笹《ささ》の葉を齧《かじ》って丸坊主《まるぼうず》にしてしまい、鉢がわりの樽《たる》も全部ひっくり返し、中の泥を部屋中にまき散らしていた。シンシンの部屋は、ゴミひとつ落ちてなくて、整然としていた（この性格の違う二匹のパンダはやがて、五匹の子どもをもうけた。だけど、子ども達は、いずれも数日しか生きられなかった。リンリンとシンシンは長生きして、九〇年代まで生きていた）。

どうやったら、日本にもパンダが来てくれるかしら、と思っていたら、ワシントン動物園に来たのと同じ年、やはり国交を回復した日本へ、中国が、ランランとカンカンというカップルをプレゼントしてくれたのだ。

その頃、帰国していた私は、もう落ち着いていられず、日本にいつ来るのか、どうやって来るのか、いろいろ調査を始めた。すると、どうやら、ランランとカンカンは、中国から飛行機に乗って羽田へ到着し、車に乗り換えて、時速四十キロくらいのスピードで上野動物園を目指すらしい。そこまでわかると、ますます、居ても立ってもいられなくなって、当日、到着の時間を計算して、「ちょっと大切な用事があるので、今日はこれで失礼します！」と言って、ドラマのリハーサルを抜け出し、動物園の裏門まで駆けつけた。日本に来てくれたことを歓迎したかったし、少しでも早く、ほんの一目でもいいから、見てみたかった。

上野動物園でほかに到着を待っている人はいなかった。私が一人で、ぽつんと立っていたら、近所の子どもたちが三人くらい寄ってきて、それだけだった。この前、リーリーとシンシンが来た時は、何百人かが上野で到着を待っていた、というニュースを見たけど、カンカンとランランの時は誰もいなかったおかげで、上野動物園の方が、私が立っているのを見て、事務所みたいな部屋に入れて下さって、「寒かったでしょう」と（十一月だった）お茶を淹《い》れて下さった。結局、カンカンとランランは大きなコンテナに入って到着したので、実際に見ることはできなかった。だけど、この中にパンダがいるんだ、とうとう日本にパンダが来てくれたんだと思って、ものすごく嬉しかった。最近、このとき裏口で待ってた写真が、上野動物園に保存されてあると、わかった。

パンダが公開され、日本でも大人気になってすぐ、小学四年生の子どもたちに「パンダのことで、何が一番知りたいですか？」って質問をした。当時、大人がパンダについて知りたいことは、だいたい決まっていて、「これは中国にしかいないんですか？」「希少動物なんですって？」「笹を食べるんだそうですね？」という三つ。だけど、子どもたちが知りたがったのは、

「なんでパンダは白と黒なんですか？」

これは、学者の方にもとっても一番難しい、まだよくわかっていないことなのだ。いつも感じることだけど、子どもって、パッと、本質的なことを不思議に感じる力がある。

パンダが白と黒になった理由で最も有力な説は、岩山や雪の中で暮らしていくうちに、身を守るために、保護色の白黒になった、というもの。でも、これは確かではない。笹林や竹の中で、白と黒は目立つからだ。ただ、ひとつ確実なのは、目の周りが黒くて垂れているのは、雪の中でも眩《まぶ》しくないように、サングラスの役割をしていること。野球選手で、目の下に黒く描いてる方がいらっしゃるのと同じです。

パンダは、みんな個性的で、白黒の形、目の垂れ方、口の上がり方、耳の離れ方や体の丸み、それから表情や性格も、それぞれ違うのだ。そして、ひとり遊びの達人だ。世界中のパンダを見てきたけど、いつでもどこでも、ひとりで遊んでいる。警戒心も、あまりないみたい。天敵があまりいない中で生きてきた動物だからか、実にのんびり

しているのだ。上野動物園のカンカンは毎朝、飼育係の本間さんに起こされないと、起きなかった。そして、寝ぼけてもいた。野生動物で、起こされるなんて！

先日、テレビの企画で、上野動物園までリーリーとシンシンに会いに行った。喜んで撮影に出かけたのだけど、終わった後、ディレクターがにこにこしながら、「黒柳さん、今日、『かわいい！』って何回言ったと思います？　百八十二回ですよ！」。これには、さすがに私も、「ボキャブラリーが貧困じゃない？」って反省したけど、でも、パンダを見に来た、ほかのお客さんの「かわいい！」も数えてみると、平均七十回も言っていたそうだ。行列を作って、檻の前を歩いて通り過ぎる、ほんの短い時間のあいだに七十回。一秒に一回くらいは言っている計算？　私は撮影だったから、ほかのお客さんより、長く見せて頂いたせいもあって、百八十二回にもなってしまったのだと思う。いずれにしても、あんなに、かわいい、って言葉が似合う動物もいない。

ヘアスタイルでもパンダでも、私は自分から、注目して下さい、と宣伝した事は一度もない。それが、三十年くらいかかるにしても、思ってもみない時に陽の目を見るのは、面白いなあと思う。ももいろクローバーZは、私との仕事の時、みんなタマネギ頭にして来て下さる。

「徹子のヘア」を、若いお嬢さま達が、やって下さって、成人式の時かなんか、みんながコタマネギになってたら面白いと思う。ぜひ、来年の成人式に、お願いします！

ある喜劇女優の死

若い人は、もう賀原夏子さんという名前に、あまり、なじみがないかもしれない。もともとは文学座にいたけど、芥川比呂志さんや高橋昌也さんたちが出て行って劇団雲を作ったのと同じ一九六三年、もう一度分裂騒動があって、三島由紀夫さんや中村伸郎《のぶお》さんたちと一緒に文学座を脱退した女優だ。賀原さんはやがて彼らとも別れて、「NLT」という劇団を作り、主に喜劇、それもフランスの喜劇を中心に上演し続けた。賀原さんが死んだのは、一九九一年二月二十日だった。

「死ぬ、ってこと考えると、いままで体験したことのないことだから、ちょっとワクワクするね。死ぬ役も随分やったけど、本当に死んでみれば、あの演技が正しかったかどうか、よくわかるわ。でも、わかったところで、どうせ死んじゃうんだから、どうしようもないけどね」

これは、賀原さんが、自分がガンで死ぬ、とわかった時に、小さなノートに書き残し、また、そばについていた劇団の制作の女の人に言った言葉だ。賀原さんは、最後までそうだったけど、自分の死について、気負った所も、あきらめた所も、また冗談めかした所もなく、落ち着いて、むしろ屈託なく話していた。私は、自分の死を目の前にして、こんなにキモがすわって強い人に、これまで逢《あ》ったことがなかった。

「死ぬ、ってこと考えると、いままで体験したことのないことだから、ちょっとワクワクする……」

そうはいっても、賀原さんは、お腹《なか》に腹水を四升くらいためて、ガンの痛みと闘いながら、劇場中のお客さんを爆笑させ、ひと言の弱音もはかずに、死ぬ一ヶ月前まで舞台に出演した。

「もし、お客さんが、一人でも私が病気だとわかったら、すぐ止《や》めちゃうよ。私は喜劇をやってるんだから。同情されるのなんかは、絶対イヤだからね」

賀原さんが私に自分の病気のことを、はっきりと話してくれたのは、亡《な》くなる前年の十月のはじめだった。私は文学座では研究所にいただけだから、賀原さんの、うんと後輩になるのだけれど、賀原さんが喜劇専門の劇団NLTを作った時（一九六八年）、その旗揚げ公演の「マカロニ金融」というフランスの芝居に、賀原さんの娘の役で客演した。私も上質の喜劇が好きだからだ。演出は飯沢匡先生。いつもフルートを吹いている不思議な金貸しの役で森雅之《まさゆき》さんも出て下さり、芸術祭賞を受賞して、賀原さんを力づけた。森さんの金貸しは、本当にお金が必要な人だけに安い利子で貸し、人から預かる時は高い利子で預かる。いつか破綻《はたん》がくるんじゃないかと、神父様も借りているので、バチカンやローマ警察も出てくるけど、結局、なぜか、この儲《もう》けようと思わない金貸しが勝つ、というステキな喜劇だった。

以来、私は、いくつもＮＬＴの芝居に出たし、偶然、「屋根の上のヴァイオリン弾き」とか「ラ・マンチャの男」の初演でも、賀原さんと一緒だった。そして、賀原さんが亡くなる前の数年は、「ニノチカ」という芝居で、ＮＬＴに出て、賀原さんと、何年にもわたって旅公演も一緒にしている、という仲の良い関係だった。そんな訳で、その年も一月、二月、三月、五月と「ニノチカ」の旅をしていた。たまたま五月から、その話を聞く十月まで会ってなかっただけだった。

丁度、その十月、私は銀座セゾン劇場で「ルーマーズ～口から耳へ、耳から口へ」というニール・サイモンの芝居をやっていた。賀原さんは初日に見に来てくれた。そして初日の終演後のロビーでのパーティにも残ってくれて、「とても面白くて、よく笑ったわ」とマイクの前で、挨拶《あいさつ》もしてくれた。

私は、賀原さんを見ていて、（少し、やせたかな？）と思った。でも、賀原さんという人は、元来、不思議な服を着ているので、どういう体型の人か、そもそも、よくわからないところがあったから、気のせいかな、とも思った。その後、雑談をしている時、賀原さんが小さい声で、私に「ちょっと話があるんだけど、いつでもいいわ。時間があったら連絡してよ」と言った。

それから五日くらいして、劇場へ入る前に時間があったので連絡し、車で賀原さんの家まで迎えに行った。私が大通りで待っていると、賀原さんは、いつものように、ヘアバンドが中に入ったネッカチーフを頭にかぶり、御自慢の脚線美が見える膝下《ひざした》までの珍らしいパンツで、十月だというのに素足にサンダルばきで、家から出て来た。そして、近所の、犬を連れたおばさんみたいな人と笑いながら路地で立ち話をしていた。私は、やせたかな、なんて思ったのは気のせいだったんだ、と思った。セゾン劇場の地下のイタリア料理屋で、少し早いけど、晩御飯、食べちゃおう！となって、私たちは並んで座った。賀原さんは、いつもと全く変わらない様子だった。少し俳優の人たちの噂話《うわさばなし》かなんかしてから、

「なあに、話って！」と私が訊《き》くと、賀原さんは、「そうそう、重要なこと、言わなくちゃね」と言った。そして、オードブルを食べる手をやすめると、こういった。

「再来年と、その次の年と、『ニノチカ』の旅、決まってるわよね。あなた出て下さることになってるけど、もし、私が行かなくても、行ってくれるわよね」

私は、かねがね賀原さんが、この芝居の中のロシアの大公妃の自分の役が、宝石をして毛皮なんか着るような、奇麗な役なんで、なんかイヤだ、私は汚ない役のほうが好きなんだ、と、ずっと言っていたから、それでイヤなのか、と思った。だから、

「勿論《もちろん》、行くけど、どうして行かないの？　あの役、イヤだから？」と訊いた。すると賀原さんは、「そうじゃないのよ。どうも、行けそうもないのよ」と言ってから、実は、三ヶ月前に、開腹手術をしたんだ、という事を話してくれた。

「なんか、お腹が痛いからさ、婦人科かしらと思って病院に行ったら、すぐ手術だ、っていうじゃない？　びっくりしたけど仕方がないから、やってもらったら、もう、お腹のあたり、全部ガンで、手のつけようがなくて、どこも取らないで、すぐ閉めちゃったのよ」

一瞬、私は、賀原さんは誰か他の人の話をしてるのかと思った。誰だって、自分のことを、こんな風には言わないものだもの。

「誰が？」

と私が訊くと、賀原さんは笑って、

「いやね、私よ」

と言った。

手のつけようがなくて、すぐ閉めちゃった、というのは、秘密で誰かのガンの話をヒソヒソする時に出る事で、本人が言うなんて聞いたことがない、と思った。賀原さんは、私がぼんやりと彼女の顔を見ていると、

「だって、ほら、私、天涯孤独じゃない。だから、直接どのくらい悪いのか、私に言って下さらないと、誰もいないんですってお医者様にいったのよ。驚きませんし大丈夫ですから、いって下さい。私は劇団も持っているんだし、色々することもありますから、どうなんです？　って聞いたわけ」

スパゲッティーが運ばれて来たけど、私は手をつける気になれなかった。賀原さんは「あーら、おいしそうね」と言ってから、

「じゃあ、あと、どのくらい生きられます？　って先生に聞いたの。でも、はっきり言ってくれないの。だから、来年の一月に、どうしても博品館で、『毒薬と老嬢』っていう芝居があるんで、それは、出られますか？　って聞いたのよ。丁度、手術から六ヶ月先よね、一月というと。そしたら先生が、ちょっと考えてたけど、『それはムリでしょう』って言ったの」

私は、なんて言っていいか、わからなかった。お医者様の予想だと、賀原さんは、あと三ヶ月も生きられない、ってことになる、とわかったからだった。私がだまっていると、賀原さんは、

「スパゲッティー食べましょう。さめちゃうから」

と言って、どんどん、食べ始めた。私は急に、おかしくなった。

「賀原さん、三ヶ月前にお腹開けて、手のつけようがありません、っていわれた人が、そんなにスパゲッティー、どんどん食べられるなんて！　賀原さんて、変わってる！」

するとと、賀原さんも笑いながら、

「そうなのよ。変でしょう？　だから先生もね、はじめは、『とても一月の芝居はムリです』と言ってたんだけど、『あなたはヘンな人だから、やってごらんなさい。出来るかも知れない』って言うのよ。だから、なんとか、やってみようと思ってるわけ」

声は、いつものように、かすれていたけど、元気いっぱいだった。

「痛いの？」と私が訊くと、賀原さんは、

「そうね、それが厄介なのよ。特に夜中になると痛むの。だけど、これも馴《な》れね。馴れると案外、平気になっちゃうもんよ」

本当に平気そうな顔をして、「でもね、そうわかってから、靴なんか店屋で見てさ、買おうかな、と思うんだけど、ああ、買っても、そう長く履けるもんでもない、と思って止めちゃうの。案外ケチになるわよ」と私を笑わすように言った。そして、「私、お客さんにわからしたくないの。Uさん(俳優)は病気がひどくなっても舞台に出てて、お客さんは『今日、舞台の上で死んじゃうのか』って、毎日、劇場へつめかけたでしょう? 私はイヤなのよ。同情なんて絶対されたくないのよ。第一、喜劇やるんだもの、みっともないとこ、見せたくないわ」

賀原さんは、私と同じだけ、おいしそうに食べた。食後、賀原さんは、大好きな煙草《たばこ》を吸いながら、遠くを見るような目で言った。

「まだ、誰にも、このこと、言ってないから、劇団のみんなにも、だまっててね。そいじゃ、『ニノチカ』の旅、安心していいのね」

私は「ええ」とうなずいたけど、その時、どんな風に考えてみても、賀原さんが、すぐ死んでしまうようには思えなかった。賀原さんには不思議な底力があるんだから。テレビで庶民的なおばさんの役を得意にしてる賀原さんだけど、実は、いつもバッグに水着を入れていて、ロケの間に時間があるとプールに飛び込んで泳いだりする肉体美人だなんて、みんなの知らないことなんだし。何かのロケーションで、アマゾンに行った時も、どんどん、アマゾン川で泳いだ、と言っていた。「ピラニアがいるんじゃないの？」と私がこわがって言ったら、「何かあったら、あった時のこと！　あの水の純度は最高よ」と平気でいう賀原さんだもの、きっと、なんとかなるんだ、と私は良いように考えていた。

次の日、私は自分の洋服の中から見つくろって、冬用の厚手で、しかも軽く、賀原さんの「やせちゃってさ、隠すのが大変！」と言った体を隠せるような、ジャケットやパンツを何枚か探してNLTに届けた。賀原さんから、すぐ電話があった。

「ねえ、どうして、こんなに親切にしてくれるの？」

言葉につまった私は、

「だって、私、賀原さんのこと、好きだからなの」

それしか、言えなかった。

そして新しい年が来た。私は年末のテレビで忙しく、また、心の友達だった、ニューヨークの有名へアドレッサーの須賀勇介さんが、賀原さんと会った少し前の九月に、ガンで死んだので、それまでの二十年間ニューヨークに行くたびに居候《いそうろう》してた荷物の整理のために、つらいニューヨークに出かけていて、賀原さんと、ごぶさたしてしまっていた。

一月の中旬に帰って来て連絡すると、「賀原は、『毒薬と老嬢』の旅に出ております」とNLTの事務の人が言った。

(よかった! 出演できたんだ!) 私は、安心して、そう思った。ところが、実際のところ、出演は出来たけど、賀原さんの病気は、賀原さんも思っていないほど、急に進行を早めていた。

賀原さんは、NLTの制作の高嶋さんという女の人以外、誰にも病気のことは話していなかった。ただ、木村有里さんという芝居のうまいNLTの女優さんに、稽古《けいこ》の代役をやってもらうから、と言って稽古場に来てもらっていた。万が一、上演中に工合が悪くなった時の代役の予定だった。代役がいても、賀原さんは演出もしていたので、疑われることはなかった。その間にも、お腹の水は、毎日たまって、病院で抜いてもらっても、すぐ四升くらいたまった。一升ビン四本という事になる。

「毒薬と老嬢」は、二人のお婆《ばあ》さんが主役の芝居で、もう一人は、淀かおるさんが演じた。初日の幕が開いたのは一月の五日。賀原さんは、誰が見ても、元気一杯で舞台を走りまわっていた。でも痛みは、日に日に激しくなった。痛み止めの薬を飲むと、目まいがして、床が波うったようになるので、芝居をしている間は飲まなかった。そうすると、あまりの痛さで、時々、相手のセリフが聞こえなくなり、目の前が真白になった。何より、舞台上での階段の上り降りにお腹の四升の水が重かった。賀原さんを階段でつかまえる役の俳優に、賀原さんは小声で「お腹をおさえないで、おさえないで」と頼んでいた。それでも、お客さんは毎日、満員で、博品館劇場は、笑いで、どよめいていた。でも、ひっこんで来ると、賀原さんは体を折りまげ、咳《せ》きこんで、吐くこともあった。それでも、出番になるとシャンとして、出て行った。淀かおるさんは、手をつないで一緒に舞台へ出て行く賀原さんの手が、毎回、氷のように冷たかったり、火のように熱かったりするのが、こわかった、と言った。

そんなある日、とうとう賀原さんは、木村さんに代役を頼んだ。よっぽど、つらかったに違いない。その頃のことを、賀原さんがハンドバッグの中の小さなノートに、毎日、数行、こんな風に書き残していたことが、死んだあとで、わかった。

「初日・とにかく最後まで出来た。痛くても、苦しくても」。「腰が、割れそう」。「昼夜二回公演、やりとげた。お腹パンパン」。「苦しい。痛い。ころげまわる（真夜中）」。

「千秋楽、やっと、こぎつけた」。

代役を頼んでも、賀原さんは楽屋にいてスピーカーに耳をつけ、舞台の木村さんのセリフを聞き、お客さまがどこで笑うかをチェックした。そして、次の日から、また賀原さんが出演した。

大笑いしている博品館のお客さまの中で、号泣している人たちがいた。それは、済生会病院の看護婦さんたちだった。看護婦さんは、交代で見に来ていた。病室にいる賀原さんは、ただの、おばあさんだった。それが、舞台で見る賀原さんは、可愛《かわい》らしく面白く、生き生きと、とびはねていた。（女優さんというのは、こんなに、つらい仕事なんですか。どうしたら、あの患者さんが、こんなにまで、出来るんですか）看護婦さんは、他の人たちが笑っている中で、みんな泣いていた。

賀原さんは私に、「頑張ってはやるけど、お客さまを、だましているようで心苦しい」と言っていた。でも本当に誰ひとり、常連のファンでさえ、賀原さんが病気だとは、気がつかなかった。代役の木村さんは、賀原さんより若くて、四十歳くらいで、健康なんだけど、それでも、三時間出ずっぱりの舞台には、ヘトヘトになった。どんな精神力で、賀原さんは、やりとげたのだろうか。とにかく、昼夜二回の公演もふくめて、賀原さんは博品館にキチンと千秋楽まで出続けた。

そのあたりのどこかで、賀原さんは、「毒薬と老嬢」に出ている劇団の主だった人たちに、喫茶店に集ってほしい、と伝えた。そして、みんなに、いつもと変わらない、しゃべりかたで言った。

「あたしさ、末期のガンなんだよ」

どこか悪いらしい、とは思ってた人たちも、あまりの事に、声が出なかった。みんな泣いた。そうしたら、賀原さんは、慰めるように言った。

「充分、たのしませて貰《もら》ったから、もういいよ」

博品館が終ると、病院にもどり、お腹の水を抜いてもらうと、賀原さんは「毒薬と老嬢」の中国・四国の旅公演に出発した。その頃には、もう衰弱もひどくなり、お腹も痛くて、どうしようもない状態だったけど、折角、NLTを四国まで招《よ》んで下さった方たちに申しわけないと、出かけたのだった。

まず、尾道。ここでは、一幕が終ると引っこんで来て昏倒《こんとう》した。木村さんは、賀原さんの楽屋の鏡の前でお化粧をして、うつぶせに倒れている賀原さんの頭から、かつらをはずし、衣裳《いしょう》をぬがせて、それを着て、二幕目から出る時は、まるで地獄のようだと思った、と言った。それでも、目をさますと、賀原さんは、楽屋のスピーカーに耳をつけた。お客さんのほとんどは、「賀原さんが、ちょっと工合が悪くなったので代わります」というアナウンスがあったので気がついたくらいで、しばらくは、木村さんに代わっているのに気がつかないくらい、木村さんも老嬢になりきっていた。尾道から、次の松山までは、一時間半も水中翼船に揺られての移動だった。上下に揺れる水中翼船は、賀原さんにこたえた。しかも、一月の寒い時だった。それでも賀原さんは、ひとことも、「苦しい」とか「痛い」といわず、松山では、三日間、出演した。松山の最後の日が、一月二十日。これが賀原さんの最後の舞台になった。

それからバスで三時間の高知への旅。高知では、五日間の公演だった。この時、はじめて賀原さんは、出ることに不安を感じた。高知の関係者の方たちがわかってくれて、代役で、と決まった。でも、賀原さんは、東京に帰らなかった。寒くて暗い花道に、お腹をおさえながら、うずくまって、木村さんを見て、注意をノートした。他の俳優たちへのダメ出しもノートに書いた。賀原さんと同じだけ、木村さんが、お客さまに笑ってもらえるまで、ダメを出し続けた。木村さんも、それにこたえた。

（私が死んだ後も、旅は続きます。私は演出家として、最後まで見ましたので、ぜひキャンセルしないで、よろしく、お願いします。私のことも、許して下さい）口には出さないけど、賀原さんは、こういうつもりで、各地の皆さんに、挨拶をして廻った。こうして賀原さんは、ちょっきり、死ぬ一ヶ月前まで、舞台に出て、あとの一週間は、ダメ出しのために残って、自分のいなくなった後の「毒薬と老嬢」を完成させた。

私は、賀原さんの、この強さは、どこから来ているのだろう、と考えた。お母さんが、強さに関係していることは確かだった。思い出してみると、賀原さんと最後になった一緒の旅の時、なぜか賀原さんは、乗りものの中などで、私に、自分のお母さんの話を、いつも話してくれていた。そして最後は決まって、「あの母に耐えられたんだもの、それ以外のことなんて、なんでもない、ってカンジよ」と言った。

賀原さんは一九二一年に、大変な資産家の一人娘として生まれた。小学校から女学校まで、お嬢さま学校といわれている東洋英和。ずっと上のほうに、後年、文学座の先輩になる長岡輝子さんがいた。ところが残念なことに、賀原さんが七歳の頃、人の良いお父さんが仕事に失敗して、家はすっかり傾いて、両親は離婚。賀原さんは、お母さんに連れられて麴町《こうじまち》のお母さんの里に居候することになった。それまで、家も大きく、使用人もいたので、お母さんと、あまり家の中で会ったこともなかったし、また、小さい時に抱いてもらった憶《おぼ》えもなかった。でも抱かれてる写真があるので、その時くらいは、抱いてもらったのかもしれない。

で、里に帰った途端、気がついたら台所のことは勿論、掃除、洗濯、母親の着物を畳むこと、髪を結ってあげること、すべて、娘の賀原さんがやることになった。お母さんは、何一つ出来ないし、そういう事をやる気もない人だった。でも、長唄《ながうた》、踊り、義太夫《ぎだゆう》、ビリヤード、碁など、芸事は何でも出来た。結婚している頃は、天皇陛下がお乗りになるような展望車がついている汽車を借り切って、たくさんの芸者さんを連れて、三味線を弾きながら九州まで行く、といった派手なこともやった。男の遊びを、いっぱい、やった。

このお母さんは、目が大きく、鼻が高く、美しかった。誰かが、賀原さんのことを「お母さま似ですね」なんて言うと、すごく怒って、「冗談じゃないよ。私は、あんな、ひどい顔じゃないよ」と強く打ち消した。若い賀原さんが、お出かけしようと着物を着て、鏡を見て、(よし!)と思って、家を出ようとすると、お母さんは賀原さんを見るや、「ぷっ!」と噴き出して、こう言った。

「ひどいもんだね。よく、そんな不器量で、外に出て歩けるね。恥かしくないのかね!」

賀原さんは私に「年頃の娘に、母親がよくこんなこと言えると思わない?」とフンガイの口調だったけど、恨んでる風ではなかった。でも、お母さんの賀原さんへの悪口は、それで終った訳じゃなかった。

「だいたい、そんな、みっともない顔は、おもてを歩いちゃいけないよ。第一、お前は頭も悪いしさ。頭の悪い人間は殺したほうがいいよ。お前は、お父さんの頭の悪い所が似て、器量が悪いのも、お父さん似なんだよ!」

お母さんは、二枚目が好きだった。だから、家に出入りするお魚屋さん、お豆腐屋さん、大工さん、みんな二枚目を揃《そろ》えていた。

ある時、お母さんが病気になった。若い賀原さんは、お母さんの気に入るような二枚目のお医者さんを探して歩いた。やっと探して、家に来てもらったら、ひどく機嫌が悪い。

「いやだよ、あんなの。小肥《こぶと》りで。第一、二十代じゃないと！」と、苦しい息の下からいった。そして「私は、細身が好きなんだからさ」と、つけ足した。

戦争中、お母さんは親戚《しんせき》の法事に行った。そこでお酒に酔っぱらって、「絶対、車じゃないと帰らない！」と言い張った。戦争中のことだから、車なんて、そう簡単にはない。とうとう誰かが頼んでくれて、お母さんが赤い消防車に乗って家へ帰って来た時は、さすがの賀原さんも驚いた。

賀原さんが文学座に行くようになって、夜中の一時頃帰ると、「お腹空《なかす》いたよ」と待っている。何も食べないで、何も作らないで、ただ、賀原さんの帰りを待っている。しかも、炊《た》きたての御飯じゃないと食べない。賀原さんは、どんなに疲れていても、それからお米をといで、御飯を炊いた。旅公演に行く時なんかは、行く前に、髪を結ってあげると、そのまま一週間たっても、ピン一本、自分でさせないで、賀原さんの帰りを待っていた。

賀原さんは、すべての収入を、お母さんに渡した。新劇の女優の収入は、たしかに少なかった。それにしてもお母さんは、「ありがとう」とも言わず、「これっぽっち！」と言った。賀原さんは、下着一つ買えずに、ピーピーしてるというのに。

それでも、お母さんに、すべてを渡して、それが、うれしかった。お母さんは美しい上に頭が良く、誰にでも好かれた。でも、本当に賀原さんには、つらく当った。どんなに賀原さんが献身的にしても、やさしくしてくれることは、なかった。賀原さんが小学生になったかどうかの頃、お母さんや、おばさんたちと海に行ったことがあった。みんなが、ラムネを買おう、という事になった。賀原さんも一本もらった。そしたら、お母さんが自分のラムネを見て、「あっ、濁ってる。こんなの、いやだ！」と言って、賀原さんのと取り替えた。

「子供は、わかんないから、いいんだよ」

で、賀原さんがそれを飲んだら、ものすごい大腸カタルになった。お母さんは「お前が、ボンヤリしてるからだよ」と、とても怒った。賀原さんも、ラムネをとり替えたお母さんを、ひどいと思わずに、「私が、あんな濁ったもの飲んだから、私が悪いんだわ」と、とても恥かしく、自分のボンヤリを、自分で責めた。

また戦争中のこと、めったに手に入らない豚肉が手に入った。でも、その時、すでに臭くなって、いかれちゃっていた。そしたらお母さんが、「お前、勿体《もったい》ないから、お食べよ！　食べなさい！」と命令した。仕方なく、息をすると臭くてひどいので、息を止めるようにして食べた。でも、人間てすごいもので、その時は、緊張して食べたせいか、当らなかった。それ以外の時は、お母さんは気に入ったものを、どんどん一人で食べちゃった。賀原さんは「あ〜〜」と思うんだけど、（いいや、私は）と遠慮して、「私にも頂戴《ちょうだい》」とは決していわなかった。

賀原さんは、画家にもなりたい、と思うくらいだったから、文学座の美術の方面でも活躍していて、小道具でも衣裳でも、何でも作るのは得意だった。お母さんは、そういうものを作っている賀原さんを見ると、「お前は、猿みたいなもんだよ。手先が器用で頭が空っぽなんだから！」と言い、彫刻をしていると「お金にならないこと、やってないで、何か発明しなさいよ」と言った。とにかく、賀原さんのすべてを否定した。

お母さんは、六代目菊五郎の踊りが嫌い、という珍らしい人だった。ある時、賀原さんの女友達が遊びに来て、菊五郎の踊りを好き、と言ってしまった。そしたら、お母さんは、その友達が持って来た、おみやげのお菓子を、ちらりと見て、「こんなもの、田舎者の食べるもんよ。あなた、持って帰んなさい」と、友達に言った。賀原さんは、いつも、ハラハラしていた。

お母さんは花が大嫌い！という人でもあった。「花なんてね、ムダ！　意味ないよ！」と言っていた。賀原さんに言わせると、「母はね、情緒的には、二、三歳の幼児程度だったわね」ということになる。それでも、お母さんは歳《とし》をとって、やっとある時、「あーら、花って奇麗ね！」と言ったと思ったら、グシャ！と握っちゃうから、花はグチャグチャになってしまう、という風に、程度のわからない人だった。

それでいて、無類の面白がりの人だから、賀原さんに文学座をすすめたのは、お母さんだった。

「今度、文学座ってのが出来たよ。久保田万太郎がいるから、あそこにしたほうがいいよ」

賀原さんが文学座に入ったのは十八歳。最初から四十歳の役だった。自分より年上の杉村春子さんのお母さんをやった。

私たちから見ると、大人っぽく、しっかりしている賀原さんだけど、お母さんは、「なんか、はっきりしないよ、この子は。だらしがない！」と、口ぐせのように言った。だけど賀原さんのほうは、いつもお母さんの気に入られようとして、たまに「何か買って上げようか？」と聞かれると、（お母さんは何を買ってくれたいのかな？）と考えるような子供だった。

そんな反動からか、賀原さんは、まるで二重人格みたいになって、女学生時代は、不良で番長になった。「土木建築の現場監督になりたい！」とみんなに宣言していたし、先生には反抗するし、麻布中学の男の生徒に、メリケンつば、とかいうものでケンカをしようと、ふっかけたりする女の子だった。それでいて、本という本を片っぱしから読みふけるインテリ少女でもあった。ただ、家に帰ると、「ただいま帰りました」とお母さんに従う性格だった。お母さんにしても、三十五歳くらいで無一文になって、離婚して、イライラしたものを、賀原さんにぶつけようとしていたのかもしれない。お父さんへの憎しみも、それに加わったのかもわからない。

賀原さんは、私にしみじみと言ったことがある。

「私が、こんな強い性格になったのは、母のせいね。私が、このくらい体が丈夫じゃなかったら、とても今まで生きて来られなかったわ。あの母に耐えたんだものね。母は、いつも主役じゃないとダメな人だったの。私は、子供の時から、母を喜ばせるために生きて来たんだと思うわ。だって、私、母のことを『奥さん』て呼んで来たんだもの。母のお手伝いさんみたい。母も当然のような顔してたしね。私は、ただの一度も口答えしたことないのよ。全部、言うことを聞いてあげたの。我慢じゃないの。なんかしてあげないと、苦しくなるの。つらいのね。だけど、母からは全く愛されていないのによ。ヘンだわね。

とにかく、私の一生は耐えること。母のこと耐えられたから、それ以外のことなんて、なんでもないわ。あんまり母が我儘《わがまま》なんで、私は絶対、我儘な人にだけはなるまいと誓ったの。母は『屋根の上のヴァイオリン弾き』の再演の時に死んだんだけど、その時、はじめて、ああ、これで、やりたい仕事がやれる！って思ったくらいだもの」

七歳の時から、お母さんを慰めよう、また愛されようと、健気《けなげ》につとめていたのかと思うと、たまらなく賀原さんが可哀《かわい》そうになる。

四国の旅の途中で、劇団の人に、

「私、自分の生いたちなんか考えると不幸かしら、って思ってたわ。でも、いま、生まれてはじめて、私は幸福な人間だと思ってる。人生で一番、しあわせよ。だって、みんなが、こんなに私のこと心配してくれて、一生懸命にしてくれるんだもの。私のために泣いてくれるんだもの」

と言った。賀原さんは、人に親切にすることはあっても、人から心を開いて、やさしくしてもらった事が、あまりなかったのかもしれない。

一月の末に、四国から這《は》うようにして帰って来た賀原さんは、すぐ入院した。運よく痛み止めの薬が体に合って、首からブラブラ、いっぱいチューブや薬の袋みたいなのを下げていたけど、痛みがなくなった分だけ、生気がもどった。でも相変わらず、お腹は水でふくれていたし、御自慢の脚は三倍にも、むくんでいた。そんな中でも賀原さんは休まなかった。劇団の三年先までの公演のレパートリーを決め、脚本に手を入れていた。天涯孤独なので、自分名義の劇団の稽古場を残すために、劇団で一番古い俳優の川端槇二さんと、制作の高嶋純江さんの二人を養子にする手続きをとった。七十人いる劇団員のなかの主だった俳優二十人に、注意や感謝などの心のこもった手紙を書いた。ペンを持つのは勿論、目を開いているのもつらい、という病人のはずなのに、賀原さんは、どんどん、やった。

私が病院に行った時は、いま大好きなマクドナルドのお魚のハンバーガーを、入歯をしっかりと入れ直して、かぶりついたのよ、という所だった。とてもうれしそうに「これがやりたかったのよ」と言った。そのあと賀原さんは、私に、「自分の『ニノチカ』の役は、劇団の目黒幸子さんでいいかしら、演出の飯沢匡先生にも、そのように、お願いしてるんだけど」と言った。私は、そこまで決める賀原さんが悲しくなって、「でも、もし来年、賀原さんが元気になってたら、一緒に出てよ」と言った。ベッドのまん中に座ってた賀原さんは、手を振って、ちょっと真剣な目になって、

「それは、ダメよ」

と言った。「出来たら、そうしたいのにね」とか、「なんとか、それまで頑張れたらね」というような気休めみたいなことは言わなかった。でも、恐れてる風もなかった。機これが、死ぬ二日前のことだった。死ぬ数時間前に痰《たん》が自分で切れなくなった。機械でやったけど、うまくいかなかった。賀原さんは「痰を驚かしてやろう」と言って、煙草をおいしそうに吸った。その頃には、尿毒症も起りはじめていた。

目をつぶっていたので、ついていた若い人が、レモンに蜂蜜《はちみつ》をまぜたものを、スプーンで賀原さんの口の中に入れた。ちょっとして、冷たいほうがいいかもと、アイスクリームを口に入れた。突然、賀原さんはパッと目を開けると、

「なんだって人の口の中に、酸《す》っぱいものだの甘いものだの、つっこむのさ」

と言った。人間は死ぬ直前でも味覚はあるのだと賀原さんは教えてくれた。

やがて血圧が下って来た。お医者さまが、「どうしますか?」と高嶋さんに聞いた。高嶋さんは、「賀原は何か、お願いしてたでしょうか?」と訊いた。先生は「余計な

ことは一切するな、と言われています」と答えた。高嶋さんは、「じゃ、その通り、お願いします」と言った。

この日、私は賀原さんに頼まれて、マカロニ・グラタンを持って行く約束だった。前の晩、賀原さんから電話があった。それは私が、お腹がふくれても大丈夫な寝巻や、毛がつっ立ってたので、奇麗な、いろんな色のヘアバンドを、ナースステーションに届けた事へのお礼だった。

「どうして、こんなに親切にしてくれるの？　ねえ、明日、マカロニ・グラタン忘れないでね！」

はじめて聞く賀原さんの少し甘えたような声だった。その声は、いまでも、なつかしく私の耳の奥に残っている。

賀原さんは、死ぬ一分前まで意識があった。急変したという連絡でかけつけた川端さんを見て、ニッコリした。「あとで、おいしい根っこのとこ、吸うんだからね」と残しておいた煙草を吸わないまま、午前九時十四分に、賀原さんは、未練も見せずに旅立って行った。七十歳になったばかりだった。何事も、一日のばしにぐずぐずする、なんてなかった賀原さんは、お葬式のことも、ちゃんと、言い残していった。

「お葬式は短かく！　恥かしくてどんな顔して死んでればいいか、わかんないからさ！」

喜劇が何より好きだった女優の、これが最後の言葉だった。

二人の喜劇作家の親

二〇一〇年の春から夏にかけて、井上ひさしさんと、つかこうへいさんが続けざまに亡《な》くなった。

井上さんとのお付合いは古く、よく知っている仲で、強靭《きょうじん》な体力の持ち主だと信じていたから、訃報《ふほう》には、まさか!と、信じられない気持とショックで、いっぱいになった。ものすごく繊細な所と、誰にも動かせない強い所とが、不思議な糸で織ってあるような人だった。

井上さんと初めて会ったのは、五十年くらい前になる。まだ、「ひょっこりひょうたん島」の始まる数年前だった。それから、ずっと、知り合いづきあいが続いた。私が井上さんとの事で、もっとも印象に残っているのは、お母様について話して下さった事で、このお母様が、面白いのなんのって、小説でも、想像だけでは書けない、いわゆる「事実は小説より奇なり」を、本当に実践した方だった。そして、もっと驚いたのは、そういう面白い話をして下さった後で、井上さんが「直接、本人に聞けば？」と言った事だった。

子供のための養護施設で井上さんが育ったことは有名で（井上さんは「孤児院」と言っていたけど）、そこのカソリックの凄《すご》く立派な神父さまと、お兄様に、育てて頂いたというのは、昔から聞いていた。でも、実際は、お母様がご健在でいらして、というのは知らなかったし、なんなら「徹子の部屋」で聞いてみれば？　と井上さんが言うとは夢にも思っていなかった。

そんなことで、ある日、お母様が「徹子の部屋」にいらして下さった。一九八三年の事だ。井上さんの話だと、工事現場で、とりしきりをやってた、という事だったので、私は、なんか、そういう肉体労働が得意そうな方を想像していた。ところが、目の前にいらして下さった方は、丁度、私の祖母のような、物静かで、聖書を片手に持っているクリスチャンといった、洋装の婦人だった。ところが、そのお話は、井上さんが少しも作り話をしていなかった、というくらい最高にユーモラスであり、深刻な話でも、思わず笑っちゃう、という絶妙なものだった。

作家だった御主人を亡くし、子どもたちを抱えて、マスさん（ひさしさんのお母様の名前）は、悲嘆にくれたが、数日泣いてから、「よし！」と立ち上がり、子ども達に

「池に行って、柔らかい藻を取っておいで」と命じた。

マスさんは、薬剤師だかの免許をもっていたので、戦争中だけど、油紙とかガーゼなんかが手に入った。それらを使って、マスさんは、藻を入れた女性用の生理帯というものを作り、「マス子バンド」と名付けて売り出した。「飛んでも、はねても大丈夫！　水谷八重子も使ってる！」みたいな売り文句で、本当に、よく売れて、財をなした。

ひさしさんの話によると、財といっても、東北の村での話。その村では、お金が出来た人は、浪曲師を家によんで、村人に、お酒やお食事をふるまうのが、ならわしだった。マスさんも、浪曲師の男性を家によんで、浪曲を、うならせた。

そのうち、マスさんは、浪曲師に、「普通の浪曲は、もう全部聞いたから、私の作る『ナイチンゲール物語』や『マルクス物語』をやれ！」と命令した。浪曲師は、いやけがさして、ある日、マスさんが片腕といっていいほど信用していた女性と、マスさんのお金を全部持ち出して、かけ落ちした。悲嘆にくれて三日くらい寝こんだマスさんは、また「よし！」と立ち上がり、ひさしさんとお兄さんを連れ、「あんな度胸のない男だから、遠くには行くまい！」と、少し離れた所に大きな建設現場が出来たことを聞いて、そこへ乗り込んだ。はたせるかな、浪曲師と片腕の女性は、そこにいた。お金は、もうなかった。怒ったマスさんは、二人を追い出し、ラーメン屋とか始めたが、最終的に、その飯場をしきる人になった。そこで仕方なく、ひさしさんたち兄弟は、施設に入ることになった。こういう事を「徹子の部屋」で、マスさんは話して下さった。おだやかな話しぶりだった。井上さんのユーモア、反骨心、好奇心の強さ。そして、後年ずっと力を入れた平和への願いのための働き。すべて、お母様からの影響だったと思う。

井上さんのことは、いつか、ゆっくり書ければ、と思っている。井上さんは、飯沢匡先生を尊敬していて、「物凄く沢山、先生のことをスクラップにしてあるので、いつか『飯沢匡論』か、伝記を書きます」と約束していた。それも書かないで、逝《い》ってしまった。読みたかった。いま言えることは、〆切を心配しないで、私達が次に会うまで、ゆっくりと芝居を書いてらして下さい、ということ（井上さんの原稿の遅さは自ら「遅筆堂」と名乗ったくらいで、有名だけど、私もずいぶん悩まされた！）。

でも井上さん、悲しいです。

＊

私は、つかこうへいさんの芝居の大ファンで、一九七〇年代の半ば、青山通りの小さな劇場で、たった九十九円の入場料でやってた頃から、通いつめていた。

つかさんは話し上手で、漫談とも落語ともつかない、独特のユーモアで、後から、「あれはまゆつばです」なんて、おっしゃったこともあったけど、いつも真実だということを私はわかっていて、お話を伺っては笑いころげていた。話してくれる、つかさんも、いつも笑い声だった。

つかさんが亡くなった時、どの新聞にも代表作として書かれていた『蒲田行進曲』。最初、戯曲として書かれ、さらに小説として書き改め、映画にもなった。

この『蒲田行進曲』が、「徹子の部屋」を見ていらして出来たのだ、という事を、つかさんから伺うまでは、私は全く知らなかった。作品のアイデアの出所をあきらかにする事を、私は尊敬するけれど、こんなに、はっきりと、おっしゃっていいのかと、私は驚いた。

一九八二年に『蒲田行進曲』で、つかさんが直木賞を受賞なさった時、「徹子の部屋」に出て頂いた。直木賞までの人生の話が、あんまり、おかしくて、時間がどんどん進んで、おわりの所になってしまった。すると、つかさんが、突然、「『蒲田行進曲』は、『徹子の部屋』を見ていて出来たものなんですよ」とおっしゃった。たまたま、大部屋俳優だった汐路章《しおじあきら》さんが、映画で〈階段落ち〉をやった話をしてるのを見て、「そうだ、これを作品にしよう！」と思ったのだそうだ。

つかさんは、「すぐ、汐路さんに会いに行って、お話を伺って、汐路さんをヤスのモデルにして書いたんです」と、おっしゃった。直木賞を受賞した直後に、テレビで、わざわざ、そんなことをおっしゃらなくても、全くかまわないのに。つかさんは、この後のご出演の時も、『『徹子の部屋』を見て書いたんだ」と繰り返し、おっしゃった。陽のあたらない、切られ役専門の役者さんを、優しい目で見ていらっしゃる事がよくわかった。

つかさんが見たという、汐路章さんご出演の「徹子の部屋」は一九七九年で、番組が始まって、わりとすぐの頃だった。階段落ちの話は、こうだ。

「僕は京都の、太秦《うずまさ》撮影所の正面の家で生まれて育ったんです。だから、映画は、もう子どものときから大好きでした。昔の映画スターの、目玉の松ちゃんの銅像があったんですが、松の木の下で、すぐ、目にくもの巣がはっちゃうから、毎日、顔をふいて、みがいていました。何年も、何年も、みがいてました。そのくらい好きでした。映画はもう、二〇〇〇本以上も出たでしょうか。全部、切られ役です。切ったことは、ほとんどありません」

私が、「池田屋騒動の『階段落ちの汐路』で有名でいらっしゃいますよね」と伺う

と、汐路さんは、嬉《うれ》しそうに、

「はあ、あの頃は、大作が多うございましてね。私は勤王の志士として出ていました。やっぱり、新選組に切られる側ですね。何といっても、相手は大先輩の市川右太衛門さん、片岡千恵蔵さん、進藤英太郎さん、山形勲さんですから、緊張します。私が階段を落ちます時には、そのワンカットのために、メインのカメラのほかに、別の大きなクレーンカメラ（上から移動して撮れるカメラ）がつきます。

階段は、たいがい十三段あるんです。下はコンクリートで、固めてあります。で、私が千恵蔵さんに切られます。階段の一番上です。ここは高いですよ。撮影ですから、見栄《みば》え良く、階段も普通より高く、大きく作ってあります。私だって、上から見ると、怖いです。でも、ここでバサッ！　と切られたとき、下を見ません。振り返ったり、見たりしないで、いきなり落ちます。このとき、チラッと見るか見ないかで、報奨金が違いますから。金をもらう都合です。見てはいけません。バサッ！　ア〜ッ！　ギャ！　ゴロゴロガンガンガーン！　頭から落っこちて、バタッ！　そして地面でケイレンして、死にます。そこで監督が叫びます、『カット！』。

私が倒れていましたら、私が死んだと思ったんですかね。目をあけたら、まるで、井戸のまわりで、水面を見てるみたいに、覗《のぞ》きこんでるんですよ、何百万という人が」

私が驚いて、「そこに、そんなに人がいたんですか？」と伺ったら、汐路さんは笑いながら、

「いいえ、片岡千恵蔵さん、市川右太衛門さん……」

「ああ、出演料ですね。何百万円も、もらってらっしゃる俳優さんたちが心配して、汐路さんの顔を覗きこんでるという事ですね」

「そうです。井戸の中を覗くみたいにね」

「痛くないんですか？　落ちる時」

「そりゃあ少しは痛いですが、計算済みですから。でも、たまに計算がはずれます。背骨の、ある種のところで受けてるんですが、バランスが崩れて、違うところを打つと痛いです。でも、危険手当っていうんですか、報奨金が、だいぶ出るんです。これ、下を振り向くか、振り向かないかで違うんですよ。そこで値打ちが決まります。

五所平之助監督の『蛍火』という映画では、階段落ちだけの契約で、松竹に出ました。随分やりました。ある時、撮影が終わったら、金一封が出て、当時、ちょうど一万円札というものが出たところだったんですね。金一封として、一万円もらいました。ふるえましたね。そして、危険手当といって、時計ももらいました。それまで、家に

時計がなかったんで、嬉しかったですね。時計なくても、撮影に遅れたことは一度もなかったです。自然に、暗さとか、太陽とかで、時間がわかりますからね。家の中の、柱の影を見て、『あ、何時だ』とか。時計をもらったら、おかげで、二、三回遅刻しました」

つかさんは、この話を聞いて、すぐ汐路さんに会いに行ったのだ。

「こういう人は、いとおしいです」と、つかさんは言った。「ポスターに名前も出ない人たち――」

そして、つかさんの才能溢《あふ》れる『蒲田行進曲』は出来上がった。舞台でも小説でも映画でも、大評判になった。汐路さんにとっても、嬉しい事だったに違いない。汐路さんは、その後、わりと早く、一九九四年に六十六歳で亡くなったけど、きちんと新聞の死亡記事に、「『蒲田行進曲』のヤスのモデルだった」と出てよかった、と、つかさんはおっしゃっていた。

つかさんは、ほかの事についても、何でも話して下さった。

『蒲田行進曲』のおかげで、劇団員が、ぬいぐるみのアルバイトをしないで済むようになった。

「いま、テレビや映画で稼いでる一千万プレイヤーがよ、着ぐるみ着て、東北とか廻って、ショーやってたんですよ。僕も勿論《もちろん》、一緒にやりましたよ。一応、立場上、ウルトラマンは僕で、俳優たちは敵の、悪い星人役なんだけど。出演者八人、客六人という時もあったな。それで、東京じゃ、いつも、お腹空《なかす》いてたのに、東北なんか行くと、朝昼晩と御飯が出るんで、そりゃ、みんなで喜んで食べてね。とうとう、太って、僕のウルトラマンのチャックがしまらなくなって、おろされました。

でもね、うちの劇団の俳優たちは、テレビで売れるようになると、よそのプロダクションに預けるんです。風間杜夫も、平田満も、三浦洋一も、根岸季衣も、みんなそう。『おれは、テレビのかすりで劇団をやっていきたくない』って言ってね。第一、テレビは頭が悪くなるから。『一時間テレビ見たら、二時間本読め』と、うちの祖母が言ってたくらいなんだから。見ると頭悪くなるくらいだから、出ちゃうと、本当に、たちまち頭悪くなってくるんですよ。だって、台本読む時、漢字が読めない。そんな仕事やってる連中から、かすり取りたくないもんね」

つかさんは、ご自分と芝居や文学との関係について、こんな風に、おっしゃった。

「僕は九州の山奥で育ちましたが、いい所が残っていて、好きでした。女は、男より先に風呂《ふろ》へ入っちゃいけないんです。女は、男より後で、暗い所で、ごはんを食べるんです。日本の美しい姿でしょ？　兄は鯛《たい》をたべて、僕はサバですよ。そんな風に育ったから、東京に来て驚いた。

父は、炭坑の坑内を支える枠を作る仕事をしてました。そのうち、炭坑がさびれてきたので、都会から管理職の人が来るようになった。で、そこの家の、きれいな紙石鹸《せっけん》とか、香水鉛筆なんて持ってる、可愛《かわい》い女の子が、学校に転入してきたんだけど、労働者の子が、いじめるんだ。僕は助けたかったんだけど、つい、労働者の側についてしまった。でも、それが、僕の文学の基礎になってると思ってます。冗談ですよ。

芝居との出会いは、そんな時。昨日まで、月光仮面を一緒にやってた、デキの悪い魚屋の兄ちゃんが、村の敬老会の時、女形になって『婦系図《おんなけいず》』なんかやるんですよ。いっちょまえに、女の声出して。『ろくに計算も出来ないやつが、なんだよ』って思った（ちなみに、つかさんの成績はオール5）。でも、『あ、変身願望って面白いな』とは思いました。まだ、学問も愛も、わかんないやつがよ。

本は読みました。町の小さな本屋に文学全集しかなかったから、よかったです。ヘルマン・ヘッセの『車輪の下』の感想文で一位になりました。〈感想画〉っていうのも描かされて。ヘルマン・ヘッセの感想画、これも一位です。なんか、おかしいけど。

父は面白い人でしたよ。僕、劇作家の飯沢匡先生に初めて会った時、興奮したんです。子どもの頃、ラジオの、先生の書かれた『ヤン坊ニン坊トン坊』を楽しみに聞いていて、僕は自筆年譜に書くくらいの大ファンだったから、嬉しくて、感動して、親父《おやじ》に『飯沢先生に会ったよ！』って電話したら、『心配するな。おまえのほうが偉くなる！ あせるな』って。ヘンな親父でしょう。かわった親父です。

僕は中学生の時、『共産党宣言』を読んで、共産党に入ろうと思って、父に言いに行ったら、父は、その時、金歯を入れたのを、すごく喜んでて、口中ピカピカさせながら大口あけて寝てたんで、言いそびれてしまいました。

父に、芝居を始めた、と電話したら、『なんだ？ ザ・ピーナッツのうしろで踊るのか？』って」

私は勿論、つかさんも大笑いしてらした。

でも、そのお父さまが、つかさんの本も読まず、何の仕事も見せないうちに亡くなったのは残念だ、ともおっしゃっていた。

つかこうへい、というペンネームは、お母様が韓国からいらして、学校へ行く機会がなくて、字が読めないので、せめて、母でも読めるようにと、ひらがなにした。

「字が読めたら、あんたの本、読めるんとにねえ」と、よく言っていたお母様。

ひらがなとカタカナが読めるようになった時、週刊誌に「つかこうへいはホモ？」という記事が載った。タイトルは、お母様に読める字だけで書かれてあったから、心配して、「あんたホモね？　母ちゃん、つらいばい」と泣かれた。その記事は、根も葉もない嘘《うそ》だった。

つかさんが病床から電話で、稽古場《けいこば》にダメ出しを続けていたという話を聞いた。ダメ出しの、怒鳴り方は凄いけど、つかさんのように、俳優を、人間を、優しい目で見る人に、あんまり会ったことがないように思う。井上ひさしさんに続いて、私たちは、権力と闘い、弱い人間をあたたかい目でみつめてきた、大切な喜劇作家を失ってしまった。

幕が上がる時

二〇一一年の秋の初めに、杉浦直樹さんが死んだ。これで、私の芸能界における〈家族〉は、本当に、みんな、いなくなってしまった。芸能界での家族というのは、母さんと呼んでいた沢村貞子さん、兄ちゃんの渥美清さん、お姉ちゃんの山岡久乃さん、そして、セイ兄ちゃんと呼んでいた杉浦さん、これで全部。

セイ兄ちゃん、と呼んでいたのは、渥美清さんが、私よりも先に杉浦さんとテレビドラマで共演して、仲が良くなって、「セイ公、セイ公」と言っていたからだ。私は、てっきり、杉浦直樹というのは芸名で、セイ公が、杉浦さんの本名なのだろうと思っていた。でも、亡《な》くなった時の新聞で、杉浦直樹は本名だとわかった。びっくりした私は、数年前に結婚なさった杉浦さんの奥さまに、電話をして、伺ってみた。そして、どうやら、「セイ公」は、渥美さんと共演したドラマでの役名らしい、とわかった（これは私が忘れてただけだった。「徹子の部屋」で杉浦さんの追悼をやる事になって、昔の録画を見直したら、なんと、私が、なぜ渥美さんは「セイ公」と呼んでるのか、を杉浦さんに聞いていた。そしたら、福田陽一郎さんが書いたドラマで、杉浦さんの役がセイイチロウだったので、以来、「セイ公」になった、と杉浦さんが説明してくれていた。もう五十年も前のドラマ。元気な杉浦さんが、ビデオに残っていて、なつかしかった)。

奥さまは、「渥美さんが、黒柳さんと杉浦の仲を疑った話も聞いています」とおっしゃった。それは、こういういきさつだった。

渥美さんは、「ブワナ・トシの歌」(一九六五年)という映画の撮影のために行って以来、アフリカが好きになって、何度も出かけていた。そんな長期間の留守の時、渥美さんは、当時住んでいた代官山のアパートを、「アパートの鍵《かぎ》貸します」(ビリー・ワイルダー監督、ジャック・レモンとシャーリー・マクレーン主演の映画。出世のために、上司の情事用に自分の部屋を貸すけれど……という物語)みたいに、杉浦さんに貸していたらしかった。渥美さんも、杉浦さんも、独身だった。

ある夜、いつものグループで食べたり、飲んだり、沢山おしゃべりをした後で、お酒を飲まない私が、自分の車で杉浦さんを送ることになった。杉浦さんに「渥美ちゃんの代官山のアパートは知ってるよね、あそこへ送ってってくれる?」と言われるまま、送っていった。

アパートの前で、助手席から外へ出た杉浦さんは、車の反対側まで来て、運転席をのぞき込むようにして私に聞いた。

「寄っていかないよね？」

私が、

「寄っていかない」

って答えると、杉浦さんは私の胸元を指さして、「じゃ、それ、もらっていい？」と言った。その日、私はピンクのバラの造花をつけていた。なんかロマンチックな感じがして、私は、それを杉浦さんにあげた。

そのあと少しして、帰国した渥美さんに会ったら、渥美さんが言った言葉通りに書くけど、

「お嬢さん、セイ公とやったろう？」

と、あの細い目にいたずらっ子みたいな光を浮かべて聞いてきた。私は、うんと驚いて、「何で？」と訊《き》き返したら、渥美さんの部屋に、私のつけていた造花がきちんと残されていて、それで、渥美さんは、私と杉浦さんのことを疑っているのだと、わかった。そのうちに誤解はとけたと思うけど、渥美さんは、その後も、造花の話を蒸

し返しては、私をからかうタネにした。杉浦さんの奥さんは、ちゃんと、そんな話も、杉浦さんから聞いていたのだ。

杉浦さんと最初に会ったのは、もう六十年近くも前のことになる。

私は、NHKでデビューしたばかりで、テレビ女優第一号とは名前だけで、テレビには出てたけど、ラジオの仕事が主だった。第一、ほとんどの家にまだテレビがなかった。私の家にもなかった。そんな時、夢のような仕事の依頼が来た。京都から始めて、関西から山陽、九州の各都市で開かれるファッション・ショーの司会をやってくれ、というのだ。スキー毛糸という毛糸会社の、ニットのショーだった。私は東京生まれで、小学校の頃は戦時中だし、女学校の頃は戦後のごたごたの時代だしで、修学旅行を知らなかった。疎開《そかい》で青森に行ったくらいで、旅というものをしたことがなかった。それが憧《あこが》れの京都に行ける、さらに、はるか九州へも行ける！　というので大喜びだった。

冬のある日、まず京都へ行った。絵や写真や映画でしか見たことのなかった、生まれて初めての京都が嬉《うれ》しくて、とてもゆっくり寝ていられず、まだ暗いうちから起きた私は、清水寺へ出かけてみた。早朝の清水寺は、観光客もいなくて、冷たい空気が気持ちよかった。

それまで、キリスト教の家に育ち、教育も洋風に受けてきて、お寺へ行ったことがなかった私は、勝手がよくわからなかったけど、折角ここまで来たんだから、ちゃんと拝んで行こうと決めた。とにかく本堂に入ったらいいんだろうなと、古くて、厳かな本堂に靴を脱いで上がった。中は薄暗かったが、目を凝らすと立派な須弥壇《しゅみだん》が見えた。そこへ近づいていくと、ありがたそうなお仏像があった。お仏像の前に置かれた、厚くて大きな緋色《ひいろ》のお座布団《ざぶとん》に私は座り、心をこめて、熱心にお祈りをした。目の前の、立派な鉦《かね》や木魚も、どうせならと叩《たた》いてみると、やはり、ありがたそうな音が出た。これはご利益《りやく》があるなと思いながら、あれこれ叩いて、お祈りをしていると、ふいに後ろから肩を叩かれた。ふり返ると、派手な色をした袈裟《けさ》を召したお年寄りのお坊さんが、

「そこを、どいて下さいませんか?」

と言った。

その後ろには、朝のお勤めのためらしく、大勢のお坊さんがいろんな色の袈裟をお召しになって立ってらした。私は落ち着いて、「いいですよ、交代しましょう」と答えて、お座布団を、その一番偉い方らしきお坊さんに譲った。多分、みなさんは、び

っくりなさってたと思う。外に出ると、ぽつぽつ参詣人《さんけいにん》が見えていて、外のお賽銭箱《さいせんばこ》の所で、鈴を鳴らしたり、お祈りをしたりしていた。どうやら、靴を脱がないで、あそこですませるものらしい、とわかった。

そんな京都初体験を済ませ、無事に司会の仕事も終えて、夜汽車に乗ると、向う側のデッキに、杉浦さんがオーバーの襟を立て、ポケットに手をつっこんだ姿で、横むきに立っているのが見えた。私は、(わっ、有名人!)と思った。杉浦さんは、すでに何本もの映画に出ていたし、山田五十鈴《いすず》さんとの噂《うわさ》もあった頃だ。杉浦さんは、私のほうを見ていなかった。だから、私は挨拶《あいさつ》をすることもなく、自分の寝台車の方へ行って、ベッドに寝ころんで、おだやかな夢を見ながら東京へと戻った。

それからしばらくして、私は渥美さんや永六輔さん、小沢昭一さん、三木のり平さんなどと、仕事の後、六本木にあった「鮨長《すしちょう》」というお寿司《すし》屋さんに集まるようになった。その店は杉浦さんも常連で、渥美さんとの関係もあって、いつか私たちは親しく言葉を交わすようになった。何しろ毎日のように行っていたから、仲良くなるのも早かった。

「鮨長」は私たちばかりでなく、いろんな人がやって来ていた。ちなみに毎晩来ていたのは本屋さんの紀伊國屋の社長の田辺茂一さん。そう、アマンドの社長の滝原健之さんもいつもいた。三島由紀夫さんが、森茉莉《まり》さんの『枯葉の寝床』を映画化したい、と熱を込めて話していたり、俳優の芥川比呂志さんも見える時があった。

私たちのグループはみんな、飽きずに話ばかりして、ろくに食べないものだから、「鮨長」のおやじさんは困って、とうとう二階を増築して、「食べない人は二階へ上がって下さい」と頼んできた。みんなで言われるまま、二階に上がって、お腹がへると、「焼きおにぎり、お願いします」とか好き勝手な注文をして、おやじさんに「そのうち、スパゲティとか言うんでしょ！」と言われたりした。

そうやって親しくおしゃべりをするようになって、十年以上たってからだと思うけど、杉浦さんが、何かの拍子に、

「初めて会った日のことを、覚えていますか？」

と、私に聞いた。私が、「えっ、初めてって、どこだっけ？」って聞き返すと、

「夜、京都から、黒くて長いコートを着て、夜行列車に乗ってきたでしょう？」

と言った。確かに私は、あの時、黒いコートを着ていた。ちょっと自慢のコート。びっくりして、

「そう！　私はあなたを見て、あ、有名人がいるなと思ったけど、あなたは私を見てる気配もないし、知らない有名人だし、私もすぐに寝台のほうへ行っちゃったから、

あなたが私を見てたなんて全然知らなかった」

そう答えると、杉浦さんは、

「そりゃあ、見てましたよ」

と、あのいい声で言った。こういう時に、可愛《かわい》かったからだとか、気になってとか、そんなことは言わない人なのだ。私は嬉しかったけど、同時に、ほおー、というか、へええ、というか、「なるほど、プレイボーイ、というのはこういうものか」と感心もしていた。普通の人なら、親しくなったらすぐに、「あの時、あなたを見ましたよ」とか、言ってしまうだろう。それが、十年もたってから、なんて。

感心した私は、渥美さんにこの話を報告すると、兄ちゃんは、「セイ公はそういうやつだよ。女を見てんだよ、ちゃあんと」と、顔じゅうを笑みにして言った。

その頃、杉浦さんに誘われて、愛知県岡崎市のご実家へお邪魔したこともあった。例によって、夜遅くまで、「鮨長」でしゃべっていて、

「あら、私、明日は仕事で静岡に行くんだったわ。仕事は明後日《あさって》の朝だから、明日の夜に着けばいいんだけど」

と何の気なしに言うと、

「じゃあ、僕んち、岡崎だから、明日、ちょっと寄らない？ いろんな鯉《こい》がたくさん

いるから、見せてあげる。東京駅で待ち合わせしよう」

「岡崎ってどんなところか知らないし、いいわよ」

約束して、私は家へ帰った。杉浦さんは、いつものように、ずっと朝まで飲んでいたに決まってるから、「ホントに、来るのかな？」と半信半疑だったけど、ちゃんと、約束の時間に東京駅へ現れた。余談だけれど、杉浦さんはお酒が好きで、深夜というか、早朝まで飲むタイプだったけど、撮影に遅れることはなく、セリフも不思議なくらい全部覚えてきていた。

岡崎の公園には、杉浦さんのお祖父《じい》さまの碑があった。岡崎に電燈を灯《とも》した方だという。そしてご実家には、本当にたくさんの鯉が、稚魚から大きいのまで、プールみたいな巨大な水槽の中で、悠然と泳いでいた。お父さまが始めた趣味だそうだが、杉浦さん自身も、鯉が大好きで、とても詳しくて、いい稚魚の見分け方やなんかを、丁寧に教えてくれた。のちに、私が、毎年十月に銀座の劇場で芝居（主に喜劇）をやるようになって、杉浦さんにも出て頂きたかったのだけれど、私や演出の高橋昌也さんが何年誘っても、「うーん、十月はねえ……十一月ならいいんだけど」と、言葉を濁して、必ず断わられる。別に、十月にほかの舞台に出ている様子はないので、不思議だったのだけど、やがて「十月は、新潟（錦鯉《にしきごい》の産地）へ鯉の買いつけに行くので忙しい」ということがわかって、「なーんだ。鯉なら、しょうがないね」と、みんなで、おかしがった。

岡崎では、私は、杉浦さんのお父さまにも、洒落《しゃれ》たコーヒー店をやってらしたお兄さんにも、妹さんにもお会いした。岡崎城から街なみを見おろしながら、岡崎の空襲について熱っぽく語り続けるお父さまに、私が「あら、大変でございましたわね」と相槌《あいづち》を打つ、その様子があまりにも上の空で、いい加減だった、と杉浦さんは後々まで、思い出し笑いをしていた。「『あらら、それは大変でございましたわねえ』とか何とか、言っちゃってさあ」なんて。

その後、何年もたってから、杉浦さんは、高輪のホテルで暮すようになり、そのホテルの池に自分の鯉を放し、部屋から眺めて、楽しむようになった。そして、ある年から、杉浦さん、渥美さん、名古屋章さん、演出家・脚本家の福田陽一郎さん（杉浦さん、渥美さん、名古屋さんが出たテレビドラマ「四重奏」の作・演出も手がけた）、それに私、というメンバーで、杉浦さんの住んでいるホテルのお座敷へ定期的に集まるようになった。

何の目的があるわけでもなく、ふた月か三ヶ月に一度、昼過ぎに集まって、最近見た芝居や映画の話とか、面白い事件とか、仕方話とか物真似《ものまね》とか駄洒落とか、ただただしゃべりあうだけの会。かつての「鮨長」（おやじさんが早くに急死してしまい、店を閉じた）の二階を思い出すような時間だった。杉浦さんが手配してくれた食事を食べながら（長くなる日は、三食くらい食べることもあった）、杉浦さんと名古屋さんは飲み、私と渥美さんと福田さんは飲まないままで、しゃべりつづけて、夜十一時頃にお開きになる。渥美さんが亡くなる直前まで、十年以上続いた。

杉浦さんは缶ピース党だったし、名古屋さんもすぱすぱ吸い続けるし、福田さんも大のチェーン・スモーカーだった。私はタバコの煙が平気なほうなので、気がつかなかったのだけど、ある頃から、渥美さんが、夜になると、窓を開けて、窓ぎわに腰をかける姿を見せるようになった。もう肺が悪くなっていて、タバコの煙を吸わないようにしていたのだろう。

私が「兄ちゃん、何が見えるの？」と聞いても、「お嬢さん（渥美さんは、最後まで、私をお嬢さんと呼んでくれた）、何も見えやしませんよ。でも、木なんかがあっていいね、ここは」とか、答えるだけだった。本当に悪いことをしたなあと思うけど、兄ちゃんは、「すまないけど、タバコの煙、何とかしてくれない？」などとは、決して言わない人だった。

一九九六年、私の兄ちゃんの渥美さんと、母さんの沢村貞子さんが続けて、死んだ。九九年にお姉ちゃんの山岡久乃さんが、二〇〇三年には名古屋さんが、いなくなった。〇六年に、杉浦さんが脳梗塞《こうそく》で倒れた。セイ兄ちゃんの美意識で、すぐに個人事務所を閉めて、長年のマネージャーとも別れ、連絡先さえわからないような状態になった。私はホテルへ手紙を書いたけど、返事は来なかった（亡くなってから、奥さまに「黒柳さんの手紙、とても喜んでました」と伺って、届いていたんだと初めてわかった）。

一〇年の一月に、福田さんから電話があって、「杉浦はリハビリを頑張っているみたいだけど、まだ時間かかるみたいだね。高輪のホテルに集まっていたメンバーも、元気なのは僕たち二人だけになっちゃったなあ。今度、ご飯でも食べようよ」と言ってくれた、その三ヶ月後に、福田さんは亡くなった。電話をくれた時、ご自分の体調はわかっていたと思う。その半年後、池内淳子さんもいなくなった。お姉ちゃんの山岡さんと、池内さんと私の三人で、「歳《とし》をとったら、同じ老人ホームに入りましょうね」と何十年も前から約束していた仲だった。

山岡さんは、しっかりとしたお姉ちゃんだから、こう言っていた。

「三人で老人ホームに入ったら、掃除洗濯ご飯は、私がやる。私は洗濯機も直せるし、ご飯もちゃんと作れる。池内さんは、おみおつけのコマーシャルやって、いかにもお料理上手みたいに見えるけど、本当は、朝起きて、おみおつけが出来てないと、機嫌が悪い人なんだから。いいの、池内さんは、なごませ役。あなたはね」

と、山岡さんは私を見た。「いつも、みんなを笑わせたり、元気づけたりする役。いいね？」

「もちろん」

と私は言った。そして、三人で話すテレビのトーク番組などでも、「将来は三人で、老人ホームに入るのよね」と言って、楽しみにしてきた。それが、山岡さんがいきなり亡くなった。池内さんと私は、まるで、みなし子になったような、心細い気分になって、「どうしよう」と話しあった。ご飯を作ってくれる人がいなくなった。それでも池内さんは、

「ゆっくり考えましょうよ。私、世田谷から六本木に引っ越したから、散歩がてら、あなたと一緒に歩いて、話しましょう」

と、あの美しい、おだやかな顔で言った。一度も一緒に散歩しないまま、池内さんも、突然のように逝《い》ってしまった。池内さんがいなくなった時ほど、悲しいことはなかった。永久に、三人で老人ホームに入ることは出来なくなったのだ。

　そして、とうとう、セイ兄ちゃんまで、死んでしまった。ついこの前まで、あのホ

テルの座敷へ集まって、何時間もしゃべってた四人が、もう誰もいないなんて嘘《うそ》のようだ。私は、向田邦子さんは、セイ兄ちゃんの風貌《ふうぼう》とか性格とか佇《たたず》まいに、自分の理想の父親を見ていたように思えるのだけど（セイ兄ちゃんは向田さんのテレビドフマ「あ・うん」や「父の詫《わ》び状」で印象深い演技を見せている）、そんなことを訊こうにも、向田さんも、向田ドラマを作り続けた久世光彦さんも、もう、いない。

歳をとると、親しい人がどんどんいなくなって、本当に寂しくなるんだよ——そういうふうに、若い頃から聞かされてきて、実際、私もいろんな友達をなくしてきて、それでも、「それはもちろん寂しいには違いないけど、でも——」って考えてきたのだけど、セイ兄ちゃんまでいなくなって、ああ、本当にそうなんだな、と今ではつくづく思う。そして、兄ちゃんもセイ兄ちゃんも、お姉ちゃんも昌也さんも、名古屋さんも池内さんも、みんな、もっと仕事したかっただろうから、そのかわり、私ができるだけ長生きして、元気に仕事をしなきゃ……という風には、全然思わないものだとも、わかった。みんな、残った人間にそんな事を思わせない、大きな人ばかりだった。

単に同世代、というより、自分と同じ匂《にお》いを持ったひとたちが、知らず知らず、いなくなっていく。そんな寂寥感《せきりようかん》を味わうことが、歳をとる、ということかもしれない。子どもの頃、みんなと夢中になって遊んでいたのに、もっと遊んでいたいのに、気がつくと、ほのかに宵闇《よいやみ》が近づいていて、広い公園の中にひとりぼっちで残されてて、どうしたらいいんだろうと途方に暮れた、ああいう感じに似ている。穴が空いたのに、替りに埋めるものが何もない、といった寂しさ。

セイ兄ちゃんの死のニュースを聞いた時、私はワーズワースの詩を思い出した。ナタリー・ウッドとウォーレン・ベイティが、輝くような未来があったのに、やがて別々の人生を歩むことになる恋人たちを演じ、エリア・カザンが監督した映画「草原の輝き」。その最後に、画面へ出てくる詩だ。DVDもビデオもない時代だったから、私は、この詩を覚えたくて、一日中映画館に居座って、何度もくり返し観《み》た。そして家へ帰ってノートに書きつけた。でも、若かった私は、この詩の本当の意味をまだわかっていなかった。

ニューヨークで私の身元引受人になってくれた、私のアメリカの母さんであるフローレンスと、彼女の夫ハロルド・ロームはエリア・カザンの友人で、晩御飯の席などで、私は何度も彼に会った。五〇年代初めの、あのマッカーシーの赤狩りの時、カザンは元共産党員だったので非米活動委員会に目をつけられ、仲間を売ってしまった。才能ある監督だった彼がなぜ、あんなことをしたのか、今でもわからないわ、とフローレンスは言っていた。私が会ったカザンは、いつも無口だった。まるで、かつて仲間を売った事を恥じて、どんなに時がたっても肩身が狭いままなんだ、という風に見えた。カザンは赤狩りの後、「エデンの東」や「波止場」や「草原の輝き」を作った。「草原の輝き」の詩を書きつけたノートは、まだ私の家にある。

「草原の輝き　花の栄光
再びそれは還《かえ》らずとも
なげくなかれ
その奥に秘められたる力を
見出《みいだ》すべし」

京都駅で夜汽車に乗り込んで、セイ兄ちゃんを初めて見た時、彼は、まさしく春の草原のように、まぶしいほどの光を浴び、ふさふさと心地よい風にそよいで、花は匂うまでに開いて、ここを盛りとばかりに輝いていた（ふさふさ、なんて言うと、セイ兄ちゃんの有名な育毛剤のＣＭを思い出してしまうけど）。
でも、あの輝きを、もう一回取り戻したいとは思わない。それは「なげくなかれ」、嘆いても仕方がない。ただ、私が喜劇をやる時、いま味わっているような寂寥感を身をもって知っておいた方が、人生のさまざまなことを理解し判断でき、「その奥に秘められたる力を見出す」ことができて、もっといい表現ができるのかもしれない、とは思う。私は、そう願っている。そして、どんなに悲しく寂しいことがあっても、喜劇をやっている人間は、笑って頂けるように、生きていくことが大切。私は、これまでも、そうやって生きてきた。それが、生き残った者の使命に違いないと信じて。

今年もまた、喜劇の幕が開く。初日、幕が上がって舞台へ初めて出る瞬間は、すごく怖いものだ。こんな孤独はないな、と、いつだって思う。そんな時は、「芸術の神様がいらっしゃるのなら、どうぞ、私に力を貸して下さい」と祈り、そして、私が好きだった人たち、私を理解してくれた人たちが客席に座っていることを想像する。これまでに名前を挙げた、芸能界での私の家族や、中村八大さんや坂本九ちゃん、森繁久彌さんや森光子さんやブロードウェイの先生のメリー・ターサイさん、そのほかの先輩、友人たち、名前を挙げられなかったけど、いろんな大切な人たちに、「客席に座って、どうか見てて下さい」とお願いして、私は舞台へ出ていく。

文庫版あとがきにかえて——永六輔さんへの弔辞

黒柳徹子

永六輔さんが亡《な》くなって、ちょうど一年たった。

私は、二年前に出したこの本の中で、森繁久彌さんや渥美清さん、向田邦子さん、森光子さん、沢村貞子さん、杉浦直樹さんたちの思い出を書いたのに、永さんについては、少しだけしか触れなかった。もちろん、これからもまだ、たくさん会ってお喋《しゃべ》りしたり、もっといろんな面白いことを教わったりできる、と信じていたからだと思う。

亡くなった翌月、青山葬儀所で開かれた「六輔　永《なが》のお別れ会」で、私は発起人代表の挨拶《あいさつ》をした。こういうものは、その時、その一部分だけがテレビなどで報じられるだけで、あまり残るということがない。本に書かなかった替りというわけじゃないけど、ここで文字にしておきたい。

この弔辞（?）の中に出てくるエビチリの話は、『トットひとり』にも、渥美清さんとのエピソードとして書いた。だけど、永さんとの大切な記憶にもつながっているので、このままにしておきます。

＊

永さん。

永さんは、私が死んだ時に葬儀委員長をやると仰《おつしや》っていらしたのに、思惑《おもわく》が外れて申し訳ありませんでした。

六十年間、永さんとはお友だちでしたけど、一度も喧嘩《けんか》したことはありませんでした。本当に仲のいいお友だちと言っていいと思います。

亡くなる四日ほど前とその次の日に、永さんのところへお見舞いに行きました。(行かない方がいいかな)とも思ったんですけど、でも、やっぱり一応行ったんです。

そしたら、永さんは、ずっと寝ていましたけど、私が「永さーん」って、大きい声で言うと、パッと目を覚まして、私のことパッと見て、私を見ながら「わははは」と笑って、また寝ちゃいました。だからまたしばらくして、「永さーん」て呼ぶと、また起きて、私を見て「わははは」って、うれしそうに笑って、また寝ました。三回か四回、それをやったんですけど、そのたびに永さんが起きて、大きい声で笑うから、疲れるといけないと思って、その日はもうやめて、また次の日に行って、「永さーん」て呼んだら、また私を見て、「わはははは」って、本当に永さんの、いつものラジオと同じような大きい声で笑って、それでまた寝たんです。そういうのを、その日も四、五回繰り返して、それでお別れしました。その次の次の日だかに亡くなった、というお話を聞きました。

今日は、なるたけ楽しい話がいいというので——まあ、ずいぶん、ほうぼうで永さんのお話は、してきちゃったんですけど、あまりお話ししていなかったことを思い出しました。永さんのアゴが外れた話は、ご存じの方も多いと思いますけど、若い方はあんまりご存じないかもしれないので、ちょっとお話しします。

ある日、永さんのアゴが外れました。夜中に原稿を書いていて、あくびが出たので、あくびを止めようと思って、ガーンと頬っぺたを引っぱたいたら、ガクッと外れちゃったんですね。どうしたらいいかわからないので、電話帳で整形外科を調べたら、原宿にあるとわかったものですから、とにかくそこまで行こうと思って、外へ出てタクシーを捕まえたんですけど、永さんはまだアゴが外れるとモノが言えないってことに気がついてなくて、運転手さんに「あわわわわわ、あわわ、あわわ」と言ったので、運転手さんはオバケだと思って「降りてください」って断られたんです。また家に戻って、今度は紙に「アゴが外れた。驚かないで」と書いて、寝てる奥さまの昌子さんに見せたら、昌子さんはお利口な方ですからすぐわかって、「一緒に病院へ行きましょう」って言って、その間も永さんは一生懸命、説明しようとするんだけど、ずっと「あわわわわわ」って。そこでようやく、全然ものが言えないんだってことが、永さんにもわかったそうです。

それで整形外科の先生に、夜中に起きてもらって、アゴを診て頂いたら、アゴを入れるのはひどく乱暴な治療なんだそうですね。最終的には、「寝てください」って言われるまま床《ゆか》へ横になったら、先生の足で首のあたりを押さえられて、思いきりアゴをエイヤッとやられたらガクッて入って——元に戻った顔を見た先生が「あ、永さんだったんですか」って言った。それがオチになってるんですけど、永さんがこの話を何回もしてるうちに、どんどんアゴが外れやすくなっちゃって、気を付けないとすぐ外れるので、なるたけ外れないように注意しているんだって仰っていました。

若いころ、「夢であいましょう」に出ていたころの私たちは、渥美清さんでも（坂本）九ちゃんでも、E・H・エリックさんでも小沢昭一さんでも誰でも、たいへん仲がよかったんですけど、NHKに出ていたものですから、有名になるのは早かったけど、お金がなくて、みんな貧乏でした。

でも、たまには中華料理くらいは食べたいよねというので、みんなで中華料理を食べに行ったんです。渥美さんが「おれ、エビチリ食べたい、どうしてもエビチリ食べたい」と言うので、エビチリを頼んだんですが、やってきたのを見ると、どう見ても、みんなの頭数からしてエビが少ないなって私は思ったものですから、パーッと計算して、「一人三個！」って言ったんです。「三個よ！　三個以上食べたら絶対に駄目だから」って私が言うと、隣で渥美さんが、「いつか、俺がいっぱい働いて、数えなくてもいいように食わしてやるからよ」って言ってくれて、考えてみると、その渥美さんは本当に後の寅《とら》さんのようでした。

その時、永さんが「いや、今がいちばん幸せなんだよ」って言ったんです。「年取って、ものがロクに食べられなくなって、エビを数えたりしなくてもいいかわりに、いっぱい余らせて、あまり食べられなかったっていう方が不幸せじゃないか。今みたいに、みんなで『一人三個よ！』なんか言い合って食べるのが、いちばん幸せなんだよ」って、あの時、みんなまだ二十何歳でしたかしら、渥美さんがもう寅さんみたいなら、永さんも後の『大往生』のようなことを、もう仰っていたんだなって思います。

本当に永さんは私に優しくして下さいました。そして、何かにつけて「ここに渥美清がいればね。一緒にいたら楽しいのにね」と、後々まで、よく言っていました。最後に「徹子の部屋」に出て頂いたのは今年（二〇一六年）の初めでしたが、やはり「ここに渥美清がいればね」って、どういう訳だか知らないけど、そんなふうに仰っていました。その時の「徹子の部屋」には、大橋巨泉さんと一緒に出て下さって、その御二方が、まだ半年もたっていないのに、日を追うように亡くなってしまったことは、とてもつらいことです。

永さんとは、六十年もの長いおつきあいなのに、たいがい笑いあっている時しかなくて——ちょうど今年で六十年なんですよ。私がディズニーの日本語版の吹き替えのオーディションを受けたら、あれは「わんわん物語」だったと思うんですけど、もうちょっとのところで私が落ちたんです。そしたら、ミスター・カッティングというディズニーの製作の人が、「徹子を落として本当にすまなかった」というので、お詫《わ》びのしるしに渡してくれと、アメリカ製の赤いハンドバッグを永さんに託したんですね。

当時、永さんは三木鶏郎《とりろう》さんの事務所にいて、すでに名のある若手放送作家でいらしたけど、ディズニーの吹き替えをやる人たちを探す、キャスティングの仕事もしていたらしいんです。それで、永さんは赤いハンドバッグを持って、NHKで「ヤン坊ニン坊トン坊」をやっている私のところへ会いに来てくれました。私は、それまでに

ＮＨＫでさんざん、おろされていましたから、ディズニーのオーディションに落ちたこと自体は全然平気で、まだ日本では珍しかったハンドバッグを喜んで貰《もら》ったんですけど、永さんのことを単なるお使いさんだと思っていました。そんな初対面でした。後になって永さんから、「憶《おぼ》えてる？　あの赤いハンドバッグを渡したのは僕だよ」って聞きました。それが昭和三十一年、今からちょうど六十年前のことです。私は芸能界に入って六十二年になりますけど、そのほとんどの時間をお友だちとして過ごしてきました。

それなのに、私は永さんと、一回だけ奢《おご》って貰ったことがあるだけで、一緒にご飯を食べたことが本当にないんです。たぶん永さんは、ああいう方ですので、一緒にご飯を食べたりするのを、なんか嫌がってるみたいなところがあって、私は（やっぱり、キチンとしたところでだけ会いたいのかな）と感じていました。

一回だけ奢って頂いたというのは、私が鹿児島で芝居をしていましたら、フラッと永さんが会いに来てくれて、昼間の公演が終った後だったせいか、「めし食う？」って言ったんです。私は（永さんが食事に誘ってくれるなんて、珍しいな）と思って、「行く、行く」って答えたら、永さんが「ネギめし好き？」って聞くんです。私は「うん」と言ったんですけど、ネギめしがどんなものか知らなかったので、想像して、きっと細いお葱《ねぎ》がいっぱい乗っかってる、なんか美味《おい》しいものなんだろうなと思って、永さんについて行きました。そしたら、店先に葦簀《よしず》が張ってあるラーメン屋さんみたいなところへ連れて行かれまして、しかもそのラーメン屋さんが昼間なのに閉まっていて、永さんはドンドンドンって入口を叩《たた》いて、わざわざ開けてもらっているんです。ようやく出てきたおばさんに、「黒柳君にネギめし、食わしてやってよ」「はいはい」って、その出てきたネギめしを見ましたら、ラーメンの上に乗せるお葱ありますよね、よく切れてなくて終りの方がくっついちゃったりしてるようなやつ。あれをご飯の上に乗せまして、ラーメンのおつゆありますよね、ラーメンのスープ。あれをその上からかけるだけ。それが永さんの言うところの「ネギめし」でした。

もちろん不味《まず》くはないんですけど、芝居が終わって、せっかく鹿児島で会ったのだから、もうちょっと美味しいものを食べたいなと思って、永さんに「ねえ、もうちょっと美味しいものないの、なんか」って聞いたら、「こんなうまいものないじゃないか」と叱《しか》られそうになったので、「じゃ、これでいいです」って、それだけ食べたことを憶えています。

これ以外に永さんにご飯を奢って貰ったことも、私が奢ったこともないように思います。六十年も一緒にいて、ご飯を食べたことがないっていうのは、ずいぶん珍しい関係だと思いますね。

私は、永さんに叱られたことがありませんが、一回だけ永さんが怒ったのを見たことがあります。二十五年くらい前、中村八大さんが急に亡くなったという報《しら》せをうけて、私と永さんは、とにかく急いで八大さんのお家《うち》へ行ったんです。夜中でした。八大さんの奥さまとお話をして表に出てきたら、もうマスコミの人たちが待っていました。

永さんが十メートルくらい先を歩いてて、同じ車に乗って帰る私は後ろから、黙ってついて行っていました。そこへマスコミの人がなんか言ったと思ったら、とつぜん永さんが大声で「ばかやろー、あたりまえじゃないか！」って、ものすごく怒り出したので、私は何事かと走って行って「どうしたの？」と聞いたら、永さんに「八人さんが亡くなって、お悲しいですか？」って聞いたんだそうです。それで永さんが怒って、余計に何だか気持ちに収まりがつかなくなっちゃって、一緒に乗った自動車の中で、私も永さんも、ずっと泣きながら帰ったのを憶えています。それから永さんは長いこと、八大さんの遺志を継いで、世界中の日本人学校を廻っていました。八大さんのお父さまが中国で日本人学校の校長先生をしていたこともあって、八大さんが生きている時から二人でやっていたことなんですが、永さんひとりになってからも、ずいぶん、いろんな外国の日本人学校へ行ってらっしゃいました。

……いま私、この祭壇の三枚の写真を見てて思ったんですけど、それぞれ永さんの二十代、五十代、最近の写真ってことですが、真ん中のラジオマイクの前にいる写真を見ると、五十代の頃の永さんは、本当に見場《みば》がいいなと思いますね。その頃は、あんまりそうは思わなかったんですけど、あらためて見ていると、（こんなにハンサムだったんだなあ）って思います。

永さんが、昌子さんを亡くされた後、「講演で『僕は黒柳君とは結婚しませんからね！』って言うと、みんながワーッて笑うんだよ」とよく言っていまして、私は「そう」なんて答えてたんですが、しばらくすると、「あれで受けなくなったんで、このごろは『黒柳君と結婚します！』って言うんだ。それで、またワーッて受けるんだよ」って。それで私が「でも、あなたとは結婚しないと思う」と言ったら、永さんのお嬢さんも「結婚、駄目だと思います。二人で朝から晩までしゃべって、どっちも相手の言うことを聞いていないと思います」って言われたので、（やっぱり、そうか）と思いましたけど。

だけど、永六輔さんみたいな難しい人と、あんなに長く結婚していらした昌子さんは、本当にいい奥さんだったんだと思います。もう、あちらで昌子さんにお会いになっていると思いますけど、それがいちばん、永さんが待っていたことでした。昌子さんが亡くなってから、十四年半も永さんはひとりで暮らしました。私は、永さんがひとりで暮らしてて大丈夫かなって心配してはいましたけど、何か持って行って、食事を作ってあげる、なんてこともないままでした。

それこそ、「永さんと結婚しようとは一度も思ったことはありませんでしたか？」なんて、私にお聞きになる方もいるんです。そういうことは、全然なかったです。でも、本当にいい、お友だち以上の——何て呼ぶのか、何て言っていいのかわからないんですけど、よく同志とか戦友とかって、みなさん仰いますけど、そういうのでもなくて、やっぱり心からの……何て言うのかしら？　決して、永さんとは心からわかりあってはいなかったんですよ。こんなに長く話してきたのに、お互いによくわかっていないんじゃないかなあ、って思う時もあったんです。それでも、ずっと仲よくしてきて。

永さんは「徹子の部屋」の最多出場者でもいらっしゃって、三十九回も出て頂いて、その度にいろんなお話をして下さったんですが、私に面白い話をするためにと、生懸命、駆けずり回って、新しい話をいつも仕入れて下さっていたんです。

こんなに長い話をするつもりじゃなくて、「五、六分で」というお話でしたので、もうこれでやめることに致します。

永さん、私はこれからの人生について、あと十年は「徹子の部屋」を続けよう、いま番組が始まって四十年なので、五十年までは「徹子の部屋」をやろう、と思っています。だけど、はっきり言って、永さんがいらっしゃらないこの世の中は非常につまらない、とも思っています。本当に、永さんが亡くなったのは、いろんな方がこのところ続けて亡くなりましたけど、〈最後の一撃〉というふうに私は感じています。

でも永さん、どうぞ私たちを見守って下さい。あなたが教えて下さったこと――なんて言うとお勉強みたいですけど、そうじゃなくて、あなたが教えて下さった面白いこと、そして「夢であいましょう」などで、あなたがお書きになった歌、そういったものを私は忘れないようにして生きて行きます。あなたが本当に守ろうとした子どもたちが、これから幸せに生きて行ってくれればいいと、そう願ってもいます。

永さん、あなたが私の葬儀委員長をやるってことになっていたのですから。ここにこんなふうに私が立っているはずはなかったのですから。私でなく、永さんがここに立つ予定だったのですから。本当に私、悲しい、って思っていますよ。

永さん。六十年間、いいお友だちでいて下さって、本当にありがとうございました。心からお礼を申し上げますし、永さんの優しさにも心から感謝しています。ご冥福《めいふく》をお祈りしています。「さよなら」というのも変なので、どうせ近いうちにお会いすると思いますので、そのときにまた。

じゃあね。

（於・青山葬儀所／二〇一六年八月三十日）

この作品は平成二十七年四月新潮社より刊行された。

黒柳徹子著

新版
トットチャンネル

NHK専属テレビ女優第1号となり、テレビとともに歩み続けたトットと仲間たちとの姿を綴る青春記。まえがきを加えた最新版。

黒柳徹子著

トットの欠落帖

自分だけの才能を見つけようとあらゆる事に努力挑戦したトットのレッテル「欠落人間」。いま噂の魅惑の欠落ぶりを自ら正しく伝える。

黒柳徹子著

小さいときから考えてきたこと

小さいときからまっすぐで、いまも女優、ユニセフ親善大使として大勢の「かけがえのない人々」と出会うトットの私的愛情エッセイ。

黒柳徹子著

小さいころに置いてきたもの

好奇心溢れる著者の面白エピソードの数々。そして、『窓ぎわのトットちゃん』に書けなかった「秘密」と思い出を綴ったエッセイ。

和田誠
村上春樹著

ポートレイト・イン・ジャズ

青春時代にジャズと蜜月を過ごした二人が、それぞれの想いを託した愛情あふれるジャズ名鑑。単行本二冊に新編を加えた増補決定版。

安西水丸
和田誠著

青豆とうふ

何が語られるのか、それは読んでのお楽しみ! 二人が交互に絵と文を描いたエッセイ集。まるごと一冊、和田・安西ワールド。

ビートたけし著

少年

ノスタルジーなんかじゃない。少年はオレにとっての現在だ。天才たけしが自らの行動原理を浮き彫りにする「元気の出る」小説3編。

ビートたけし著

浅草キッド

ダンディな深見師匠、気のいい踊り子たちに揉まれながら、自分を発見していくたけし。浅草フランス座時代を綴る青春自伝エッセイ。

ビートたけし著

たけしくん、ハイ！

ガキの頃の感性を大切にしていきたい——。気弱で酒好きのおやじ。教育熱心なおふくろ。遊びの天才だった少年時代を絵と文で綴る。

ビートたけし著

菊次郎とさき

「おいらは日本一のマザコンだと思う」——。「ビートたけし」と「北野武」の原点がここにある。父母への思慕を綴った珠玉の物語。

ビートたけし著

たけしの面白科学者図鑑
地球も宇宙も謎だらけ！

生命の起源や宇宙創世について、最先端の研究者たちにたけしが聞く！　未知の世界が開ける面白サイエンストーク、地球&宇宙編。

ビートたけし著

たけしの面白科学者図鑑
—ヘンな生き物がいっぱい！—

ゴリラの子育て、不死身のネムリユスリカ、カラスの生態に驚愕……個性豊かな研究者とたけしの愉快なサイエンストーク、生物編。

小澤征爾著
ボクの音楽武者修行
〝世界のオザワ〟の音楽的出発はスクーターでのヨーロッパ一人旅だった。国際コンクール入賞から名指揮者となるまでの青春の自伝。

小澤征爾
武満徹著
音　楽
音楽との出会い、恩師カラヤンやストラヴィンスキーのこと、現代音楽の可能性――日本を代表する音楽家二人の鋭い提言。写真多数。

大貫妙子著
私の暮らしかた
葉山の猫たち。両親との別れ。背すじがピンとのびた、すがすがしい生き方。唯一無二の歌い手が愛おしい日々を綴る、エッセイ集。

河合隼雄著
こころの処方箋
「耐える」だけが精神力ではない、「理解ある親」をもつ子はたまらない――など、疲弊した心に、真の勇気を起こし秘策を生みだす55章。

河合隼雄著
いじめと不登校
個性を大事にしようと思ったら、ちょっと教えるのをやめて待てばいいんです――この困難な時代に、今こそ聞きたい河合隼雄の言葉。

河合隼雄著
岡田知子絵
泣き虫ハァちゃん
ほんまに悲しいときは、男の子も、泣いてもええんよ。少年が力強く成長してゆく過程を描く、著者の遺作となった温かな自伝的小説。

北杜夫著

どくとるマンボウ航海記

のどかな笑いをふりまきながら、青い空の下を小さな船に乗って海外旅行に出かけたどくとるマンボウ。独自の観察眼でつづる旅行記。

北杜夫著

ぼくのおじさん

ぐうたらで、なまけ者で、大学の先生なんてとても信じられない「ぼく」のおじさん。一緒に行ったハワイ旅行でも失敗ばかりで……。

瀬戸内寂聴著

烈しい生と美しい死を

百年前、女性たちは恋と革命に輝いていた。そして潔く美しい死を選び取った。九十歳を越える著者から若い世代への熱いメッセージ。

佐藤愛子著

こんなふうに死にたい

ある日偶然出会った不思議な霊体験をきっかけに、死後の世界や自らの死へと思いを深めていく様子をあるがままに綴ったエッセイ。

曽野綾子著

心に迫るパウロの言葉

生涯をキリスト教の伝道に捧げたパウロの言葉は、二千年を経てますます新鮮に我々の胸を打つ。光り輝くパウロの言葉を平易に説く。

佐渡裕著

僕はいかにして指揮者になったのか

小学生の時から憧れた巨匠バーンスタインとの出会いと別れ——いま最も注目される世界的指揮者の型破りな音楽人生。

さくらももこ著　さくらえび

父ヒロシに幼い息子、ももこのすっとこどっこいな日常のオールスターが勢揃い！　奇跡の爆笑雑誌「富士山」からの粒よりエッセイ。

瀬戸内寂聴
玄侑宗久著　あの世この世

あの世は本当にありますか？　どうしたら幸福になれますか？　作家で僧侶のふたりがやさしく教えてくれる、極楽への道案内。

養老孟司著　養老訓

長生きすればいいってものではない。でも、年の取り甲斐は絶対にある。不機嫌な大人にならないための、笑って過ごす生き方の知恵。

養老孟司著　身体巡礼
―ドイツ・オーストリア・チェコ編―

心臓を別にわけるハプスブルク家の埋葬、骸骨で装飾された納骨堂、旧ゲットーのユダヤ人墓。解剖学者が明かすヨーロッパの死生観。

養老孟司
宮崎　駿著　虫眼とアニ眼

「一緒にいるだけで分かり合っている」間柄の二人が、作品を通して自然と人間を考え、若者への思いを語る。カラーイラスト多数。

外山滋比古著　日本語の作法

『思考の整理学』で大人気の外山先生が、あいさつから手紙の書き方に至るまで、正しい大人の日本語を読み解く痛快エッセイ。

新潮文庫最新刊

浅田次郎著
ブラック オア ホワイト
スイス、パラオ、ジャイプール、北京、京都。バブルの夜に、エリート商社マンが虚実の狭間で見た悪夢と美しい夢。渾身の長編小説。

神永学著
アレス
—天命探偵 Next Gear—
外相会談を狙うテロを阻止せよ——。新たな任務に邁進する真田と黒野の前に、最凶の敵が現れる。衝撃のクライム・アクション！

知念実希人著
甦る殺人者
—天久鷹央の事件カルテ—
容疑者は四年前に死んだ男。これは死者の復活か、真犯人のトリックか。若い女性を標的にした連続絞殺事件に、天才女医が挑む。

宮城谷昌光著
随想 春夏秋冬
雑誌記者、競馬、英語塾……。作家への道のりは険しく長かった。天と人を描いて感動を呼ぶ宮城谷文学の雌伏と懊悩を語る名随想。

磯﨑憲一郎著
電車道
素性の知れぬ男ふたり、世界と人間はその欲望に変容する。東京近郊の私鉄沿線の誕生と変転を百年の時空に描く、魅惑に満ちた物語。

湯本香樹実著
夜の木の下で
病弱な双子の弟と分かち合った唯一の秘密。燃える炎を眺めながら聞いた女友だちの夢。過ぎ去った時間を瑞々しく描く珠玉の作品集。

トットひとり

新潮文庫　く－7－9

平成二十九年十一月一日 発行

著　者　黒《くろ》柳《やなぎ》徹《てつ》子《こ》

発行者　佐藤隆信

発行所　株式会社 新潮社

郵便番号 一六二―八七一一
東京都新宿区矢来町七一
電話 編集部(〇三)三二六六―五四四〇
　　 読者係(〇三)三二六六―五一一一
http://www.shinchosha.co.jp

価格はカバーに表示してあります。

乱丁・落丁本は、ご面倒ですが小社読者係宛ご送付ください。送料小社負担にてお取替えいたします。

印刷・株式会社三秀舎　製本・株式会社大進堂

ISBN978-4-10-133411-0 C0195